蓝天保卫战：
在用汽车排放超标控制技术丛书

汽车排放超标控制维修技术

《蓝天保卫战：在用汽车排放超标控制技术丛书》编写组　编著

人民交通出版社股份有限公司

北　京

内 容 提 要

本书根据当前我国汽车排放超标控制治理形势要求及实施在用汽车排放检验与维护制度（I/M制度）需要，紧扣我国汽车维修行业实际和特点，针对排放超标车辆主要故障及成因，重点阐述了汽油车发动机、进气系统、燃油系统、点火系统、排放控制系统等故障的维修工艺及治理措施，同时讲解了柴油车排放超标机内净化装置和后处理装置的常用维修方法，并介绍了排放超标车辆维修治理的典型案例。

本书是从事汽车排放检验与维修行业管理工作的技术人员必备读本，是汽车排放检验和维修人员提高技术、业务素质的良师益友，也可作为各级交通运输、生态环境等部门治理在用汽车排放超标的培训教材以及高等院校教学的参考书籍。

图书在版编目（CIP）数据

汽车排放超标控制维修技术/《蓝天保卫战：在用汽车排放超标控制技术丛书》编写组编著. — 北京：人民交通出版社股份有限公司，2022.6

（蓝天保卫战：在用汽车排放超标控制技术丛书）

ISBN 978-7-114-17642-5

Ⅰ.①汽… Ⅱ.①蓝… Ⅲ.①汽车—排气系统—维修 Ⅳ.①U464.134

中国版本图书馆 CIP 数据核字（2021）第 190450 号

蓝天保卫战：在用汽车排放超标控制技术丛书
Qiche Paifang Chaobiao Kongzhi Weixiu Jishu

书　　名：	汽车排放超标控制维修技术
著　作　者：	《蓝天保卫战：在用汽车排放超标控制技术丛书》编写组
责任编辑：	刘　博　姚　旭　屈闻聪
责任校对：	刘　芹
责任印制：	刘高彤
出版发行：	人民交通出版社股份有限公司
地　　址：	(100011)北京市朝阳区安定门外外馆斜街3号
网　　址：	http://www.ccpcl.com.cn
销售电话：	(010)59757973
总　经　销：	人民交通出版社股份有限公司发行部
经　　销：	各地新华书店
印　　刷：	北京印匠彩色印刷有限公司
开　　本：	720×960　1/16
印　　张：	20.75
字　　数：	355千
版　　次：	2022年6月　第1版
印　　次：	2022年6月　第1次印刷
书　　号：	ISBN 978-7-114-17642-5
定　　价：	100.00元

（有印刷、装订质量问题的图书由本公司负责调换）

丛书审定组

主　　审：徐洪磊　许其功
副主审：吴　烨　丁　焰
成　　员：葛蕴珊　周　炜　陈海峰　马盼来　李　波
　　　　　田永生　黄新宇　褚自立　傅全忠

丛书编写组

主　　编：郝吉明　李　刚
副主编：曹　磊　龚巍巍
成　　员：渠　桦　崔明明　尹　航　慈勤蓬　崔修元
　　　　　王　欣　刘　嘉　张宪国　刘　杰　钱　进
　　　　　张少君　陈启章　李秀峰　严雪月

本书编写组

李　刚　崔修元　渠　桦　龚巍巍　曹　磊
慈勤蓬　陈启章　李秀峰　詹燕飞　朱明礼
王昌友　王　欣　杨道源

前言

我国已实现全面建成小康社会的第一个百年奋斗目标,全党全国各族人民意气风发向着全面建成社会主义现代化强国的第二个百年奋斗目标迈进。人民群众在物质文化生活水平显著提高的同时,对生态环境质量也有着更高的要求,如何有效控制与治理我国在用汽车的排放污染、助力建设美丽中国,已成为推动我国交通可持续发展、提升生态环境治理能力和治理体系现代化的重要课题。

党的十八大把生态文明建设纳入中国特色社会主义事业"五位一体"总体布局。2018年,中共中央、国务院作出重大决策部署,要求坚决打赢蓝天保卫战。2019年9月,中共中央、国务院印发《交通强国建设纲要》,要求坚决打好柴油货车污染治理攻坚战,统筹车、油、路治理,有效防治公路运输大气污染。2021年9月,中共中央、国务院印发《关于完整准确全面贯彻新发展理念做好碳达峰碳中和工作的意见》,要求着力解决资源环境约束突出问题。2021年11月召开的党的十九届六中全会强调,要坚持人与自然和谐共生,协同推进人民富裕、国家强盛、中国美丽。"十四五"时期是深入打好污染防治攻坚战、持续改善生态环境质量的关键五年,其中柴油货车污染治理攻坚战是大气污染防治的三大标志性战役之一。

汽车排放检验与维护制度(I/M 制度)于 20 世纪 70 年代起源于饱受光化学烟雾事件困扰的发达国家,并于后期持续改进。美国实施 I/M

制度对减少加利福尼亚州等汽车排放重点地区空气污染、改善空气质量发挥了关键作用,日本和欧盟诸国实施 I/M 制度后在空气质量改善方面也取得明显成效。I/M 制度良好的经济、社会效益得到了充分体现,彰显了可持续交通发展的理念,显示出旺盛的生命力。20 世纪 90 年代后期,我国政府主管部门及专家学者开始关注 I/M 制度,研究探索适用于我国的制度和技术措施,逐步形成有价值的理论成果,得到国家有关部门的重视,最终形成国家政策并迅速推广应用。从目前我国的现实发展情况看,I/M 制度不仅对于治理数量庞大的在用汽车排放超标具有关键作用,也对完善维修技术内涵、引导汽车维修行业高质量发展具有重要意义。2020 年 6 月,生态环境部、交通运输部和国家市场监督管理总局印发《关于建立实施汽车排放检验与维护制度的通知》,在全国布置建立实施 I/M 制度工作,标志着我国在用汽车排放超标治理驶入了快车道。

实施 I/M 制度是一项理论性、技术性、政策性都很强的工作,具有很大难度和挑战性,既需要思想认识到位,又需要做好充分技术准备。为深入推动我国 I/M 制度顺利全面实施,给在用汽车排放超标治理提供理论指引、技术指导、方法借鉴和案例示范,中国工程院院士郝吉明和交通运输部政策研究室原主任李刚牵头,组织协调交通运输部规划研究院、中国环境科学研究院、中国汽车技术研究中心、清华大学、北京理工大学、山东交通学院以及其他机构学者专家,针对在用汽车排放超标控制领域存在的理论、政策、技术、方法等方面的重大瓶颈和关键问题,开展系统深入的科学研究、提出政策制度措施建议,最终编写形成《蓝天保卫战:在用汽车排放超标控制技术丛书》。丛书以汽车排放超标控制技术通论、检验技术、诊断技术、维修技术、国外 I/M 制度等五个专题分别成册,详细分析介绍 I/M 制度的科学内涵和技术体系,探讨有关 I/M 制度建设和技术发展问题。

《汽车排放超标控制维修技术》是丛书的第四册。该书主要介绍了汽油车和柴油车排放超标主要故障及成因，阐述了相关维修技术、方法与措施等，并给出了典型案例分析，可为各级政府部门组织推进I/M制度实施，以及汽车排放检验机构(I站)和汽车排放性能维护(维修)站(M站)开展技术培训提供有益的参考借鉴，是广大汽车检验诊断维修技术人员提升业务素质与专业技能的必备教材，也可作为高等院校教学的参考书籍。

本丛书编写得到了国家出版基金立项资助(项目编号:2021X-020)，得到了交通运输部运输服务司、生态环境部大气环境司的悉心指导，并得到了李骏院士、贺泓院士以及交通运输部规划研究院、中国环境科学研究院等单位和诸多专家的大力支持，中自环保科技股份有限公司、博世汽车技术服务(中国)有限公司、康明斯(中国)投资有限公司为丛书编写提供了帮助，我们在此一并表示衷心感谢！由于编者水平有限，书中难免有不妥之处，敬请读者批评指正。

绿水青山就是金山银山，践行生态绿色发展理念、建设美丽中国需要全社会共同努力。愿本丛书的出版能够为我国顺利实施I/M制度、改善区域环境空气质量、推进交通可持续发展贡献绵薄力量，愿人民群众期盼的蓝天白云常在身边！

丛书编写组
2022年5月

目录

第一章 概述 ……………………………………………………………… 1

第一节 汽车排放污染监督管理趋势 ……………………………………… 1
一、依法依规推进汽车排放超标维修治理 ………………………………… 1
二、"保卫蓝天"要求加大汽车排放超标维修治理 ……………………… 2
三、汽车新技术发展促进高水平汽车排放超标维修治理 ……………… 3
四、我国汽车排放检验与维修制度的实施 ……………………………… 4

第二节 维修在汽车排放超标控制中的作用 ……………………………… 5
一、汽车排放超标原因 ……………………………………………………… 5
二、在用汽车维护的功能作用 ……………………………………………… 6
三、超标排放车辆修理的功能作用 ………………………………………… 9
四、超标排放诊断与维修的关系 ………………………………………… 10
五、常见的误区和短板 …………………………………………………… 11

第三节 汽车排放超标维修技术有关问题 ……………………………… 12
一、汽车排放故障及其维修的技术实质 ………………………………… 12
二、汽车排放超标控制维修技术方法辨析 ……………………………… 13
三、开展维修治理应具备的基本知识 …………………………………… 14

第二章 发动机机械故障引起排放超标的维修 ………………………… 17

第一节 汽油发动机的工作原理 ………………………………………… 17
一、汽油发动机的燃烧条件 ……………………………………………… 17

二、四冲程发动机设计……………………………………………… 20
第二节　发动机故障引起排放超标维修综述……………………………… 21
　　一、发动机故障检测、诊断、维修之间的关系…………………… 21
　　二、发动机汽缸故障测试…………………………………………… 23
　　三、排放超标引起发动机性能故障判断…………………………… 28
第三节　发动机机械系统部件运行故障的维修…………………………… 31
　　一、汽缸压缩压力不足的维修……………………………………… 31
　　二、曲轴箱机油被稀释的维修……………………………………… 31
　　三、燃烧室积炭的维修……………………………………………… 33
第四节　发动机冷却系统及润滑系统故障的维修………………………… 35
　　一、发动机过热的维修……………………………………………… 35
　　二、节温器故障的维修……………………………………………… 39
　　三、发动机机油消耗故障的维修…………………………………… 41

第三章　进气系统故障引起排放超标的维修………………………………… 44
　第一节　进气系统的工作原理……………………………………………… 44
　　一、进气系统的容积效率…………………………………………… 44
　　二、进气系统的充填效率…………………………………………… 45
　　三、进气歧管与容积效率…………………………………………… 45
　第二节　进气系统传感器的组成及维修…………………………………… 49
　　一、空气流量传感器………………………………………………… 49
　　二、进气压力传感器………………………………………………… 51
　　三、进气温度传感器………………………………………………… 52
　第三节　进气系统执行器的组成与维修…………………………………… 54
　　一、电控节气门系统………………………………………………… 54
　　二、可变气门正时系统……………………………………………… 60
　　三、涡轮增压系统…………………………………………………… 68
　第四节　进气系统部件运行故障的维修…………………………………… 80

一、起动时真空度测试与维修…………………………………… 81
二、怠速时真空度测试与维修…………………………………… 81
三、急加速时真空度测试与维修………………………………… 81
四、排气背压测试与维修………………………………………… 81
五、真空度故障维修……………………………………………… 82

第四章 燃料供给系统故障引起排放超标的维修……………… 84
第一节 燃料供给系统的工作原理……………………………… 84
一、燃料供给系统简介…………………………………………… 84
二、燃油喷射系统的工作原理…………………………………… 86
第二节 缸内燃油喷射系统的组成及维修……………………… 90
一、缸内燃油喷射系统的组成…………………………………… 90
二、缸内燃油喷射系统的控制…………………………………… 101
三、缸内燃油喷射系统的检测与维修…………………………… 104
第三节 缸外燃油喷射系统的组成及维修……………………… 111
一、缸外燃油喷射系统的组成…………………………………… 111
二、缸外燃油喷射系统的控制…………………………………… 114
三、缸外燃油喷射系统的检测与维修…………………………… 115
第四节 燃料供给系统引起的排放超标故障维修……………… 120
一、混合气过浓/过稀故障的维修……………………………… 120
二、燃油压力调节器故障的维修………………………………… 122

第五章 点火系统故障引起排放超标的维修…………………… 125
第一节 点火系统的组成及工作原理…………………………… 125
一、点火系统的组成……………………………………………… 125
二、点火系统的工作原理………………………………………… 127
三、点火系统概况………………………………………………… 130
第二节 点火系统传感器的组成及维修………………………… 132
一、曲轴位置传感器……………………………………………… 132

二、凸轮轴位置传感器 ··· 136
　　三、爆震传感器 ··· 139
　第三节　点火系统执行器的组成及维修 ································· 142
　　一、点火线圈 ·· 142
　　二、火花塞 ··· 146
　第四节　点火系统部件运行故障的维修 ································· 154
　　一、发动机缺火故障的维修 ·· 154
　　二、发动机配气正时故障的维修 ······································· 156

第六章　发动机排放控制系统的维修 ······································· 162
　第一节　发动机排放控制系统的工作原理 ···························· 162
　　一、发动机排放污染物的来源与危害 ································· 162
　　二、汽油发动机排放控制系统的工作原理 ··························· 164
　　三、柴油发动机排放控制系统的工作原理 ··························· 167
　第二节　发动机排放控制系统部件结构原理及维修 ················· 169
　　一、加热型氧传感器结构原理及维修 ································· 169
　　二、三元催化转换器结构原理及维修 ································· 175
　　三、颗粒捕集器的结构原理及维修 ···································· 180
　第三节　发动机排放控制机内净化装置故障维修 ···················· 185
　　一、燃油蒸发排放控制系统故障维修 ································· 185
　　二、废气再循环系统故障维修 ··· 187
　　三、曲轴箱强制通风系统故障维修 ···································· 189
　　四、二次空气喷射系统故障维修 ······································· 192
　　五、排放控制系统维修结果验证 ······································· 193

第七章　柴油机排放控制机内净化技术及维修 ··························· 197
　第一节　柴油发动机排放控制系统的工作原理 ······················· 197
　　一、柴油发动机排放控制原理 ··· 197
　　二、柴油发动机的燃烧特性 ·· 199

第二节　涡轮增压器和中冷器的原理及维修 ……………………………… 201
　　一、涡轮增压器和中冷器原理 ……………………………………………… 201
　　二、涡轮增压器的维护 ……………………………………………………… 208
　　三、涡轮增压器故障诊断 …………………………………………………… 212
　　四、中冷器的维修 …………………………………………………………… 214
第三节　废气再循环系统的原理及维修 ………………………………… 214
　　一、废气再循环技术原理 …………………………………………………… 214
　　二、废气再循环系统的组成 ………………………………………………… 215
　　三、废气再循环系统的维修 ………………………………………………… 221
第四节　曲轴箱强制通风系统的原理及维修 …………………………… 223
　　一、曲轴箱强制通风系统结构原理 ………………………………………… 223
　　二、曲轴箱强制通风系统的检查和维修 …………………………………… 226
第五节　高压共轨喷射系统工作原理及维修 …………………………… 226
　　一、高压共轨喷射系统工作原理 …………………………………………… 226
　　二、高压共轨喷射系统的维修 ……………………………………………… 227
　　三、高压喷射技术 …………………………………………………………… 235

第八章　柴油机排放控制后处理技术及维修 ………………………… 239
第一节　氧化型后处理系统技术及维修 ………………………………… 240
　　一、柴油机氧化催化器技术及维修 ………………………………………… 240
　　二、柴油机颗粒捕集器技术及维修 ………………………………………… 243
第二节　氮氧化物储存催化转换器技术及维修 ………………………… 259
　　一、氮氧化物储存催化转换器技术 ………………………………………… 259
　　二、氮氧化物储存催化转换器维修 ………………………………………… 262
第三节　还原型后处理系统技术及维修 ………………………………… 264
　　一、选择性催化还原装置概述 ……………………………………………… 264
　　二、选择性催化还原装置的尿素喷射泵 …………………………………… 266
第四节　柴油机后处理系统故障维修案例 ……………………………… 271

一、柴油机后处理系统故障原因分析 …………………………………… 271
　　二、柴油机后处理系统故障维修案例 …………………………………… 273
第九章　故障案例分析举例 …………………………………………………… 277
　第一节　汽油发动机排放控制系统故障维修 ……………………………… 277
　　一、排放控制子系统故障维修 …………………………………………… 277
　　二、发动机各系统部件故障引起排放超标的维修 ……………………… 295
　第二节　柴油发动机排放控制系统维修案例分析 ………………………… 307
附录　本书涉及英文缩略语 …………………………………………………… 314
参考文献 ………………………………………………………………………… 316

第一章 概　述

近年来,汽车尾气排放已成为许多大中城市的首要大气污染源,且分担率呈上升趋势。党中央、国务院高度重视并积极推进在用汽车排放污染治理,出台了一系列政策措施。2020年6月,生态环境部、交通运输部、国家市场监督管理总局联合印发《关于建立实施汽车排放检验与维护制度的通知》(环大气〔2020〕31号),要求各地加快建立实施汽车排放检验与维护制度,治理在用汽车排放污染。各级政府也高度重视并逐步加强在用汽车排放超标控制,持续加大维修治理投入,在用汽车排放检验和维修工作逐渐深入发展。本章主要介绍了我国汽车排放污染监督管理标准从严的历程和要求,阐述了汽车排放超标原因及汽车维护修理功能作用,明确了诊断与维修的关系以及常见的误区和短板,并讲述了汽车排放超标控制维修技术及注意事项,包括维修技术、辨析方法和基本知识等。

第一节　汽车排放污染监督管理趋势

一、依法依规推进汽车排放超标维修治理

我国已建立了新生产机动车环保型核准、环保一致性监管、在用机动车环保检验、环保合格标志核发和"黄标车"加速淘汰等一系列环境管理制度,相关法律法规、标准体系不断完善,机动车污染防治体系基本形成。2018年10月26日起施行的《中华人民共和国大气污染防治法》(2018修正)要求机动车船、非道路移动

机械不得超过标准排放大气污染物。在用机动车应当按照国家或者地方的有关规定,由机动车排放检验机构定期对其进行排放检验。经检验合格的,方可上道路行驶。机动车维修单位应当按照防治大气污染的要求和国家有关技术规范对在用机动车进行维修,使其达到规定的排放标准。交通运输、生态环境主管部门应当依法加强监督管理。禁止机动车所有人以临时更换机动车排放污染控制装置等弄虚作假的方式通过机动车排放检验。禁止机动车维修单位提供该类维修服务。禁止破坏机动车车载排放诊断系统。在用机动车排放大气污染物超过标准的,应当进行维修;经维修或者采用污染控制技术后,大气污染物排放仍不符合国家在用机动车排放标准的,应当强制报废。

随着我国汽车保有量的快速增长,道路条件不断改善,对车辆安全性能要求越来越高,同时也对汽车排放要求日趋严格。2016年,交通运输部根据我国车辆技术的发展和在用汽车尾气排放控制要求,对实施多年的《汽车维护、检测、诊断技术规范》(GB/T 18344)进行了修订,在汽车二级维护前检测项目及技术要求中规定了尾气排放诊断内容,并规定排气污染物指标须满足有关国家标准,经检测,在二级维护附加作业项目中,规定尾气排放不合格时应附加检修点火系统和燃油供给系统、检查三元催化转换器、检查废气再循环(EGR)阀等作业项目。二级维护基本作业中规定了燃油蒸发控制系统、曲轴箱通风系统、三元催化转换器、电子控制系统等作为必须进行的维护项目,并规定了技术要求,该标准把在用汽车检测维护与排放控制有机结合起来,为控制在用汽车尾气排放污染提供了技术依据。2020年初发布的《北京市机动车和非道路移动机械排放污染防治条例》《天津市机动车和非道路移动机械排放污染防治条例》《河北省机动车和非道路移动机械排放污染防治条例》,均要求加强在用汽车排放检验,并对超标排放车辆进行维修治理。

二、"保卫蓝天"要求加大汽车排放超标维修治理

随着机动车保有量的逐年提升,我国的机动车污染治理形势十分严峻,需要加大力度对超标排放的机动车进行维修治理,保障空气质量长效改善。由于体制机制和人民意识问题,我国大气环境污染问题依然严重,大气污染治理成为打好"污染防治攻坚战"的重点节点,任务十分艰巨。研究表明,机动车排放对我国城市大气污染的分担率高达20%~60%。北京市生态环境主管部门发布的数据表明,机动车排放的CO、HC和NO_x分别占到这几类大气污染物排放总量的86%、32%和56%,而细颗粒物(PM2.5)来源中机动车排放占本地排放源的31.1%,高于燃煤

和工业排放的分担率。天津市、广州市和石家庄市生态环境主管部门发布的大气污染源解析结果显示,PM2.5来源中机动车排放分别占三市本地排放源的20%、19.3%和15%。目前阶段,在用汽车特别是柴油货车排放已成为大气污染治理的重点和难点之一。

2018年6月,国务院印发的《关于印发打赢蓝天保卫战三年行动计划的通知》(国发〔2018〕22号)要求,经过3年努力,大幅减少主要大气污染物排放总量,协同减少温室气体排放,进一步明显降低PM2.5浓度,明显减少重污染天数,明显改善环境空气质量,明显增强人民的蓝天幸福感,并明确指出强化移动源污染防治。2018年12月,经国务院同意,生态环境部、交通运输部等11部委联合印发的《关于印发〈柴油货车污染治理攻坚战行动计划〉的通知》(环大气〔2018〕179号)文件要求,坚持统筹"油、路、车"治理,以京津冀及周边地区、长三角地区、汾渭平原相关省(市)以及内蒙古自治区中西部等区域为重点,以货物运输结构调整为导向,以柴油和车用尿素质量达标保障为支撑,以柴油车(机)达标排放为主线,建立健全严格的机动车全防全控环境监管制度,大力实施清洁柴油车、清洁柴油机、清洁运输、清洁油品行动,全链条治理柴油车(机)超标排放,明显降低污染物排放总量,促进区域空气质量明显改善。《关于印发〈柴油货车污染治理攻坚战行动计划〉的通知》明确提出,要在全国建立完善机动车排放检验与维修制度(I/M制度)。2020年6月,生态环境部、交通运输部、国家市场监督管理总局联合印发《关于建立实施汽车排放检验与维护制度的通知》(环大气〔2020〕31号),要求各地加快建立实施汽车排放检验与维护制度,防治在用汽车排放污染。各地生态环境、交通运输等部门建立排放检验和维修治理信息共享机制。排放检验机构(I站)应出具排放检验结果书面报告,不合格车辆应到具有资质的维修单位(M站)进行维修治理。经M站维修治理合格并上传信息后,再到I站予以复检,经检验合格方可出具合格报告。I站和M站数据应实时上传至当地生态环境和交通运输部门,实现数据共享和闭环管理。研究制定汽车排放及维修有关零部件标准,鼓励开展自愿认证,监督抽测发现的超标排放车辆也应按要求及时维修。

三、汽车新技术发展促进高水平汽车排放超标维修治理

汽车维修业是专业性较强的行业,随着汽车技术的不断进步,为车辆提供技术支持和后勤保障的汽车维修行业的技术水平也得到了较快发展,电子化、智能化、信息化等先进技术引入汽车维修行业,解码器、车架自动矫正系统、发动机分析仪、底盘测功机、悬架检测台和尾气分析仪等一大批拥有高技术含量的设备在机动车

维修行业中得到推广应用，并涌现出一批懂原理、会操作、懂外语、有实践经验的技术人才和懂技术、会经营的复合型高级管理人员，汽车维修业经历着从劳动密集型行业向技术密集型行业转变的过程。

汽车工业水平是现代工业社会各种先进技术水平的集中体现，汽车工业的迅速发展促进了各种先进技术的开发和实际应用。传统的人工经验诊断已经不能满足日益高科技化的汽车以及越来越严格的汽车检测诊断项目和标准的要求，以机械、电子、液压一体化系统诊断为核心的机动车不解体故障检测诊断技术，通过专用仪器设备检测进行定量分析，改写了传统的凭经验判断故障、以机械修理为重点的手工操作历史。

四、我国汽车排放检验与维修制度的实施

为打赢蓝天保卫战、打好污染防治攻坚战，党中央、国务院及生态环境主管部门针对大气污染防治已开展了多项污染治理工作。机动车污染防治，尤其是在用汽车排放超标控制，是一项艰巨的工作，已成为大气污染防治的重要任务。在我国全面实施I/M制度，已具备了良好的基础条件，拥有较好的可行性。

(1) 法律法规明确要求实施I/M制度。《中华人民共和国大气污染防治法》《打赢蓝天保卫战三年行动计划》《柴油货车污染治理攻坚战行动计划》等法律法规及政策文件，均要求全面实施I/M制度，深入推进机动车污染治理。近年来，I/M制度试点效果较好的地区均有地方性法规支撑，并在法规中明确实施责任部门与分工。2020年初京津冀三地协同起草的《机动车和非道路移动机械排放污染防治条例》也要求实施I/M制度。《汽车排放污染维修治理站(M站)建站技术条件》和《汽车排放系统性能维护技术规范》两个行业标准也正在制定中。法律法规及标准规范支撑为推行I/M制度奠定了良好的基础条件。

(2) 部门协同联动进一步加强。I/M制度是一个涉及部门多、部门联动性要求强的大气污染治理措施，在推进过程中不仅涉及交通运输、生态环境，还涉及公安、质监等部门，需要各行各业齐抓共管，协同推进。目前，国家层面交通运输、生态环境等部门对实施I/M制度已达成了较好共识，也初步明确了任务分工。2019年以来，多个省份和城市相继发布了实施I/M制度的政策文件，明确了部门分工，加强了部门联动，已初步形成部门合力。

(3) 欧美等发达国家和地区实施I/M制度的经验具有较好的借鉴启示。欧美等发达国家和地区在治理机动车排放污染特别是实施I/M制度方面积累了丰富的经验，在法规体系、管理体系、技术体系及保障体系等方面具有较好的实践经验，

第一章 概　述

也取得了较好实效,可为我国下一步推进实施 I/M 制度提供较好的借鉴和启示。

(4)实施 I/M 制度具有较好的社会共识。解决雾霾频发问题是社会公众的共同需求,全社会对汽车排放超标控制高度关注。在这样的大背景下,社会公众对机动车污染防治各项措施的接受度较高,实施 I/M 制度社会反响较好。与此同时,实施 I/M 制度会有效规范汽车排放检验与维修治理,也会引导上下游产业的良性发展。随着 I/M 制度的全面实施,汽车排放检验与维修治理市场将迎来一个全新的发展机遇。

第二节　维修在汽车排放超标控制中的作用

一、汽车排放超标原因

汽车排放超标原因复杂,维修治理必须对症下药,专业性强。不论是汽油车还是柴油车,虽然在设计生产时都有配置符合国家标准的排放控制系统,具有一定的自身尾气净化能力,但是随着使用时间增加,尾气排放净化能力会逐渐下降,其主要原因是:

(1)汽车排放控制系统中,某些传感器、执行器故障,出现功能失效、连接不当等。

(2)某些调整参数改变,如汽缸压力减小、气门间隙变化、点火正时变化或调整不当、火花塞间隙不正常、节气门积炭等。

(3)某些部件磨损或性能劣化,如凸轮轴磨损造成的气门间隙变化,摇臂和液压顶柱的磨损不均匀造成气门间隙变化,燃油泵的磨损,喷油器针阀和量孔的磨损,点火线圈能量的下降等。

(4)与排放控制有关的某些零部件污染或积炭,如废气再循环装置(EGR)、炭罐电磁阀、曲轴箱通风阀(PCV)、燃油蒸发排放控制系统(EVAP)的堵塞或积炭,二次空气排水泵的磨损,真空管路的变形或堵塞,真空膜片的泄漏等。

(5)发动机电脑控制排放的输入传感器、输出执行器和发动机控制模块(ECM)本身的故障等,另外也控制排放颗粒物的车载故障诊断系统(OBD-Ⅱ)的衰减,空燃比系统的浓稀变化,汽油机颗粒捕集器(GPF)、柴油机颗粒捕集器(DPF)、选择性催化还原装置(SCR)等的堵塞。

上述各种原因均会影响发动机的燃烧性能和燃烧质量,使汽车尾气排放恶化,排放中有害污染物往往是成几倍、十几倍甚至几十倍地增加。因此，实施I/M制度，对车辆进行定期排放检测和相关部位维护和修理，可将以上所述问题合理解决，使在用车辆恢复到接近或达到新车排放的水平。机动车污染物排放增加是其内在故障的一种表征，必须通过对车辆定期进行检查和全面清洁、润滑、调整和紧固等多项综合性作业，才能消除引起其排放超标的内在原因，使其恢复和保持正常排放状况。因此，对在用车实行检验与维护制度以达到控制其排放的目的，符合环保一致性原则。

汽车的维护与修理是两种不同作业层次和深度的技术措施。由于它们的目的不同，因此执行的条件也不同。汽车维修的主要任务是在汽车达到容许工作极限后，调整和修理出现故障或失去工作能力的机件总成，为恢复汽车良好的技术状况而采取的一种技术措施，是适时维修的技术措施。真正意义上的维修治理工作，并不只是使用少量的尾气分析仪做必要的测试，然后就事论事地对车辆油路参数做简单的调整。实际上只有对汽车整体技术参数，尤其是对发动机的各种技术状况进行全面的检测诊断并进行有效的维护工作，车辆排放性能才能保持在正常的水平。

二、在用汽车维护的功能作用

（一）车辆技术管理基本情况

近年来，由于科学技术的不断进步，机动车检测技术也得到很大提高。通过多年的科学研究和实践证明，机动车故障主要是由于磨损、零件的变形、疲劳、老化蚀损等造成的。因此，在制定在用车维护周期和作业内容时，必须用可靠性理论，根据机动车故障的统计规律，针对不同总成的故障特点，制定出相应的更切合实际的维护制度和维护周期。

按照这样的理论，确定了"定期检测、强制维护、视情修理"的维护制度。检测周期可以根据汽车的故障率来确定，也可以按现在的各级维护里程进行检测，根据检测的结果，视情况决定是否需要修理。其优点是：可以充分延长汽车的使用寿命，减少大拆大卸中零件的不必要损伤，减少大量的维修工时，节约维修费用，还可以增加汽车的运行时间，提高设备利用率，为提高运输生产经济效益作出贡献。因此，对原汽车维修制度的指导原则进行了重大改革，将原来执行的"定期维护、计划修理"改为"定期检测、强制维护、视情修理"。

从"定期维护、计划修理"到"定期检测、强制维护、视情修理"，这在我国汽车技术管理上是一次大的转折和飞跃，随着维护制度的建立和完善，为适应新的汽车维护工艺规范,全国汽车维修行业展开了技术练兵,从汽车维修行业的管理者,到汽车维修的组织者和每个岗位的操作人员,都经受了一次全新的考验和锻炼,从观念上到实际工作中,都加深了对新的汽车维修制度的认识。

总的来说,维修是维护和修理的泛称。维护是为维持汽车完好技术状况或工作能力而进行的作业。修理是指恢复汽车完好技术状况或工作能力和延长汽车寿命而进行的作业。汽车维修包括汽车维护和汽车修理两个类别,维护作业主要包括维护和检验两个环节,而修理作业则包括诊断、修理和检验三个环节。这是因为定期维护的车辆通常是没有故障的车辆,而视情修理的车辆都是带有故障的车辆。维护的车辆一般不需要经过诊断的环节,只需根据行驶里程就可以确定要实施的维护项目。而修理的车辆通常都须经过诊断环节,才能够确定要修理的项目。

(二)汽车维护分级与要求

汽车维护的目的在于保持车辆处于良好的技术状况,及时发现和消除故障隐患,保证道路交通安全,降低车辆的运行消耗,减少车辆对环境的污染,是车辆技术管理的重要组成部分和基本要求。汽车维护主要分为日常维护、一级维护和二级维护。

1. 汽车日常维护

汽车日常维护是指以清洁、补给和安全性能检视为中心内容,由驾驶员负责执行的车辆维护作业。日常维护目的是保证车辆各部清洁和润滑,各总成、部件工作正常,尤其是要掌握车辆安全部件的技术状况,保证其工作可靠性。日常维护是发挥车辆效率、减少行事事故、节约维修费用、降低能耗和延长车辆使用寿命的重要环节。日常维护具体包括:①车容整洁;②工作介质充足;③密封良好,水、电、油、气无泄漏;④制动可靠,转向灵敏,灯光喇叭等工作正常。

2. 汽车一级维护

汽车一级维护是指除日常维护作业外,以润滑、紧固为作业中心内容,并检查有关制动、操纵等系统中安全部件的维护作业。在汽车使用过程中,随着行驶里程的增加,有些零部件可能会出现松脱,润滑部位出现缺油和漏油等不良现象,影响汽车的操纵安全性,因此,定期对汽车进行一级维护是必要的。一级维护的中心内容是在日常维护的基础上增加了润滑、紧固和安全部件检查的要求,并明确指出汽车一级维护的执行,应由维修企业负责,即应进厂维护。汽车一级维护是一项运行性维护作业,即在汽车日常使用过程中的一次以确保车辆正常运行状况为目的的作业,以清洁、润滑、紧固为主要内容,并检查制动、操纵等安全部件。

3. 汽车二级维护

汽车二级维护是指除一级维护作业项目外,以检查、调整制动系统、转向操纵系统、悬架等安全部件,并拆检轮胎,进行轮胎换位,检查调整发动机工作状况和汽车排放相关系统等为主,由维修企业负责执行的车辆维护作业。二级维护是现行汽车维护作业中的最高一级,要求在维护前进行不解体检测诊断,确定附加作业项目,并强调对安全部件检查、调整的要求,强调了二级维护"检查调整发动机工况和排气污染控制装置"的要求。实施二级维护是对汽车技术性能定期检测,对有关部件视情修理,同时也是随着汽车技术和汽车检测维修技术发展,以及在大气环境污染治理方面要求日益强化的情况下,在提高汽车维护技术水平方面的充分体现。汽车二级维护是以消除隐患为目的的车辆性能恢复性作业,尤其是恢复车辆达标的排放性能,保持安全性能和环保性能。汽车二级维护工作应重点做好二级维护检测诊断、二级维护作业过程检验和二级维护竣工出厂检验。

(三)汽车维护作用

1. 恢复车辆性能,延长车辆使用寿命

汽车在使用一段时间后,各个摩擦副会有磨损,润滑油(脂)及其他工作介质会变质、失效或滴漏,零件表面会积存污垢,连接件会松弛,金属零件会发生锈蚀、疲劳或变形,橡胶和塑料等非金属制件会老化或受损伤等,这些都会使汽车技术状况变差,工作性能降低。适时地进行相应的维护作业,对那些可以预测到随着时间或使用增加会变化的零部件进行调整与更换,可使车辆性能恢复到最佳状态,防止小隐患变成大故障,确保车辆的安全性,以及合理的经济性与使用寿命。

2. 减少汽车排放污染物

通过定期检测和全面的清洁、润滑、调整、紧固及检查等维护作业,可以有效改善汽车工况和技术条件,有效控制汽车排放污染物,使其恢复和保持正常的排放水平,对于保护环境、节约能源、促进社会的可持续发展具有显著作用。通过汽车维护减少汽车排放污染物,既不改变汽车原有的结构参数和技术装备,也不增加装置和车主的经济负担,易于被广大用户和汽车设计制造部门所接受。

3. 保障道路运输安全

实施汽车维护是车辆安全管理的一种有效手段,在保障人民群众人身、财产安全方面作用明显,通过加强车辆技术管理,借助一些设备和工具,对车辆技术性能

进行定期检测,有助于及时发现营运车辆制动、转向、灯光等系统中存在的问题。通过及时维护和修理,使车辆的技术状况维持在一个良好的水平,有助于减少乃至杜绝在运输途中发生的故障或因此而引发的交通事故,达到确保安全的目的。

三、超标排放车辆修理的功能作用

(1)通过对超标排放车辆进行修理,可大幅降低单车排放强度。任何汽车的发动机本身都具有一定的自身尾气净化功能,随着行驶里程的增加,尾气排放净化能力会逐渐下降,如燃烧室积炭、汽缸气压减小、气门间隙变化、点火正时不准等均会影响发动机燃烧质量,造成汽车尾气排放恶化,而且排放污染物是成倍甚至是十几倍地增加。通过对这些超标车辆进行有针对性的维修治理,使这些车辆达到在用汽车排放标准,可有效降低这些车辆的污染物排放量。据统计,美国执行I/M制度以来,汽车的排放污染物总量降低了近50%。

(2)通过对超标排放车辆进行修理,有利于改善在用汽车的技术状况。汽车运行、使用一定里程或时间后,技术状况必然发生变化,造成动力下降、油耗增加、排放增多等情况出现。要解决这些故障,必须严格遵循车辆使用规律,以科学严谨的态度加强车辆的技术管理,使在用汽车始终处于良好技术状况,保障车辆运行安全和节能减排。对这些超标排放车辆维修,通过分析在用汽车尾气排放数据,来分析车辆发动机运行状况。科学制订并实施车辆维修方案,在减少排放污染的同时,也减少了燃油消耗,进一步改善了车辆技术状况,可以有效预防车辆各种技术问题的发生,具有较好的经济性。

(3)通过对超标排放车辆进行修理,可推动相关技术发展。汽车维修行业的发展与汽车工业发展相辅相成,汽车技术的深入发展,要求汽车检测与维护技术不断进步。针对排放超标车辆维修治理,必然要求检测、维修技术进一步提高,反过来也有助于深入发现汽车制造和设计的缺陷,进一步促进汽车工业水平的不断提高。同时,随着汽车检测维护向智能化、多功能化发展,尤其是车载诊断系统(OBD)、车外诊断智能化的发展,也将进一步促进计算机技术、光机电一体化等高新技术的应用。

(4)通过对超标排放车辆进行修理,有助于提高汽车检测维修管理人员和技术人员的水平。通过实施I/M制度,针对超标排放车辆进行维修治理,对行业中的检测人员、修理人员、行业管理人员进行相应的培训,参加培训的人员必须对I/M制度有关的政策法规、标准规范、设备使用操作等方面的知识进行不断学习,将会提高管理人员和技术人员的业务素质和技术能力。同时,在检测车辆增加和维修业务量增加的情况下，将使车辆检测和车辆维修企业在管理、技术、质量和服务等各方面都得到大的提高。

四、超标排放诊断与维修的关系

1. 诊断可以提高维修效率

整车制造厂生产和销售的汽车，必须满足国家对汽车污染物排放的控制要求。但车辆在长期的使用过程中，对污染物排放起控制作用的装置会产生不同程度的磨损，它们的损伤规律不尽相同。在汽车污染物排放超标维修治理中，需要面临维修的器件磨损有很多。不同的器件受自身材质、性能、安装状态、调试状况、工作环境、维护情况等影响，需要有针对性地进行维护、调试，必要时更换。修复这些排放控制器件，使汽车恢复或接近出厂时的排放控制性能，可以有效地降低汽车污染物排放量。

从维修的角度，为了恢复汽车对污染物排放的控制，对造成排放控制失效的相关器件进行修复，首先需要区分哪些器件的控制性能失效了，也就是故障点位置。在维修过程中，有些器件的拆装检测和维修是相当花费工时的，甚至可能在拆装过程中造成不必要的损伤。在汽车污染物排放超标治理作业中，科学有效地进行故障诊断，可以缩小故障范围，快速、准确定位故障原因，减少不必要的发动机解体检测，避免因盲目的维修拆装而耗费工时，大大提高维修效率。

2. 诊断可以降低维修成本

在汽车污染物排放超标治理作业中，维修效率的提高，就是通过降低工时成本进而降低维修成本来实现的。对汽车排放控制失效的器件进行维修，涉及器件本身维护、调试，甚至更换。通过对汽车排放超标故障器件的故障原因进行准确诊断，判断器件排放控制失效的根本原因是安装造成的还是调试造成的，可以通过维护、调试恢复器件性能，降低换件成本。对器件磨损是否导致排放超标进行诊断，避免了过度维修，同时也避免了在拆装过程中造成不必要的损伤。

3. 诊断可以保证维修质量

新的维修管理办法中加入了进厂诊断检验制度。先诊断，后维修；无诊断，不维修。可以看出诊断的重要性。从前文可知，导致汽车污染物排放控制器件失效的原因有很多，除了器件自身原因和安装调试的因素外，器件的工作环境也是不可忽视的原因。汽车发动机在工作时产生的高温高压，对各个控制器件影响很大，特别是废气排放上游器件的恶化,会对处于排气管路下游的器件损伤产生影响。在汽车污染物排放超标治理作业中,准确有效的诊断,不光是诊断哪些器件控制失效,还需要分析该器件为什么失效,排除导致其失效的故障因素。这样才能有效地保证维修质量和维修效果。

以某汽油车维修案例为例,三元催化转换器的载体烧蚀,导致三元催化转换器失效,污染物排放超标。更换三元催化转换器可以短期解决污染物排放超标的现象,但导致三元催化转换器烧蚀的原因不排除,新更换的三元催化转换器在1~2月内就会发生同样的烧蚀现象,车辆在下个检测周期的使用中,污染物排放一直都会是超标的,达不到排放治理的目的。而通过诊断,确定是发动机其中一个喷油器滴漏,燃烧不完全的混合气直接从发动机排出,附着在三元催化转换器的载体上,从而导致三元催化转换器载体烧蚀损坏而失效。所以要保证维修质量和维修效果,就需要准确地诊断出故障器件和导致故障的原因。

五、常见的误区和短板

尽管国家早就制定有相关维修业开业条件和作业的法规标准,但一直以来都是偏重安全技术要求,而缺少与车辆新技术应用相适应的环保性作业技术要求,尤其是缺失对在用车辆排放全过程应用和维护的具体监控和引导措施与要求。例如在车辆周期维护环节,由于目前缺少对车辆周期维护排放状态的强制性检查和在线记录,缺失对维护过程中的三元催化转换装置净化效能的技术检测和三元催化转换器更换件的编码技术要求,使得在用车在日常应用和维护环节就存在了很多不规范维护所造成的带"病"运行情况。

有些人错误地认为对于车辆排放控制的检查和维修,只要使用少量的尾气分析仪去做必要的测试,然后就事论事地对车辆油电路参数做简单的调整,就会满足要求,但实际情况却完全不是这样。只有对汽车的整车技术参数,尤其是发动机的各种技术状况和技术参数进行全面的检测诊断和有效的维修,车辆排放才能保持在正常的状态下。针对排放超标车辆的维修,必须要有严格的规章制度做保证,必须要具备适用的车辆状态监控和故障诊断仪器设备,有经过培训熟练掌握车辆检测和维修工艺的技术人员,建立起一整套可行的质量保证体系和针对具体车型的维修工艺规范,进而才能对各项技术装备进行认真的技术维护和故障排除。

我国维修行业从业人员的技术水平还比较低,使得维修质量与社会需求还存在较大差距,加之整个行业的从业人员文化素质、技术素质均有待提升,造成新技术的推广和普及困难,影响了传统经验维修方式向新的以诊断为主维修方式的顺利过渡，使维修质量得不到保证。同时，我国使用假冒伪劣汽车配件等问题依然存在，使社会上普遍存在用户修车不放心，怕"受骗挨宰"的现象，维修行业在社会上的诚信度还不够高。汽车上高新技术的普及，要求维修业的技术水平必须提升。例如市场销售的轿车一旦电控燃油喷射系统出现故障，没有解码器就根本无法判断故障所在，更谈不上正确地维修。我国汽车维修设备的技术水平在逐步提升，但是从总体来看，相比国外现有的汽车维修设备技术水平，我国目前生产的汽车检测诊断及维修设备技术存在的主要差距有：产品可靠性差，寿命短，性能不够稳定，故障多；自动化水平低，有些设备至今还采用手工操作，操作费力；品种不全，更新慢，技术含量低，附加价值率低。

此外，I 站和 M 站作业人员还没有经过系统、规范的上岗技术培训和认证，技术水平和责任意识还不高，将会影响 I/M 制度的有序实施和 I/M 制度运行的公允性。在 I 站领域，当前的状况是几乎所有的检测作业人员都没有经过规范的上岗技术培训，仅能够上岗操作，基本是依靠设备供应商的临时操作指导。对于他们的作业责任意识，完全是靠个人自觉，缺失必要的业务技能考核和责任监督机制的制约。在已经试行的 M 站领域，现状也不容乐观。M 站作业人员对车辆排放故障产生原因的了解和掌握不足，缺少对车辆基本工作运行和排放影响因素的系统性培训和学习，在面对两千多种在用车型的排放异常和排放首检不合格车辆时，系统性的维修技能缺失便显现出来，一方面缺乏有针对性的有效维修，另一方面存在利益驱动下的胡乱维修现象。用户不愿意在维修企业被"欺骗"消费上千元转而在非正规企业随意维修以通过检验，这些成为目前 I/M 制度实施和推进的最重要问题。所以说，加强对 I 站和 M 站作业人员的技能培训和管理是当务之急，是推行 I/M 制度的重点工作。

第三节　汽车排放超标维修技术有关问题

一、汽车排放故障及其维修的技术实质

新出厂的合格汽车经过一段时间使用后，其某些系统功能缺失或者某些部件损坏会引起尾气排放超标。这些部件基本上都是与发动机技术状况有关，包括线路管路部分、电子控制系统、发动机空气供给系统、燃油供给系统、点火系统、燃烧环境和机外尾气处理设备等。因此在进行排放污染维修治理时，要对这些系统和

部件进行检查,使其功能恢复到或接近于汽车出厂时的要求。

I/M制度不是要求在用汽车强制安装尾气净化器和进行发动机改造,而是使车辆保持原厂制造的技术指标,监督检查车上原有的排放污染控制装置和系统的正常工作,充分发挥车辆的自身净化能力。它通过检查,识别出由于系统故障导致排放超标的车辆,确定故障的原因和位置,有针对性地进行维护、修理,使车辆不仅排放达标,而且整车能保持良好的技术状况,是目前国际公认在用车排放治理最有效的方法。它对汽车进行全面系统地检查和维护,从根本上保证发动机良好的工作状况,不仅可以降低尾气中有害气体的排放,而且为机外净化装置提供了良好的使用环境。同时,通过定期检查还可以发现各种故障隐患,包括检查各种排放控制装置的完好情况,由此保证在用车使用期间尾气排放物不超标。

超标车辆维修治理实质,就是根据诊断结果,查清车辆故障点或部位,依照原厂技术标准或维修标准进行调整、维护,或者更换零部件,直到排放达标。

二、汽车排放超标控制维修技术方法辨析

传统的汽车维修技术是以机械修理为核心的维修技术,因为那时的汽车车型更新周期相当长、技术变化慢,一种结构装置往往十几年甚至几十年都没有改变。因此,传统的汽车维修往往是从故障症状入手,经过经验积累确定了常见的故障原因,然后直接查看可能的故障点,确认损坏的零部件,再经过修复调整或更换该零部件后,即可排除故障。传统汽车维修所用的仪器设备比较少,主要采取"听、摸、闻、看"的人工经验判断方式,它是一个以工作积累为基础的经验判断体系。随着汽车新技术、新结构的大量出现,特别是计算机控制技术在汽车上的广泛应用,出现了汽车动力系统"机、电、热"一体化的趋势,汽车传动、制动、转向及悬架系统"机、电、液"一体化的趋势,汽车电气及通信系统"机、电、光"一体化的趋势。这些发生在汽车上的技术变革,使得以机械修理工艺为核心的传统汽车维修技术,不得不向以机电一体化综合诊断技术为核心的现代汽车维修技术转变。传统汽车维修技术队伍中"师傅带徒弟"的格局,正在被现代汽车维修技术队伍中的"医生与护士"所取代。"七分诊断、三分修理"不仅是现代汽车维修技术的特征所在,而且还是汽车"医生"(汽车维修工程师)和汽车"护士"(汽车修理工)的职责分工。汽车计算机控制技术的出现是汽车新技术中最重要的变革,它不仅给汽车控制技术带来了根本性的变化,同时也改变了汽车维修的方式。传统的汽车维修采用的是从症状入手,通过检查检测查找故障点的分析方法,这个方法具有明显的人对车单方向推进特征。现代汽车计算机控制系统中由于加入了自诊断功能,使得现代汽车

维修可以直接从自诊断结果入手,通过检查检测找出故障点,这种方法具有人车互动双向"对话"的特征。今天的汽车维修技术有了症状分析和自诊断分析两个入手点,这正是现代汽车维修技术的基础。汽车技术在安全性、环保性和经济性法规推动下越来越多地采用了高新技术,也就给汽车维修工作提出了越来越高的要求,故障机理的复杂性分析、诊断手段的多样性运用、诊断参数的精确性测试、分析判断的准确性把握等重要方法和关键技术都已成为汽车维修技术发展所必须追逐的目标。汽车维修技术正处在从传统经验体系向现代科学体系发展的过程之中,不仅要完善和发展汽车维修技术、研制开发新型高效的汽车诊断维修设备,还要形成和建立具有实际应用价值的汽车诊断维修理论体系、研究运用创新实用的汽车维修方法。

  汽车排放超标控制维修是一门新的课程,它与常规的汽车维修有很多相同之处,但又不完全一样。常规的汽车维修讲究的是"七分诊断,三分维修",汽车排放超标控制维修也同样遵循这个规则。汽车排放污染物超标,仅仅是车辆使用性能不稳定或恶化的一种表征,其内在原因是多方面的,诸如燃料品质不佳,车辆超负荷运行,发动机冷却系统工作不正常,汽车底盘各项参数调整不当而导致运行阻力过大,发动机的燃料供给系统、点火系统和配气机构、曲柄连杆机构等各项技术指标调整不当、发生变化或零件损坏,燃料供给系统密封不良,曲轴箱通风装置不良,废气再循环装置失灵,发动机某些部位的积炭,以及驾驶员操作不当等,均会引起汽车排放污染物的增加。从汽车使用的磨损理论和可靠性理论可知,在用车辆的技术状况和排放性能是随着运行里程增加而变差的,即使是电控燃油喷射发动机加三元催化转换装置的车辆,投入运行后,其技术指标也在不断地变化,在行驶走合期满就需要对其做必要的校验、调整,这是由机电产品固有特性所决定的。对排放超标的汽车,必须要由有经验的技术人员按作业规范认真对其进行检测、诊断,判明故障点,在消除相应故障的同时,有针对性地对汽车故障的相关部位认真进行维修作业,才能使汽车恢复正常的工作状态,消除因故障或参数变化造成的排放超标。

三、开展维修治理应具备的基本知识

  美国历来重视职业人才素质和技术能力提升。美国汽车维修优秀技师学会(National Institute for Automotive Service Excellence,ASE)是一家成立于1972年的非营利机构,主要职能是通过认证汽车售后专业人才来提高汽车维修和服务质量。ASE在美国教育、汽车维修和汽车制造行业专家的共同支持下,经过多年的努力,

第一章 概 述

建立了一套科学完善的模块化汽车售后服务人才认证体系,包括认证标准、考题、教材等。ASE 认证分为以下几个大组(相当于我国职业分类中的"细类",即"职业"):汽车维修、中/重型货车维修、货车装备维修、校车维修、事故车维修、新能源汽车维修、零件专员、汽车服务顾问、碰撞估损等,各个组别中分别设有多种证书,如汽车维修组中设有发动机机械、发动机性能、电子电气等 8 种证书,证书总共有 50 多种。学员只要通过一项考试,即可获得一张证书;如获得一个组别中的所有证书(如汽车维修组别中的 8 种证书),即可获得高级技师证书,为了促进证书持有人不断学习新技术,确保其维修水平不落伍,ASE 将证书有效期设定为 5 年,5 年后必须重新认证,否则证书自动失效。在美国,汽车维修人员一旦获得 ASE 证书,即意味着步入了汽车维修界的精英行列,将在汽车售后服务行业获得良好的就业和职业发展机会,因为 ASE 证书不仅得到了汽车售后服务行业雇主的认可,同时也得到了汽车制造企业和消费者的认可。目前,美国有 30 多万人持有有效的 ASE 证书。ASE 认证为保障美国汽车售后行业的发展和人才供给作出了较大贡献,客观上也保障了美国在用汽车的安全和环保,为促进就业和国民经济发展作出了贡献。

随着高科技对汽车维修行业的逐步渗透,传统的汽车维修观念必须随之改变,机械修理为主稍带一些简单电路检修的传统方式已经不能适应现实需求,新时代的维修技师必须依靠电子设备和信息数据进行诊断及维修。也就是说,目前摆在国内各汽车维修企业眼前的问题就是技术设备更新和升级,以及由此产生的对高素质人才的需求。这无疑会将一些没有能力完成技术升级的维修企业淘汰出局。随着汽车技术的不断进步,汽车相关法规和标准的发布、修订,加之汽车排放超标原因复杂,汽车维修行业必须建立有效的、针对性的培训体系,通过专项技术培训,提高汽车维修行业管理人员、技术人员业务水平,使接受培训的人员成为汽车检测维修行业质量保证的主力军,成为汽车污染物排放治理的骨干力量。

对于 I/M 制度的实施来说,美国汽车维修管理局负责和监督人员培训,发放培训合格后的从业证书。I 站和 M 站无权给雇员发放从业证书。培训围绕汽车排放开展,主要内容有:I/M 制度法规、检测的校准、操作及维护、公共关系以及与检测相关的安全知识。检测员必须通过书面和实际操作考试。合格后获得证书,证书有效期为 2 年,检测员若要重新拥有从业证书必须再次参加培训和考试。

高素质的汽车维修职业人才队伍是实施 I/M 制度的一项重要保障。在我国,M 站从业人员除应符合《汽车维修业开业条件》(GB/T 16739)外,更应重视维修治理专业技术人员和技工队伍的培养,需要通过汽车排放超标控制维修治理专项

技术培训,掌握以下知识和能力:

(1)了解汽车发动机燃烧及排放污染物生成机理,能够对一些常见排放污染物超标车辆进行初步的分析判断;

(2)掌握 M 站所有设备及工具的使用方法,并能够利用设备及工具检测出车辆污染物排放超标的原因并进行有效控制和治理;

(3)了解 M 站的整体组成及业务流程,能够开展对外业务工作。

第二章 发动机机械故障引起排放超标的维修

发动机故障繁多,不是所有的发动机故障都能引起污染物排放量超标。发动机机械故障引起排放超标的常见原因有汽缸和气门的密封性能下降,如汽缸泄压、气门漏气、活塞和气门积炭等,这些将会导致 HC 和 CO 排放值升高;发动机过热,汽缸内压力过高,将会导致 NO_x 排放量过高;发动机缺火,会造成 HC、O_2 排放量偏高。因此,在维修治理排放污染物超标时,切忌盲目地更换零部件。当机械部件间隙过大时,如活塞和汽缸壁的圆度和圆柱度超限,需要对发动机进行大修来解决排放污染物超标故障。

第一节 汽油发动机的工作原理

发动机是汽车的"心脏",是驱动车辆行驶的主要工作装置,它可以将燃油内的化学能量转换成使车辆行驶的动力。这个过程的发生还需要某些必要的燃烧条件。

一、汽油发动机的燃烧条件

1. 空气、燃油和点火的条件

内燃发动机要高效地工作,必须具备一定的条件。发动机工作的三个条件是:必须有足够的空气进行燃烧、适量的燃油与空气的混合气,以及足够的点火能量。

这三个条件存在时,燃烧就会发生。这种燃烧将燃油中的化学能转换成热能,燃烧产生的热能使气体迅速膨胀。这种膨胀的机械能推动活塞向下运动,活塞向下的力使曲轴转动,这种旋转动力被用来驱动车辆行驶。如果缺少这三个条件(空气、燃油、点火)中的任何一个,汽油发动机就不能运转。

2. 正时

正时是识别空气、燃油和点火何时相结合,以产生燃烧的过程,它是通过活塞与曲轴的位置相关联来实现的。为使发动机有效地工作,空气和燃油的混合气必须在正确的时刻进入汽缸,也就是说,进气门和排气门必须在正确的时刻打开和关闭,空气和燃油混合气体的点火也必须在精确的时刻发生。点火正时随速度和负荷变化。当进气门、排气门的正时设置得正确,并且点火在正确的时刻发生时,化学能向机械能的转换就能产生最大的动力。

3. 空燃比

空燃比是燃油喷射器混合的空气和燃油的比率。最有效的空燃比通常称为理论空燃比。空气和燃油必须彻底混合,即每个燃油分子周围必须有足够的空气,这样才能完成燃烧。如果两者没有以正确的比例混合,发动机的效率就会降低,废气排放水平就会上升。

理论空燃比应该接近 15 份空气对 1 份燃油,这个值是用质量计算的。实际上,最有效的空燃比为 14.7∶1,即每使用 1kg 燃油,需要 14.7kg 空气。

4. 浓稀混合气

空燃比在 12∶1 左右的混合气指的是浓混合气,而空燃比在 17∶1 左右指的是稀混合气。一般来说,浓混合气在燃烧过程中效率低,用于低温和起动工况。相对于浓混合气,稀混合气燃烧时温度更高,通常在燃油进入燃烧过程时,扮演冷却剂的角色。因为起到冷却作用的燃油更少,燃烧过程会变得更热。这种状况如果控制得不正确,会对活塞和气门造成严重的损害。

为了将空燃比控制在正确的要求范围内,工程师们在设计时做了大量工作。燃油喷射系统能够将混合气保持在良好的控制之下。通过正确地控制空气燃油混合气浓度,现代发动机的燃油行驶里程可提高到 10~15km/L。

5. 上止点和下止点

TDC 表示上止点,BDC 表示下止点。这两个术语可以用来帮助识别正时过程中活塞的位置。

第二章　发动机机械故障引起排放超标的维修

6. 缸径和行程

发动机的缸径和行程用于确定发动机排量。发动机的缸径定义为汽缸直径。发动机的行程指的是活塞从上止点运动到下止点的移动距离。行程由曲轴的结构确定，从曲轴的中心到曲柄销的中心称为曲轴行程，将其乘以 2，得到的尺寸就与活塞的行程相等。如果发动机的行程发生改变，曲轴的行程也将有所不同。

7. 发动机的排量

发动机的排量是发动机所有汽缸内的空气容积。每个汽缸有一个确定的排量，可以用下面的公式进行计算：

$$汽缸排量 = 0.785 \times 缸径^2 \times 行程$$

通过这个公式可以得出一个活塞从上止点运动到下止点的实际汽缸排量。如果有多个汽缸，总的排量是单个汽缸排量乘以汽缸数。

8. 压缩比

在发动机的工作过程中，空气和燃油混合气必须被压缩。这种压缩有助于挤压、混合空气和燃油分子，以便于更好地燃烧。实际上，空气和燃油被压缩得越多，发动机的效率就越高。

压缩比用来衡量空气和燃油的压缩程度。压缩比定义为活塞处于下止点时活塞上方的汽缸容积与活塞处于上止点时活塞上方的汽缸容积之比。计算压缩比的公式为：

$$压缩比 = 下止点时活塞上方的容积 / 上止点时活塞上方的容积$$

通常压缩比的范围为从低压缩比发动机的 8∶1 到柴油机的 25∶1。

9. 发动机效率

术语"效率"可以用来表示不同机械的性能，它同样适用于发动机。发动机效率是输入发动机的能量与发动机可输出能量之间的关系。为了理解发动机的基本原理，发动机效率定义为：发动机效率 =（输出能量/输入能量）×100%。

10. 发动机的识别

根据发动机和厂商的不同，车用发动机有多种不同的类型和型号。它们通过气门的数量、凸轮轴的布置形式和发动机的排量进行识别，常用的发动机识别类型有：双凸轮发动机，3.0L，V6 型，24 气门发动机；双顶置凸轮轴（DOHC）16 气门发动机；2.2L，DOHC 16 气门涡轮增压发动机；4.6L，单顶置凸轮轴（SOHC）V8 型发动机。

二、四冲程发动机设计

汽车多使用四冲程发动机。四冲程发动机有时也称为四循环发动机。术语"行程"和"循环"常被互换,互换这些术语会引起某些混淆。行程定义为活塞从上止点到下止点的移动距离。循环定义为在曲轴特定的旋转角度内,通常为360°发生的活动。四冲程发动机的四个工作行程称为进气、压缩、做功和排气行程。

1. 进气行程

活塞位置接近上止点,此时进气门打开。当活塞经曲柄转动向下运动时,在汽缸内形成一个真空,此真空将新鲜空气和燃油吸入汽缸中,即大气压力推动空气和燃油进入汽缸,此过程称为进气行程。

空气首先经进气歧管被吸入,在这里空气与喷油器喷出的燃油以正确的空燃比 14.7∶1 混合。当活塞到达下止点时,进气门开始关闭,随着进排气门关闭,空气和燃油混合气被封闭在汽缸中。

2. 压缩行程

活塞带动汽缸内的空气和燃油混合气一起从下止点向上止点移动,这个移动过程称为压缩行程。压缩行程按照发动机的压缩比压缩空气和燃油混合气。这种压缩使得空气和燃油可以非常有效地混合。实际上,压缩比越高,空气和燃油混合得越好,发动机的效率就越高。

很重要的一点是:应当没有任何泄漏点使压缩气体能够逸出。泄漏可能发生在气门、汽缸盖和汽缸体之间的衬垫处,或者通过活塞上的活塞环泄漏。同时要注意,在压缩行程末端,曲轴已经转动了360°或一圈。

在压缩行程中,空气和燃油混合气实际上已经被压缩作用加热,就像是用气泵给轮胎打气一样,当空气在气泵底部被压缩时,空气的温度升高。如果压缩比太高,燃烧室内的温度可能会点燃混合气,这个过程被称作早燃,使汽缸内压力和温度急剧升高,会导致活塞与汽缸内壁损伤。也就是燃烧室内的爆炸在活塞到达上止点前就已经开始了。

增大压缩比有很多好处。但是,在空气和燃油被压缩时,压缩比必须不能高到使空气和燃油产生早燃。

3. 做功行程

在做功行程中,进气门和排气门都保持关闭。活塞在压缩行程向上运动,在接

第二章　发动机机械故障引起排放超标的维修

近上止点时产生点火。此时,空气、燃油和点火都已具备,这个组合导致空气和燃油混合气快速燃烧。在混合气燃烧过程中,膨胀的气体在活塞的顶部产生向下的压力,从而推动活塞在做功行程中向下运动,此时也就产生了平均有效压力。再次强调:整个燃烧室必须密封,不能有任何泄漏点,泄漏可能会损失掉混合气燃烧中的部分能量,从而降低向下推动活塞的动力。

4. 排气行程

四冲程发动机的最后一个行程称为排气行程。当活塞开始再次向上移动时,排气行程开始。因为飞轮的质量大,曲轴将依惯性继续转动。在排气行程开始时,排气门打开。活塞在向上移动时将燃烧过的气体推出汽缸,排到排气歧管、三元催化转换器、消音器及尾管,最后排到大气中。

在排气行程接近终止附近,排气门开始关闭。此时,进气门已经开始打开,以准备进入下一个进气行程。注意:此时曲轴已经转动了两圈,但只发生了一个做功行程。如果发动机以 4000r/min 的转速运转,则每个汽缸每分钟有 2000 个做功行程。

第二节　发动机故障引起排放超标维修综述

一、发动机故障检测、诊断、维修之间的关系

发动机故障检测是指确定汽车技术状况或检验技术人员工作能力的检查和测量,检测的目的是发现故障的症状。汽车诊断是确定汽车技术状况,查明故障部位及原因的过程。发动机故障检测、诊断、维修相辅相成,是排放超标治理中发现问题、提出解决方案直至通过维修治理完成的过程。汽车维修是对汽车进行的维护和修理。

故障诊断包含了"诊"和"断"两个环节。诊断技术人员从汽车的故障现象出发,熟练应用各种检测设备对汽车进行全面综合的检测,完成第一个"诊"的环节;之后结合对汽车原理与结构的认识理解,对测试的结果进行综合分析并对故障部位和原因作出确切的判断,完成第二个"断"的环节。故障诊断的过程即由这两个环节构成。汽车故障诊断中第一个"诊"的环节比汽车检测的内容更深入,它不是一个单纯的"检测"过程,而是一个综合的"测试"过程,测试包括了"参数检测和性

能试验"两部分。因为汽车检测的目的是判断被测汽车是否符合安全环保检测或综合性能检测的规定，检测参数超标为不合格，未超标则为合格，它只有通过和不通过两个结果。而汽车诊断的目的是判断汽车的故障部位和原因，必须对检测参数作出定量分析，再通过性能试验才能为找到故障部位、查明故障原因提供充分的依据。因此，汽车诊断应该包括技术检测、性能试验和结果分析三个部分。技术检测的主要任务是通过测试仪器和设备对汽车进行诊断参数的测量。性能试验的主要任务是对被检测系统进行功能性动态试验，通过改变系统的状态进行对比试验分析，旨在发现系统故障与诊断参数之间的关联。分析的目的是对诊断最终结果作出客观的评价，也就是对故障生成的原因机理与故障现象特征之间的必然联系，以及故障现象与诊断参数之间的内在联系作出理论分析。

通常到汽车检测场检测的车辆不一定是有故障的车辆，汽车检测的结果只有两个，即通过或不通过。而到汽车诊断中心或修理厂诊断的车辆则一般都是有故障的车辆，汽车诊断的目的只有一个，就是找到故障点和查明故障原因。在我国，汽车检测已经发展成为一个独立的行业，汽车检测分为安全环保检测和综合性能检测。安全环保检测是在不解体的情况下对机动车有关安全性能及涉及环境保护方面的项目进行的检查和测量，主要包括制动性能检测、转向轮侧滑检测、车速表校核、前照灯检测及汽车排放与噪声的检测。安全环保检测主要依据《汽油车污染物排放限值及测量方法（双怠速法及简易工况法）》(GB 18285—2018)和《柴油车污染物排放限值及测量方法（自由加速法及加载减速法）》(GB 3847—2018)，针对所有上路行驶的机动车定期实施强制检测。安全环保检测的主管部门是公安和生态环境部门。

综合性能检测是在不解体的情况下对营运车辆有关综合性能项目进行的检查和测试，主要在安全环保检测项目的基础上增加了发动机功率检测、底盘输出功率检测、燃油消耗量检测、滑行距离与时间检测、转向角与车轮定位检测、悬架性能检测等项目。

汽车维修包括汽车维护和汽车修理，维护作业主要包括维护和检验两个环节，而修理作业则包括诊断、修理和检验三个环节。这是因为定期维护的车辆通常是定期进行预防性作业的没有故障的车辆，而视情修理的车辆都是带有故障需通过维修作业使其性能恢复的车辆。维护的车辆一般不需要经过诊断环节，只需根据行驶里程就可以确定要实施的维护项目。而修理的车辆通常必须经过诊断的环节，才能够确定要修理的项目。因此，汽车故障诊断是汽车维修工作中维护、修理、检验、诊断四个环节技术水准要求最高的一个环节，它要求诊断人员既有较高的理论水平,又必须具备丰富的实践经验、清晰的分析思路,能够熟练操作使用诊断设备。汽车故障诊断技术的研发与应用将会成为现代汽车维修技术的重要组成部分,同时还将是现代汽车维修技术的主要发展方向。

排放污染超标治理的维修与常规维修既有相同之处,同时也存在不同点。不同之处在于,能够造成排放污染超标的系统或装置及部件,并不是车辆上所有系统,而只是发动机的部分系统:发动机机械部件、燃料供给系统、点火系统、进排气系统、排放控制系统和输入输出系统(包括 OBD)。排放污染超标也并不是都会产生故障现象,如 NO_x 排放超标,不会对发动机怠速和动力性产生明显的影响,没有故障现象,它只是会对环境造成污染,所以有时排放污染超标车辆是不能通过故障现象观察到的。因此,这就给诊断维修、检测带来麻烦,要求维修技术人员必须深入学习,只有掌握更多的理论知识才能治理好排放污染超标。

排放污染超标治理维修与常规维修的相同之处是,排放污染超标治理维修也有维护和修理两种类别。通过对车辆进行定期排放检测和相关零部件的维护、调整,将会提前合理解决隐患,使车辆恢复到接近或达到新车的排放水平。维护是保持发动机不发生或延迟发生排放污染超标现象的作业。排放污染超标治理维修就是对能够产生污染物的各个系统进行检测、诊断、修理的作业。

排放污染超标治理维修中的故障症状是通过四气体分析仪和五气体分析仪检测的。四气体分析能够检测 HC、CO、CO_2 和 O_2,五气体分析仪除能够检测四气体分析仪的四种气体外还能够检测氮氧化物(NO_x)。危害气体的故障症状就是其测试值超过国家规定的标准。

当前,汽车技术发展迅猛,排放限值不断降低,个性化设计加强。因此,要求我们在进行排放污染超标治理维修作业时,一定要紧密结合实际,利用所学理论原理,结合自身积累经验,加以灵活掌握和运用,在整个维修实践过程中才能做到举一反三、事半功倍。

二、发动机汽缸故障测试

(一)汽缸测试的作用

在准备诊断与维修发动机机械部件故障之前,必须检查发动机动力学性能的完好性。为检验发动机动力学性能的完好性,必须进行发动机进气管真空试验、比较发动机汽缸压缩压力试验,同时,还需要用压力表对发动机起动后怠速和运转时的汽缸进行压缩压力测试、汽缸泄漏测试。发动机真空试验可以确定进气系统密封件是否存在问题。比较发动机汽缸压缩压力试验有助于帮助维修人员检查出哪个汽缸存在问题。压力表可以测出怠速或运转时压缩压力，这样可以帮助查找出汽缸密封问题和进、排气系统故障。汽缸泄漏测试或漏气率测试，能够帮助找到汽缸密封故障的确切原因，例如是进气门还是排气门问题，或者是否为汽缸窜气、汽缸垫损坏等。

一台发动机若因排气门烧蚀而造成汽缸压缩压力低，是由于燃烧不完全导致废气中有多余的氧存在，会表现出连续稀薄的排气状况。这种状况的表现有：四气体分析仪的氧读数值超过正常范围，来自排气氧传感器的信号是连续稀薄排气信号。排气门泄漏或烧蚀虽然不会影响空气流动，但却会因燃烧室密封不好导致燃烧不完全。进气门泄漏也会降低汽缸压缩压力，同时也会导致燃烧不完全，且还会影响进气流量。

压缩压力过低或真空泄漏会导致燃烧不完全，致使没有参与燃烧的氧经过燃烧室进入排气管，因此造成氧传感器信号低，导致 HC 和 CO 排放增加。凸轮轴凸轮磨损会降低气门升程和持续开启时间，分析受到影响的气门是进气门还是排气门，进入汽缸的进气流量或排出废气流量会受到不同影响。凸轮轴的磨损在各个汽缸之间往往是不均匀的，这会造成发动机转速不稳和各个汽缸压缩压力出现偏差的现象。

正时齿形带或正时链松动跳齿，将会改变气门正时，一般会对所有的汽缸产生同样的影响。进气门泄漏、活塞环折断或磨损、汽缸垫漏气等都会引起汽缸压缩压力降低。根据压缩压力降低的程度和受影响汽缸个数的不同，发动机可能会出现运转不稳和缺火现象。

综上所述，发动机机械部分的进、排气门泄漏，汽缸垫的泄漏，活塞、活塞环、汽缸漏气所造成的汽缸密封性能故障，以及气门正时、真空泄漏等故障，除了会造成发动机工作不稳、动力下降外，还会使 HC 和 CO 排放量增加，导致车辆排放检测不合格。因此，需要进行汽缸压缩压力测试、发动机真空泄漏测试和汽缸漏气率测试。

（二）发动机汽缸真空测试

如果发动机动力性能良好，在进气歧管中将产生很大的真空度。活塞在进气行程中向下运动时，汽缸容积增大，压力下降，在进气管会产生一定的真空度，从进气歧管中吸入空气。空气通过节气门进入进气歧管，当节气门位置固定时，发动机的转速升高或汽缸的密封性改善都会使进气歧管真空度增加；而发动机转速降低

第二章 发动机机械故障引起排放超标的维修

或汽缸的工作效率降低以后,进气歧管真空度也会降低。发动机真空泄漏会导致 HC 排放量的增加和 O_2 读数超过标准值。

1. 怠速真空测试

如果发动机性能良好,怠速时进气管的真空度应该稳定在 57.6～71.06kPa,如图 2-1 所示。

2. 低而稳定的真空度

如果发动机的真空度比正常情况下低而且稳定,最常见的原因包括:点火正时滞后和凸轮正时滞后。

3. 波动的真空度

如果真空表指针先下降,然后上升到正常位置,接着又下降,之后又回到正常位置,不断反复,这表明发动机的气门发生了卡滞。造成气门卡滞最常见的原因是气门杆缺乏润滑。

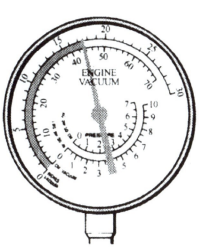

图 2-1 正常的真空读数值
注:图中读数为英制单位。

常见情况下测试进气管真空度时真空表读数与故障原因见表 2-1。

表 2-1 常见情况下测试的真空表读数及故障原因

读 数	原 因	读 数	原 因
	稳定,但是偏低的读数表明气门迟开或点火正时延迟		真空表指针在 10.00～30.66kPa 之间跳动,低于正常值,表明进气系统真空泄漏
	汽缸垫泄漏会使指针在正常范围上下跳动		指针在正常读数以下 3.33～6.80kPa 之间振荡,表明混合气可能不合适(太浓或太稀)

续上表

读数	原因	读数	原因
	急速时真空表指针急剧跳动，当转速升高时指针变得稳定，这表明气门导管已经磨损		如果指针往正常位置下移3.33~6.80kPa，则是由于气门烧蚀或不能正常落座引起的
	当气门弹簧弹力变弱，急速时真空表读数正常，但当发动机转速增加时，指针会在40.66~81.33kPa间急剧跳动		在发动机转速稍微高于急速时，指针读数稳定地下降6.80~10.13kPa，表明发动机点火正时延迟

注：图中真空表读数为英制单位。

（三）汽缸压缩压力测试

发动机的汽缸压缩压力反映了汽缸的密封性，是反映发动机动力性能的指标之一。活塞或活塞环磨损过度会导致活塞密封不严、气门密封不严、汽缸垫漏气或窜气。汽缸压缩压力不正常将会导致混合气燃烧不良、燃料消耗上升、功率下降、发动机起动困难和汽车动力性能下降，以及碳氢化合物（HC）排放过高。通过对测试结果的分析，可以准确地判断发动机各个汽缸的工作状态，汽缸压缩压力测试一般分为三种：干式测试、湿式测试、运行测试。

1. 汽缸压缩压力干式测试

干式测试结果分析：压力高于标准值，表明压缩比已改变，原因是燃烧室容积小，一般是因积炭造成；压力低于标准值，表明汽缸有泄漏，其可能原因是气门锥面烧蚀、气门座烧蚀、汽缸垫烧穿、活塞环磨损、气门机构问题、汽缸内壁磨损严重等。如果在干式测试中汽缸压缩压力读数偏低，则进行汽缸压缩压力湿式测试，湿式测试有助于确定造成问题的具体部件。

2. 汽缸压缩压力湿式测试

向读数偏低的燃烧室中喷入少许机油（即发动机润滑油），将发动机转动几圈，然后按照汽缸压缩压力干式测试流程进行操作。压力表读数保持在较低位置，则为发动机气门或汽缸垫泄漏。具体是哪一个部件，可进一步通过测试确定。如果相邻汽缸的压缩压力持续较低,原因是汽缸垫损坏或者汽缸盖平面变形。压力读数上升很多,说明活塞环和汽缸密封泄漏,应该进行修理。

3. 汽缸压缩压力运行测试

汽缸压缩压力运行测试的流程为:每次拆下一个火花塞,并使该缸高压线搭铁,使发动机按 2000r/min 运转,按住汽缸压力表释放阀进行测量。汽缸运行时压缩压力低的原因是:气门弹簧断裂、气门导管磨损、推杆弯曲、凸轮轴磨损。运行压缩压力测试时,缸压变化范围为:起动时 0.9~1.1MPa,怠速时 0.4~0.6MPa,高怠速(2000r/min)时 0.2~0.4MPa。结果判断:最大缸压和最小缸压的差值不得低于平均值的 20%,任何一缸不得低于 0.7MPa;表针第一次摆动值不得低于结果值的 1/2。若低于该值,说明活塞、活塞环与缸筒间漏气。

(四)汽缸泄漏测试

汽缸泄漏测试,可以确定压力泄漏点是出现在进气门、排气门、活塞环上,还是水套、相邻汽缸的汽缸垫泄漏。

1. 汽缸泄漏测试程序

(1)使发动机达到正常工作温度。
(2)保证进排气门都处于关闭位置。
(3)连接汽缸漏气率表(图 2-2)到火花塞承孔上。

图 2-2 汽缸漏气率表

(4)测量读取数值。

2.测试标准值

(1)漏气率小于或等于10%:良好。

(2)漏气率大于10%且小于或等于20%:可以接受。

(3)漏气率大于20%且小于或等于30%:有问题。

(4)漏气率大于30%:问题严重。

3.泄漏部位判断

(1)听见空气从机油加注口漏出,说明活塞环磨损或断裂。

(2)空气从散热器漏出,说明汽缸垫破坏或汽缸盖有裂纹。

(3)空气从发动机的进气口漏出,说明进气门出现了故障。

(4)空气从排气管漏出,说明排气门出现了故障。

如出现明显泄漏,可根据声音判断出泄漏位置,查找故障原因并进行修理。

三、排放超标引起发动机性能故障判断

(一)发动机性能简介

随着科技的发展,电子控制技术已融合到发动机各系统中。如今发动机除了机械部件外,还配备发动机性能管理系统(进气系统、燃料供给系统、点火系统、排放系统)。现在的发动机由于采用了发动机性能管理系统,其各种性能都得到了很大提升:降低了燃油消耗,提高了燃油经济性;提升了发动机功率,提高了动力性;工作时更加平稳,更易操控;减少了尾气排放,更加环保。

(1)进气系统:发动机性能管理系统为了监测和控制进气,进气系统使用传感器测量进气流量和温度,甚至能控制进气通道的长短和形状、旁通通道的开闭以及进气门的相位等。

(2)燃料供给系统:发动机性能管理系统为了给发动机提供燃料,燃料供给系统负责把燃油泵送到燃油管道,经过压力调节后提供给喷油器,最后由发动机控制模块(Engine Control Module,ECM)控制喷油器定时定量地喷射到发动机内。

(3)点火系统:发动机性能管理系统为点燃混合气,由点火系统监测曲轴的转角和发动机的各项参数,精准地控制点火部件在相应的曲轴转角时触发点火。

(4)排放系统:发动机性能管理系统为了减少排放,排放系统监测尾气成分和

第二章　发动机机械故障引起排放超标的维修

其他排放信息,通过催化转换尾气、控制燃烧温度以及把燃油蒸气引入燃烧室等方法全面减少车辆的有害气体排放量。并且系统内集成的 OBD-Ⅱ 时刻监视和诊断发动机的运行和排放情况。

(二) 利用尾气检测值维修发动机性能故障

尾气分析仪是用来测量汽车尾气是否符合排放标准的仪器。它还有另外的拓展功能,就是利用尾气分析仪的读值,判断发动机的机械故障和发动机性能的故障。具体包括:用尾气分析仪测试读取 HC 值判断汽缸垫泄漏故障、利用 HC 值判断燃油泄漏故障、利用尾气值来判断发动机无法起动故障、利用尾气值判断曲轴箱强制通风(Positive Crankcase Ventilation,PCV)系统故障、利用尾气值判断三元催化转换器转换效能。

1. 利用尾气分析仪测试读取 HC 值判断汽缸垫泄漏故障

发动机汽缸垫泄漏是一种常见的故障现象,在故障出现的初期,是非常不容易判断的。在众多诊断方法中,有一种非常适用也常常被忽视的方法,就是不解体诊断,即用读取尾气分析仪数值并比较的方法来判断。

使发动机工作达到正常工作温度,利用抹布盖住散热器盖,小心打开盖子,避免高压高温液体喷出;将尾气分析仪探头靠近散热器盖处,切勿放入防冻液中;读取尾气分析仪显示的 HC 值,若有升高即表示汽缸垫泄漏。如果需要知道具体是哪个汽缸或哪两个汽缸之间泄漏,还要通过汽缸泄漏专用工具来检查。一旦查出泄漏故障,则需要更换汽缸垫,如图 2-3 所示。

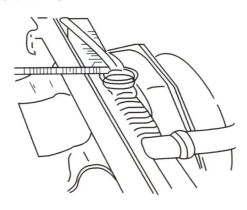

图 2-3　尾气分析仪测试散热器盖处 HC 值

2. 利用 HC 值判断燃油泄漏故障

当汽车燃油蒸发泄漏时,就会使人闻到刺鼻的燃油气味。通过尾气分析仪检测读取 HC 值,可以判断故障泄漏部位,有利于维修的顺利进行。检测部位分别是:汽油泵通气口处、活性炭罐处、加油口盖处、油管接头处、油箱各密封处。利用尾气分析仪测试探头靠近上述各处读取 HC 值,若升高表示有油气泄漏。一旦查出泄漏点的泄漏部件,应立即对其维修或更换。

3. 利用尾气值判断发动机无法起动故障

在维修发动机无法起动故障时,最难判断的是故障是因为没有燃料供给导致的还是因为汽缸内混合气无法点火燃烧导致的,或是电控单元故障导致的。当遇到这种情况时,首先应先检查电控单元熔断丝、喷油嘴熔断丝、油泵继电器熔断丝,以及安全切断开关、节气门位置传感器、冷却液温度传感器、空气流量传感器控制电路是否正常。当以上各项均正常时,则尝试起动发动机 15s,利用尾气分析仪观察 HC 值,若有升高,表示燃料供给系统正常,再进行点火系统检查或其他检查。这样,就会不解体快速检查是否有燃料供给,从而加快了维修进度。

4. 利用尾气值判断 PCV 系统故障

起动发动机并使其运转,达到正常工作温度。拆开 PCV 阀管路,靠近气门室盖末端,并利用尾气分析仪读取 CO 及 O_2 的值。此时,CO 的值应减少 1% 或更多,O_2 值应升高。用手堵住 PCV 阀,并读取 CO 及 O_2 的值,应恢复正常。如果按照以上程序操作,CO 及 O_2 值均无变动,表示 PCV 阀阻塞,应对其进行维修或更换,见表 2-2。

测试记录表　　　　　　　　　　　　　表 2-2

动 作	CO(%)	O_2(%)	动 作	CO(%)	O_2(%)
正常运作	实测值低	实测值低	堵 PCV 阀	恢复正常	恢复正常
拆 PCV 阀	减少 1% 以上	应升高			

5. 利用尾气值判断三元催化转换器转换效能

检测确认点火系统正常,发动机无泄漏,燃料供给系统也正常,发动机无故障码。拆开氧传感器(HO_2S)插头,如果装有二次空气喷射系统,应关闭此系统。拆开怠速空气控制线束插头,起动发动机,怠速运转,等待约 30s 后,插入尾气分析仪探头并读取 CO、HC、O_2 数值并记录。将任何一缸高压线搭铁,使该缸不工作,时间不得超过5min，O_2 的读值会升高。在二次空气喷射装置被禁用时，CO 和 HC 值是不会升高的。当三元催化转换器失效时，O_2 的读值会升高，CO 和 HC 也会升高，见表2-3。

测试记录表　　　　　　　　　　表2-3

工作状态	读　　值	测试状态
三元催化转换器正常	O_2 值会升高 CO、HC 值降低（有空气喷射） CO、HC 值不变（无空气喷射）	将任何一缸高压线搭铁
三元催化转换器不良	O_2 值会升高 CO、HC 值不变（有空气喷射） CO、HC 值升高（无空气喷射）	在该缸不点火状况下测试

第三节　发动机机械系统部件运行故障的维修

一、汽缸压缩压力不足的维修

汽缸压缩压力不足或真空泄漏导致燃烧不完全，会使未参与燃烧的 O_2 经过燃烧室进入排气管。这样，从氧传感器获得连续稀薄的氧含量读数值，ECM 获得一个低电压信号，会导致 HC 排放增加。

当发动机出现动力不足、起动困难、加速无力、排放超标等现象时，可以对发动机进行不解体检测。使用的工具主要是汽缸压力表和汽缸漏气率表。进行汽缸压缩压力测试之前，蓄电池必须完全充电或接近完全充电，进行测试时，将蓄电池充电器连接至蓄电池上以保持足够的蓄电池电量，关闭发动机，拆下所有火花塞，中断燃油供应，保持发动机的温度正常，拆掉空气滤清器，并使节气门全开。

二、曲轴箱机油被稀释的维修

机油被稀释常常会造成汽缸压力不足。最常见的原因有三种：一是冷却液进入燃烧室，通过缸壁、活塞环进入油底壳机油中，稀释机油，这种故障的特征是排气管冒白烟；二是喷油器泄漏，即燃油从活塞环和缸壁进入油底壳，稀释机油；三是发动机温度过高，造成机油被稀释。机油被稀释会导致发动机动力性能下降、零部件损坏及 HC、CO 排放超标。

1. 冷却液进入燃烧室

从排气管排出大量白烟或出现冷却液气味，表明冷却液可能进入了燃烧室。冷却液储液罐液位过低、发动机冷却风扇不工作或节温器故障会导致发动机温度过高，从而导致发动机部件损坏。起动转速低于正常值时表明冷却液可能进入了燃烧室。检测步骤如下：

（1）拆卸火花塞并检查火花塞上是否浸有冷却液和缸孔内是否存在冷却液。

（2）使用汽缸泄漏测试仪进行检查，在该测试中，从冷却液加注口进行观察，冷却液中如果出现过量气泡则表明汽缸垫有故障、汽缸盖开裂或汽缸体开裂。

（3）使用汽缸压力测试仪进行检查。当并列布置在汽缸体上的相邻两汽缸压缩压力过低时，可能表明汽缸垫有故障。表2-4为冷却液进入燃烧室的维修措施。

冷却液进入燃烧室故障的维修措施　　　　　　　　表2-4

故障原因	维修措施
进气歧管开裂或汽缸垫损坏	检查进气歧管，必要时更换
汽缸盖翘曲	拆卸汽缸盖测量，必要时修理或更换
汽缸垫有故障	更换汽缸垫
汽缸套或汽缸体开裂	检查维修，必要时更换
汽缸盖或汽缸体有砂眼、孔	检查修理，必要时更换汽缸体或汽缸盖

2. 燃油进入曲轴箱

燃油进入曲轴箱使机油被稀释的危害是：减少机油使用寿命，降低发动机的燃油经济性，使发动机的动力和功率下降，影响发动机的可靠性以及可变正时系统的延迟响应，损坏涡轮增压器，影响排放等。导致燃油进入曲轴箱、稀释机油的"罪魁祸首"是喷油器滴油或泄漏。泄漏后的燃油会从以下位置进入油底壳内：

（1）活塞和汽缸壁。活塞和汽缸壁间隙影响汽缸的泄漏量。

（2）活塞环侧壁。活塞环的间隙大小直接影响活塞漏气率的大小。

（3）汽缸套变形。汽缸套的变形也会影响活塞环和汽缸壁的间隙，使漏气量变大。

（4）活塞环和衬簧的张力。活塞环和衬簧的张力也会影响汽缸的漏气量，一旦张力消失，就会导致活塞环抱死，出现"拉缸"现象使漏气量加大。

（5）爆燃。一旦发动机出现爆燃，会造成活塞、活塞环的损坏，使汽缸漏气率加大，引起NO_x排放超标。

第二章　发动机机械故障引起排放超标的维修

3. 机油被稀释

一旦检查出发动机曲轴箱机油被稀释,就应该判断是因防冻液或汽油泄漏导致,还是因发动机高温被稀释的。如果是因防冻液泄漏稀释的,查找泄漏点,进行修焊或更换汽缸盖及汽缸体;如果是被汽油稀释的,则确定可能出现故障的喷油嘴,进行清洗维修或更换喷油器总成;如果是发动机高温引起的,检查引起发动机高温的原因,进行维修。

三、燃烧室积炭的维修

(一)燃烧室积炭的形成及影响

积炭是指燃料与窜入燃烧室的润滑油在不能完全燃烧时,所产生的胶质经过发动机反复高温作用,不断积累形成的硬质胶结。受电控燃油喷射发动机控制特点所限,汽缸每次工作时都是先喷油再点火,当熄灭发动机的一瞬间,点火即被马上切断,但是这次工作循环所喷出的汽油却无法被燃烧,只能贴附在进气门和燃烧室壁上。虽然汽油很容易挥发,但汽油中的蜡和胶质物却留了下来,长此以往汽油中的蜡和胶质物越积越厚,反复受热变硬就形成了积炭。如果机油进入发动机燃烧室,或是加注的汽油质量低劣,杂质较多,那么气门积炭情况就会更严重且积炭形成的速度也更快。由于积炭的结构类似海绵,当气门形成积炭以后,每次喷入汽缸的燃油就会有一部分被吸附,使得真正进入汽缸的混合气浓度变稀,导致发动机工作不良,出现起动困难、怠速不稳、加速不良、急加速废气来不及排出、尾气排放超标、油耗增多等异常现象。如果更严重会造成气门封闭不严,使某缸因没有缸压而彻底不工作,甚至粘连气门使之不复位。此时气门与活塞会产生运动干涉,最终损坏发动机。

燃烧室内积炭会使发动机的压缩比增加形成许多炽热面,引起早燃和爆燃,缩短发动机的使用寿命,使发动机的动力性和经济性都大大降低。同时,也会导致NO_x排放超标。

(二)燃烧室积炭的检测方法

在发动机维修中,对于燃烧室积炭的清除是很简单的,只要把火花塞拆下就可以很清楚地看到积炭的积累程度,并进行清除。但是对于气门积炭的检测一向是个难题,一般有三种诊断方法。

1. 解体法

解体法即把发动机拆开，检查是否有积炭产生。这样虽然很直观，但是耗时耗力，而且不管什么部件每拆装一次都会或多或少影响其功能，减短其使用寿命。

2. 内窥镜检查法

内窥镜检查法是把火花塞或喷油嘴拆下，用内窥镜来观察燃烧室积炭程度的方法。这种方法很方便，但是内窥镜的成本较高，而且其在维修中的应用不是很广，因此不是所有的维修企业都配备了该设备。

3. 数据流法

数据流法是用诊断电脑来读取氧传感器反馈电压的变化，以此间接检测积炭存在的方法。一般来说，正常的氧传感器反馈电压都是在 0.3~0.7V 之间波动，而且应该在 10s 之内有 8 次极大值和极小值的交替变化。一旦气门产生了积炭，氧传感器的反馈电压波动会变大，例如由原来的 0.3~0.7V 变成 0.1~0.9V。而且这个电压的中心值会变大，同时变化的频率会降低。用诊断电脑读取氧传感器反馈电压变化的方法省时省力，但如果车辆本身的控制系统有故障，就不能很准确地将读数作为判断依据，还会误导没有经验人员的故障诊断思路。再有就是这种方法只能针对闭环电控燃油喷射的汽车使用，因为只有闭环控制的工况下，氧传感器才能正常工作。

（三）燃烧室积炭的维修

1. 免拆清洗

发动机燃烧室积炭清洗是免拆清洗的基础。燃烧室和进气门的清洗，采用当前最先进的专业的清洗设备，将燃烧室内和进气阀体的胶质、沥青质溶解，最终使积炭脱落并分解，再通过高压空气将污物排出，清洗方法安全、科学、彻底。免拆清洗可以有效解决因为积炭产生的故障，如爆燃、怠速不稳、油耗上升、动力下降严重、尾气超标等。

发动机免拆清洗与常规清洗维护有很大的区别，免拆清洗是一种综合性快修式维护新方法。在清洗的广度和深度上与常规清洗维护均有不同。常规清洗维护只针对某部位的局部清洗，免拆清洗是对节气门、进气管和燃烧室项目的清洗。

2. 浸泡式清洗

从清洗深度上讲，将常规清洗维护的免拆清洗转化为部分拆卸后进行的浸泡式清洗,需拆下进气歧管、喷油嘴等部件,对所有燃烧室、进气门进行浸泡,清洗效果更为显著。

3.解体清理

当以上两种清洗方法都不能清洗燃烧室或进气阀积炭时,可以采取解体清理法。这种方法清理效果最好,但费用较高,一般不轻易使用。

第四节 发动机冷却系统及润滑系统故障的维修

一、发动机过热的维修

在发动机运行时,发动机温度指示灯亮并保持点亮,或者温度表显示温度很高,冷却液从储液罐溢出。这些现象都说明发动机过热了。造成发动机过热现象的故障除主要为冷却系统故障外,还有汽缸泄漏、发动机负荷高、点火正时不正确、空燃比过高或过低、变速器故障、制动系统故障等。发动机过热会导致动力性下降, NO_x 排放超标。

(一)冷却系统的外观检查

检查全部冷却系统软管卡箍是否松动,是否存在泄漏和损坏;检查软管是否有裂纹、磨损、凸出和膨胀;检查软管是否存在由于靠近排气系统而受热损坏出现泄漏;检查软管是否接触到附件安装支架或其他部件存在摩擦发亮的部位。实践表明,这些位置是脆弱点,会导致冷却软管破裂。同时还要检查软管是否存在由于接触到发动机润滑油、动力转向油或变速器润滑油而变软或黏结的区域。

沿着整个软管长度挤压软管,检查是否有发硬或变软区域。并且可以通过察听挤压时是否有"噼啪"声和"嘎吱"声,判断加强织物层是否毁坏或内衬是否劣化。散热器下部软管经常含有钢制弹簧,以防止软管塌陷,所以不要进行挤压测试。当怀疑软管状况有问题时,则拆下软管检查内衬。如果内衬有裂纹或其他裂变,则更换软管。

拆卸有故障的软管时要小心,野蛮扭动和拉扯会损坏暖风散热芯或散热器。如果软管黏结在接头上,割开软管末端,以便于拆卸。安装新的软管时,要保证配合正确,避免扭动或拉伸软管。软管太短可能会在加速过程中发动机换挡时发生故障。

(二)冷却液的检查

冷却系统会对冷却液结冰、沸腾、pH 值变化、腐蚀以及有些汽车上使用的亚硝酸盐起到防护作用,其中结冰和沸腾防护是其主要作用。通用公司认为 50% 的水和 50% 的冷却剂混合液对于防冻和部件保护的效果是最佳的。应使用正确的冷却液,不要混入或改换不是为该车设计的冷却液。

pH 值是衡量冷却液酸碱度的。随着冷却液的老化,大多数亚洲车系汽车要求 pH 值为 7~9,而大多数美国和欧洲车系汽车要求 pH 值为 8~9.5。pH 值偏低可能是防冻液劣化或是冷却液中水分含量大造成的,因为水比冷却剂的混合液更倾向于酸性。pH 值偏高,可能是维护过程中加入过多的防冻剂造成的。

在正常使用的电子点火系统汽车上,尤其是无分电器点火系统,会造成冷却液带电,使冷却系统内的碎屑黏附在金属零件上,引起散热器阻塞。这种情况只能靠更换防冻液并清洗冷却系统进行修理。

维护重复使用冷却液的冷却系统时,要加入防腐剂保护,首先是防冻剂。这是很难对冷却系统测试的一个原因,也是存在争论的地方。另一个关键的原因是亚硝酸盐分布。如果亚硝酸盐分布不均衡,发动机运转时,就会在铸件表面聚集一些小的气泡。时间一长,这些气泡就会像割刀一样侵入铸件内。柴油燃烧过程中的固有振动会造成冷却系统内出现气泡,引起缸壁泄漏。现在有一些用来测试亚硝酸盐含量的试纸,目前只有几家整车制造厂有一些亚硝酸盐检测规范。

在一些汽车上,如果缺少冷却液,就会有空气进入冷却系统,在发动机工作过程中形成气泡。如果这些空气没有释放掉,会造成发动机过热或汽缸盖出现裂纹。有些发动机有一个放气接头,安装在节温器壳体或发动机冷却液水道上,用来释放冷却液中吸入的空气。放气时松开这个接头,直到清除冷却液中所有空气。

(三)冷却系统测试

冷却系统要执行多项功能,因此,需要对其全部功能进行测试。泄漏是冷却系统最常见的故障。因为冷却系统在工作中要经历严酷的膨胀和收缩过程,零部件很容易处于应力状态而出现裂纹或泄漏。诊断的第一步是直观检查冷却系统并找到泄漏点。许多未检测到的泄漏可能都是"冷态"泄漏,即只有发动机处于冷态或者仅当发动机冷态运转时才发生泄漏。这些现象大多数出现在软管接头处,卡箍在热机状态时卡得很紧,而在发动机冷态时卡得很松。直观检查是否存在泄漏时,不要忘记检查汽车内部是否有暖风散热器芯或与其相连接的软管泄漏。如果驾驶

第二章　发动机机械故障引起排放超标的维修

室内有甜味或风窗玻璃上有蒸汽,则表明冷却液已从暖风散热器芯或与其连接的软管泄漏到暖风空调系统。

如果直观检查后没有发现泄漏,则下一步用压力测试仪给冷却系统加压。对冷却系统加压时,不要使压力超过厂家规定的系统最大压力,否则,会造成新的泄漏。测试散热器盖,当系统不能保持住压力时,冷却液液位看起来偏低并不是不正常的,因为冷却液被排挤出来或进入回收罐,冷却时会出现真空将这部分冷却液吸入散热器,而此时由于没有真空,因此不能将这部分冷却液吸入冷却系统;这也可能是泄漏造成的,因为冷却液的膨胀量可能会超过回收罐的容纳量。同时,要注意造成系统不能保持住压力的任何泄漏也会导致这种现象。

冷却液泄漏故障中最令人"头疼"的是发动机内部泄漏。许多时候冷却液持续损耗是由于汽缸垫泄漏或发动机铸造裂纹造成的。要尽早诊断并排除这类故障,因为这可能会导致其他连带损坏。许多泄漏发生在燃烧室和冷却系统之间,如果没有检查到这些故障,会造成活塞损坏。散热器或暖风散热器芯损坏是常见的,大多数冷却系统工作压力是91～126kPa,起动压力可轻易超过700kPa,不用花很长时间就可以将新型塑料散热器内的冷却液排出。没有暴露在燃烧压力中的内部泄漏冷却液会流到曲轴箱内,造成曲轴轴承损坏。可以通过拔出机油尺或拧下机油加注口盖查看润滑油中是否有乳化物来检查是否有内部泄漏。这类泄漏通常是汽缸垫或V形发动机的进气歧管垫泄漏。如果怀疑燃烧室泄漏而故障现象又不明显时,要经常借助燃烧室泄漏测试来查找,该测试使用遇到渗入冷却系统内部排气时会变色的有色液体来进行。

冷却系统必须帮助发动机在工作中保持恒温。发动机是一个热源,由于其效率低,产生的热量远远多于所做的功。多出的这部分热量被冷却系统带走与环境空气进行热交换。水泵使冷却液流经发动机并在缸体内保持足够的压力,防止在铸件内形成气阻而出现热点。节温器就是限流控制器,在发动机暖机过程中阻止冷却液流入散热器,直到达到预定温度后才开启。根据环境温度和发动机负荷变化,在发动机工作过程中节温器可能开启或关闭。散热器和暖风散热器芯就是空气和水的热交换器。暖风散热器芯为驾驶室提供暖风,而散热器是从发动机除去多余的热量。新型汽车在选择散热器时都很慎重,以便使发动机快速达到工作温度。散热器不能过多地限制空气或冷却液流动,以免造成散热效率下降,从而导致有负荷时发动机过热。可以通过测量散热器进出水口温度来测试散热器效率。一个好的经验是进出水口温度下降40℃就说明散热器正常;如果温度下降比这个值明显高或低,则表明散热器可能堵塞。堵塞的形式可能是散热器片上积累了碎屑,或水管内积累了碎屑,使得冷却液流速下降或节流。

(四)发动机过热故障维修

以下任一状况都表示发动机可能过热:

(1)发动机温度表在红色(过热)区域或发动机温度指示灯点亮。

(2)在发动机运转时,热的发动机冷却液从冷却液回收储液罐或冷却液压力盖溢出流到地上。

发动机过热故障维修方法见表2-5。

发动机过热故障维修方法 表2-5

序号	故　障	维　修　方　法
1	风扇传动带松弛或打滑	检查或更换
2	在规定温度时电动风扇不运转	检查线束插头,依电路图测量电源和搭铁
3	硅油风扇离合器风扇故障	检查,必要时更换
4	散热器芯间的空气通道受阻或流向散热器的空气受阻	用压缩空气清洗暖风散热器,再用自来水清洗。必要时更换
5	散热器芯内部冷却液通道堵塞	疏通堵塞通道,必要时更换管路
6	散热器软管受挤压或损坏	更换软管
7	在规定温度内节温器不开启	更换节温器
8	节温器安装不当	重新按规定位置安装
9	汽缸垫泄漏	更换汽缸垫
10	冷却系统外部件泄漏	查出泄漏点,维修或更换部件
11	散热器盖泄漏	更换散热器盖
12	水泵发生故障,叶轮松动	拆检、紧固或更换水泵
13	防冻液和水的混合比例不当	更换合适比例的冷却液
14	发动机负荷过大	合理使用变速器各挡位
15	点火正时或点火提前角过迟	检查正时带或链条并正确调整
16	空燃比过稀,发动机真空泄漏	查找泄漏点,维修或更换部件
17	自动变速器过热	检查变速器润滑油液位,升挡情况
18	制动缓慢或驻车制动卡滞	调整制动轮缸或更换卡滞轮缸
19	手动变速器无超速挡	大修变速器
20	散热器导流罩损坏或安装不当	重新安装或更换导流罩

第二章 发动机机械故障引起排放超标的维修

二、节温器故障的维修

常规节温器阀只能根据冷却液温度移动阀芯开闭。节温器打开的温度范围是固定的,不可调整。电子节温器阀通过冷却液温度以及发动机控制模块(Engine Control Module,ECM)电子控制的内置加热器来移动。发动机控制模块通过提供连接至节温器加热器控制电路的脉冲宽度调制(PWM)以控制加热器。在冷却系统中,达到理想的发动机冷却液温度可以使车辆油耗降低并在城市道路行驶中减少尾气排放。

(一)传统节温器

传统节温器只能通过冷却液温度确定是否调节发动机温度。这种调节方式可分为:

(1)节温器关闭,冷却液仅在发动机内循环,冷却液循环回路封闭。

(2)节温器完全开启,全部冷却液流经冷却液散热器,从而利用最大冷却能力。

(3)节温器部分开启,节温器中的蜡制元件在周围冷却液温度的作用下会部分熔化或完全熔化,从而使部分冷却液从冷却液散热器流过,另一部分冷却液从散热器旁的一个"短路旁通"流过。这样可以避免在冷却液温度很低时继续冷却,并确保在温度很高时提供最大冷却能力。

(二)电子节温器

电子节温器固定在冷却液泵壳体上。冷却液温度影响燃油消耗、功率、混合气形成质量、有害物质的排放、部件的机械负荷。对这些参数的优化允许在不同的转速和负荷状况下采用非固定的温度值。此优化需要一个符合相应运行点的温度范围。通过电子节温器可接近最佳温度。

通过发动机控制系统进行计算的输入端参数为:发动机转速、负荷、行驶速度、进气温度、冷却液温度。根据上述输入参数,ECM针对每个运行点计算最佳冷却液温度。可通过有针对性地加热电子节温器中的蜡元件,以及根据需求控制电动风扇来影响冷却液温度。在满负荷时,可通过较低的冷却液温度改善汽缸的进气程度。此外可通过降低发动机温度,来降低爆燃危险,因此可对功率和转矩施加正面影响。在电子节温器的蜡元件中安装了一个加热电阻,发动机控制系统给加热电阻供电,于是蜡元件膨胀,并克服一个弹簧片的弹簧压力,关闭汽缸盖入口。弹簧片的任务是:在蜡元件冷却时将电子节温器压回静止位置。发动机冷机时,冷却液循环通过汽缸盖入口经电子节温器到冷却液泵的回流口。

宝马汽车电子节温器如图2-4所示。

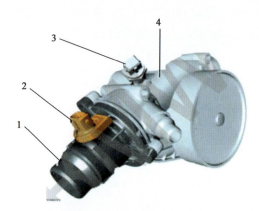

图2-4 宝马汽车电子节温器
1-电子节温器;2-芯插头连接;3-冷却剂温度传感器;4-冷却液泵

(三)节温器故障检测

(1)开启温度检测,使用乙二醇的节温器测试程序,用挂钩将节温器挂在浓度为33%的乙二醇溶液中,检查节温器的工作情况。执行以下测试,检查节温器阀是否能正常打开:

①将节温器完全浸没在乙二醇溶液中。溶液温度应该比节温器阀上指示的温度高。

②彻底搅动溶液。在这些条件下,节温器阀应该打开。

(2)节温器关闭检测,执行以下测试,检查节温器阀是否能正常关闭:

①将节温器完全浸没在乙二醇溶液中。溶液温度应该比节温器阀上指示的温度低。

②彻底搅动溶液。在这些条件下,节温器阀应该完全关闭,如图2-5所示。

③检查节温器的全开行程是否符合标准。将溶液逐渐加热到沸腾,检查阀门最大开度,如果阀门的开度不符合规定,则更换节温器,如图2-6所示。

第二章　发动机机械故障引起排放超标的维修

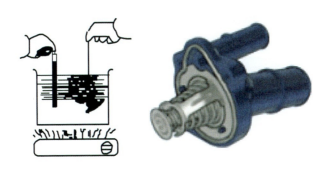

图 2-5　节温器开启温度测试示意图

图 2-6　检查节温器全开是否符合标准

（四）节温器的维修

经过检测,一旦发现节温器出现故障,必须更换总成,不得对节温器进行维修,以免影响其精度。在更换节温器之前,还要将节温器从车辆上拆下,确保弹簧在节温器完全关闭时是紧固的。如果弹簧不紧固,则更换节温器。切勿将节温器或温度计置于壳底,这样可能会导致温度测量不准确,应该使用燃烧器对底壳加热,使用温度计来测量加热溶液的温度,检查节温器开始打开时、完全打开时和完全关闭时的温度,并与维修手册对照,如果不能在规定温度下打开或关闭,更换节温器。

三、发动机机油消耗故障的维修

发动机润滑系统的基本任务就是将清洁、具有一定压力及温度适宜的机油不断供给运动零件的摩擦表面,使发动机能够正常工作,如果机油压力不足,则无法确保机油正常输送到各部件的摩擦表面中,会造成发动机抱死或损坏。润滑系统中常见的能够影响排放的故障就是机油进入发动机燃烧室。发动机燃烧室一旦窜入机油,将会对 HC 排放有轻微的影响,对颗粒物排放产生较大影响。

(一)机油消耗的原因

在发动机运行时有一些机油消耗是正常的,机油消耗会因以下因素而改变:
(1)活塞环槽磨损、活塞环磨损、刮伤、断裂或损坏。
(2)刮油环阻塞、活塞环安装不正确。
(3)汽缸壁磨损或刮伤。
(4)曲轴箱通风阻塞导致曲轴箱中的压力过高。
(5)曲轴及曲轴密封垫的磨损、外部泄漏。
(6)阀、导管或阀杆磨损,阀杆密封垫磨损、损坏或缺失。
(7)机油导管之间的内部泄漏以及泄漏到燃烧室。

汽车在较高转速下长时间连续行驶会造成发动机温度较高,机油会稀释,消耗会增加。在较高转速下重度转弯会造成机油冲到汽缸体的侧边和汽缸壁上,从而造成机油消耗增加。在市区交通状况下驾驶汽车时,如果发动机长时间运转但是却只行驶较短的距离,并不一定会增加机油消耗,但机油消耗和行驶距离的比例容易令人产生误解。

如果机油过于稀薄,机油就含有较大量的挥发性分子。在较高的温度下,稀薄的机油难以在汽缸壁上保持充分的油膜,这就会造成发动机磨损增加并使机油消耗增加。通常较大排量的发动机比较小排量发动机所消耗的机油量大,动力较大的发动机比动力较小的发动机所消耗的机油量大。

当机油被飞溅到汽缸壁上并且通过曲轴箱通风喷射出来,加注的油位不得超过量油尺上的最高标记。空气滤芯堵塞或损坏会造成空气滤芯过滤效果不良,汽缸会进入大量沙尘加速汽缸间隙磨损。

(二)机油消耗的检查

如果汽车的机油消耗异常,就必须先进行以下检查,然后再进行针对性维修:
(1)询问车主其驾驶状况如何。
(2)检查是否漏油。
(3)检查曲轴箱通气口是否阻塞。
(4)检查并确定发动机中的机油油位正确。检查确定时将机油尺推到底部。
(5)测量机油油位高度时汽车必须停放在平地上,发动机应在正常的运转温度下运转 30min,然后必须让发动机停放 15min 后才记下油位高度。

第二章　发动机机械故障引起排放超标的维修

（三）机油消耗的原因和维修方法

非泄漏引起的机油消耗过量,是指在行驶 1000km 内使用了 0.6L 及以上的机油。机油消耗过量的原因和维修方法见表 2-6。

机油消耗的原因和维修方法　　　　　表 2-6

机油消耗原因	维 修 方 法
机油外漏	必要时紧固螺栓和更换衬垫和油封
机油油位不当或机油尺读数不正确	车辆停放在水平地面时,等待足够长的时间使机油回流并检查机油油位是否正确
机油黏度不合适	根据当地气温,使用汽车生产厂推荐的黏度等级
持续高速行驶或过度使用	视情行驶,科学用车
曲轴箱通风系统阻塞或零部件故障	维修曲轴箱通风系统或更换零部件
气门导管或气门杆油封磨损密封件失效	对导管安装孔进行铰孔并安装加大尺寸的气门导杆,维修气门或更换新的气门杆油封
活塞环断裂、安装不正确、磨损或未正确就位	等待足够的时间以使活塞环就位。必要时,更换断裂或磨损的活塞环
活塞不正确安装或错位	重新正确安装或更换新的标准活塞

第三章 进气系统故障引起排放超标的维修

进气系统最常见的故障就是漏气。电控发动机车辆的加速踏板和化油器车辆的加速踏板类似,但不同的是电控发动机车辆的加速踏板驱动的是节气门开度。因此,进气系统密封性十分重要。一旦进气泄漏,就会造成空气和燃油的比例失调,进而影响发动机的稳定性和动力性,导致排放污染物 HC、CO 排放量过高。进气系统的主要传感器有空气流量传感器(MAF)、进气歧管绝对压力传感器(MAP)及进气温度传感器(IAT),这些传感器都是控制燃油喷射的传感器。如果这些传感器发生故障,将会造成混合气的变化,导致 CO 或 HC 排放超标。因此,在维修进气系统引起排放超标的故障时,应该检测进气泄漏和传感器性能。

第一节　进气系统的工作原理

进气系统包括空气滤清器、进气歧管、进气门机构等。空气经空气滤清器过滤掉杂质后,流经空气流量传感器,经由进气道进入进气歧管,与喷油嘴喷出的汽油混合后形成适当比例的混合气,由进气门送入汽缸内点火燃烧。

一、进气系统的容积效率

发动机运转时,每一循环所能获得的空气量多少,是决定发动机动力大小的基

第三章　进气系统故障引起排放超标的维修

本因素,而发动机的进气能力是由发动机的容积效率和充填效率来衡量的。

容积效率是在每一个进气行程中,汽缸所吸入的空气在大气压力下所占的体积和汽缸活塞行程容积的比值。之所以要以所吸入空气在大气压力下占的体积为标准,是因为空气进入汽缸时,汽缸内的压力比外在的大气压力要低,而且压力值会有所变化,所以采用 1 大气压❶状态下的体积作为共同标准。并且由于在吸气行程中,会遭受各种的进气阻力,加上汽缸内的高温作用,因此,将吸入汽缸内的空气体积换算成 1 大气压下的状态时,一定小于汽缸的体积,也就是说,自然吸气发动机的容积效率一定小于 1。进气阻力的降低、汽缸内压力的提高、温度降低、排气回压降低、进气门面积加大都可提高发动机的容积效率,而发动机在高转速运转时则会降低容积效率。

二、进气系统的充填效率

由于空气的密度因进气系统入口的大气状态、温度、压力的变化而有所不同,因此,容积效率并不能体现实际上进入汽缸内空气的质量,于是,我们必须靠充填效率来进行说明。充填效率是指每一个进气行程中所吸入的空气质量与标准状态下(1 大气压,20℃,密度 1.187kg/cm^2)占有汽缸活塞行程容积的干燥空气质量的比值。在大气压力高、温度低、密度高时,发动机的充填效率也将随之提高。由此可以看出,容积效率体现的是发动机结构及运转状态所造成发动机性能的差异,充填效率体现的则是运转当时大气状态所引起发动机性能的变化。

三、进气歧管与容积效率

另一项影响容积效率的重要因素是进气歧管的长度,由此也引出了与容积效率有关的脉动效应及惯性效应等概念。

1. 脉动效应

发动机除了在极低的转速下运转外,进气门前的压力在进气期间会不断变动,这是由于进气门的开、闭动作,使得进气歧管内产生一股以声速大小前后波动的压缩波。假如进气歧管的长度设计正确,能让压缩波在适当的时间到达进气门,则汽油可由本身的波动进入汽缸,提高发动机容积效率;反之,则会导致容积效率下降,此现象称为进气歧管的脉动效应,又称共振效应。

---

❶　1 大气压≈101.325kPa。

2. 惯性效应

进气门打开,空气流入汽缸内时,由于惯性作用,即使活塞已经到达下止点,空气仍将继续流入汽缸内,若在汽缸内压力达最大时关闭进气门,容积效率将会最大,此效应称为惯性效应。

若想得到最佳的容积效率,必须同时考虑脉动效应及惯性效应,也就是说在汽缸压力达到最大、关闭进气门的同时,前方进气歧管内的压缩波也同时达到最高的波峰位置。

较长的进气歧管在发动机低转速时的容积效率较高,最大转矩值会较高,但随着转速的提高,容积效率及转矩都会急剧降低,不利于高速运转。较短的进气歧管则可提高发动机高转速运转时的容积效率,但会降低发动机的最大转矩及其出现时机。因此,若要兼顾发动机高低转速的动力输出,维持任何转速下的容积效率,唯有采用可变长度的进气歧管。

对进气系统进行改善的基础就是提高发动机容积效率,要达到这一目的,通常可采用以下几种方法。

1)改进空气滤清器

改进空气滤清器的首要工作就是换用高效率、高流量的空气滤清器滤芯。换装高效率、高流量的空气滤清器滤芯可降低发动机进气阻力,同时,提高发动机运转时单位时间的进气量及容积效率,而燃料供给系统中的空气流量传感器测出进气量增加,将信号传送到燃料供给电子控制模块(ECU),ECU便会控制喷油嘴喷出较多的汽油与之配合,让较多的汽油进入汽缸,达成增大动力输出的目的。

若换了滤芯仍不能满足需要,可将整个空气滤清器总成换成"蘑菇头"式的滤芯外露式滤清器,进一步降低进气阻力,增强发动机的"肺活量"。

2)改进进气道

改进进气道可从形状及材质两方面入手。改进进气道的形状,目的在于改变进气蓄压及增加进气流速,但这类产品通常有特殊限制,也就是说甲型车所用的进气道若装在乙型车上,并不一定能发挥其最大效果。

改变进气道材质主要着眼于不吸热及质量轻的材质,目前最常用的就是碳纤维材质,即通过增加单位体积的含量,提高发动机动力,缺点是价格高、可靠性差。进气道的改装常是形状及材质同时改变以获取最大效果,同时将空气滤清器一并拆除,并将进气口延伸至车外,直接对准前方,以便随车速提高增加进气压力,提高进气量。

(1)进气歧管翻转控制。有些发动机的进气歧管中设置了进气歧管翻转控制系统(IMRC),该系统启用后,可以将进气歧管分成两个工作腔,通过改变进气歧管的进气空间,使它符合发动机的转速和节气门的开度,从而提高发动机的动力性。IMRC主要包括的部件有:进气歧管、IMRC电磁阀、IMRC翻转阀。

通常自然吸气型发动机的转矩曲线取决于在整个发动机转速范围内,发动机进气压力的变化情况。在进气门关闭的情况下,汽缸压力与汽缸中的空气量成比例关系(体积与空气量成正比)。进气系统的设计结构将决定在特定的发动机转速时能够吸入的空气量。

IMRC电磁阀位于进气歧管上,电磁阀的作用是控制翻转阀,进而改变两侧汽缸的进气歧管通路。当翻转阀开启时,将使进气歧管形成一个较大的增压通路;而当翻转阀关闭时,进气歧管将形成两个较小的增压通路。进气歧管的两种状态将产生不同的转矩曲线,这将改善发动机在低转速和高转速时的性能(控制范围在2400～4200r/min)。进气歧管翻转控制系统如图3-1所示。

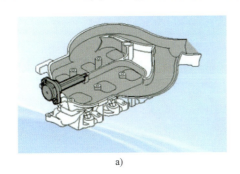
a)
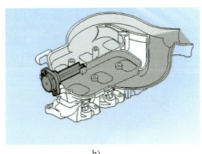
b)

图3-1 进气歧管翻转控制系统

(2)可变气道长短控制。可变进气道系统(VGIS),通过改变进气歧管的有效长度,使它符合发动机的转速和节气门的开度,从而提高发动机的动力性。VGIS主要包括的部件有:真空软管、VGIS电磁阀、VGIS执行器总成。进气道真空是操作执行器的动力源,有些发动机配备真空罐,用于储备真空。

VGIS执行器控制阀被置于进气歧管中,它可以执行打开和关闭动作。通过它的打开和关闭,可以改变进气歧管有效长度。当车辆处于中低速运行时,ECM控制VGIS电磁阀的电路搭铁,使电磁阀工作,从而打开真空管路,VGIS执行器阀门将会关闭,此时处于长进气道状态。当发动机转速达到4500r/min(因发动机而异），VGIS 电磁阀的电路断开，VGIS 执行器阀门将会开启，此时处于短进气道状态。可变气道长短控制如图 3-2 所示。

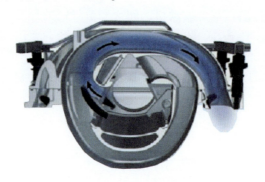

图 3-2　可变气道长短控制

(3) 进气口关闭控制。进气口关闭控制（PDA）系统由进气歧管的真空驱动，在中低速时通过减少泵气损失以提高发动机转矩输出以及燃油经济性。

PDA 系统的组成部件有：进气歧管、PDA 阀、PDA 执行器、PDA 电磁阀和 ECM 等。

PDA 阀在发动机转速大于等于 2200r/min 或进气流量大于一定数值时，系统断开电磁阀电路，PDA 阀开启每个汽缸的进气道。

发动机中低速运行时，ECM 控制 PDA 电磁阀搭铁，电磁阀打开，发动机进气歧管的真空随即到达 PDA 执行器，PDA 执行器驱动 PDA 阀将每个汽缸的一条进气道部分关闭。进气口关闭控制如图 3-3 所示。

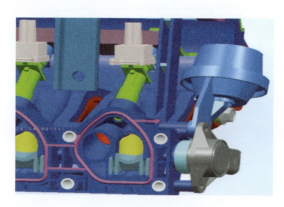

图 3-3　进气口关闭控制

第三章 进气系统故障引起排放超标的维修

第二节 进气系统传感器的组成及维修

发动机燃烧过程需要有空气参与才能实现,这些空气通过活塞在进气行程期间产生的真空被吸入发动机内,随后空气和燃油混合并被送入燃烧室,进气系统的作用就是控制空气的流量和空气燃油的混合比。进气系统能够提供发动机工作时所需的空气;过滤空气以保护发动机,降低磨损;测量进气温度和密度,使发动机更有效地燃烧,降低 HC 和 CO 的排放;与曲轴箱强制通风系统(PCV)配合,以燃烧发动机曲轴箱中的窜气。

对于现代电控发动机,进气系统可依靠先进的传感器和执行器来精准地计算并控制进气量,以提升发动机的节油、减排等性能。进气系统中主要传感器包括空气流量传感器、进气歧管绝对压力传感器、增压压力传感器、进气温度传感器、节气门位置传感器、可变凸轮轴位置传感器等。执行器主要有 VVT 电磁阀、节气门电动机、可变凸轮执行器等。

一、空气流量传感器

空气流量传感器(MAF)一般安装在空气滤芯与节气门之间的进气管道上。MAF 可直接监测进入发动机的空气量并将其转换成电信号输入发动机控制模块(ECM),是确定喷油量的基本信号。

1. MAF 结构原理

现代发动机广泛采用一种热膜式 MAF,其核心元件是一个带有发热电阻的"热膜"。空气流动时,带走热膜的热量而导致降温,为了保证热膜的温度恒定,MAF 内部的电子电路会增加电流以补偿温度,这种电流的变化最终被 MAF 转化为变化的频率信号输入 ECM,用以反馈流经的空气质量,如图 3-4 所示。

空气流量传感器(MAF)通常集成在一个"多功能气象站"传感器中,这种传感器主要有 8 线式和 4 线式两种,其中 MAF 信号都是通过一根专线输入 ECM。8 线"多功能气象站"传感器内部还集成有进气温度、湿度和大气压力传感器,均通过信号专线输入 ECM。4 线"多功能气象站"传感器也能够监测进气温度、湿度和大气压力,除 MAF 信号外,均通过 LIN 网络输入 ECM,如图 3-5 所示。

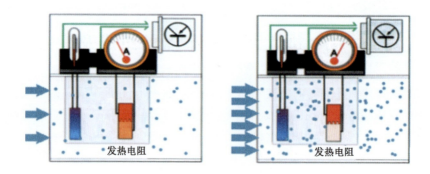

图 3-4 MAF 内部结构图

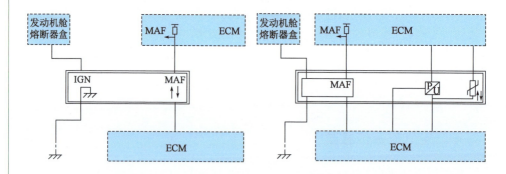

图 3-5 4/8 线 MAF 线路示意图

2. MAF 检测维修

(1)MAF 常见故障。MAF 出现故障时,ECM 因无法正确监测进气质量从而会影响喷油控制,可能出现的现象有:油耗加大、加速不良、起动困难、怠速抖动、排放不良等。

(2)系统检查。首先确认整个系统的完整性,是否发生气流阻塞、真空泄漏、结冰积雪等。同时,检查传感器是否存在不良状况,例如传感器外观有损伤、插头松动或安装不当、传感器元件被污染、传感器元件被异物遮挡。

(3)数据流检测。正常 MAF 数据的一般规律是:发动机转速增加时,数值相应增大;在给定的转速下,数值则相对稳定。检测时还可以与相同且正常的车辆进行数据对比,若数据异常,需进一步检查 MAF 及信号线路。

(4)万用表测试。断开空气流量传感器连接器,打开点火开关(发动机不运行),使用万用表直流电压挡在连接器的 MAF 信号端子上应能测得 4.8~5.2V 的电压。如果测量值高于或低于此范围,则信号线路或 ECM 可能有故障,进一步检查时应首先排除线路故障。

(5)专用工具检测。信号发生器(图 3-6)专用工具可模拟 MAF 信号并主动发送到 ECM,能够直观、快速地判断 MAF、MAF 信号线路或 ECM 是否存在故障。该专用工具主要操作步骤如下:关闭点火开关,断开 MAF,连接专用工具,将工具电源连接到车内点烟器,红色引线连接至空气流量信号电路端子,黑色引线连接至可靠的车身搭铁。将信号开关设置为 5V,将频率开关幅值设置为 5V,将占空比开关设置为 NORMAL。发动机怠速时,观察故障诊断仪上的 MAF 参数,应为 4950~5050Hz。如果参数在要求的范围,则 MAF 线路和 ECM 正常,需进一步检查。

图 3-6　信号发生器 J-38522

二、进气压力传感器

涡轮增压发动机上的进气压力传感器(MAP)通常有两种类型:进气歧管绝对压力传感器和增压压力传感器,如图 3-7 所示。

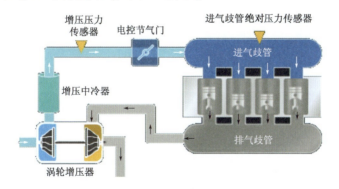

图 3-7　压力传感器位置图

进气歧管绝对压力传感器,一般安装在进气歧管上,用于监测进气歧管中的气体压力变化并将其转化为电信号输入 ECM,是计算发动机负荷和修正喷油量的参考信号之一。

增压压力传感器一般安装在增压中冷器和节气门之间的进气管上,其内部通常还集成有进气温度传感器,用于向 ECM 提供进气增压后的压力和温度信息,是控制涡轮增压压力和增压气体冷却的重要参考信号。

现代发动机广泛采用了膜片式的进气歧管绝对压力和增压压力传感器,其核心元件是一个布置有多个压敏电阻、可感受气压变化的"膜片"。传感器最终将气压变化转化成 0.2~4.8V 的电压信号,输入 ECM,电路示意如图 3-8 所示。

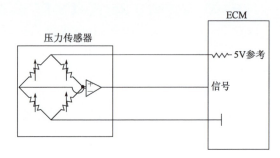

图 3-8　MAP 内部电路示意图

在未装配 MAF 的发动机上,进气量的测量则主要基于进气歧管绝对压力传感器,但它并非完全独立工作,通常还需要参考进气温度信息和节气门开度信息。

MAP 通过监测进气歧管的压力来估算进气流量时,仅能反映气体体积大小,此时还需要根据进气温度来测量进气的密度,从而准确计算出进气质量。

在其他参数相同的情况下,MAP 和节气门开度有如下关系:节气门开度不变时,MAP 值越高则实际进气量越小;MAP 值不变时,节气门开度越大则进气量越大。

进气歧管绝对压力传感器的信号对喷油修正和废气再循环 EGR 反馈也有一定的影响。

三、进气温度传感器

进气温度传感器(IAT)监测进气温度并将其转换为电信号,输入 ECM。因发动机管理系统的差异,IAT 在发动机上的安装位置和作用也有不同。对于以 MAP 为主监测进气量的发动机,在空气滤清器后方的进气道上通常装配有一个独立的 IAT,ECM 由此可更加准确地计算出进气质量;在以 MAF 为主监测进气量的发动机上,IAT 分别集成于 MAF 和增压压力传感器内部,ECM 由此可对比增压前后的进气温度,更好地控制进气增压与冷却;部分发动机在进气歧管绝对压力传感器内部也会集成 IAT。

1. IAT 结构原理

IAT 的探测部位通常是一个负温度系数的热敏电阻。进气温度高时，电阻较小，ECM 接收到低的电压信号；进气温度低时，电阻变大，ECM 接收到高的电压信号。IAT 的电路如图 3-9 所示。

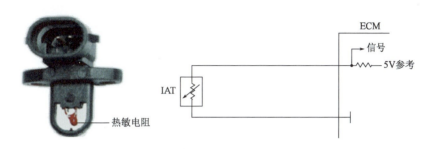

图 3-9　IAT 内部电路图

2. IAT 检测维修

（1）常见故障。当 IAT 出现故障时，ECM 往往会为其设置一个替代值或参考其他温度传感器读数。但车辆仍然会出现的故障现象有：缺乏动力，特别是在高温环境下；空调压缩机不工作，某些车型以 IAT 判断环境温度，环境温度小于 5℃，压缩机不工作。

（2）系统检测。执行 IAT 系统检测时，需要关注的是：传感器及连接器是否安装到位，传感器表面是否有明显的损伤，传感器探测部位是否被污染或堵塞。

（3）数据流检测。关闭点火开关 8h 或更长时间后，使用诊断仪观察传感器温度，主要是查看发动机冷却液温度传感器和环境温度传感器等车辆上的温度传感器数据，它们相差应在 10℃ 以内，若数据异常，需要进一步检测 IAT 及信号线路。

（4）万用表检测。断开 IAT 或短接 IAT 的连接器，然后使用诊断仪读取 IAT 数据，可以辅助判断 IAT 信号线路是否存在故障。注意：短接 IAT 连接器时，应使用一个 3A 的熔断丝。IAT 是一种热敏电阻，可使用万用表电阻挡测量不同温度下 IAT 的电阻值，以确定其是否正常。不同发动机 IAT 阻值和温度的对应关系可能存在差异，具体情况需要参考对应的维修手册信息。

第三节　进气系统执行器的组成与维修

一、电控节气门系统

电控节气门系统(ETC 或 TAC),是进气系统中非常重要的子控制系统,它是由电控节气门总成、加速踏板位置传感器等部件组成的。电控节气门总成通常安装在进气歧管的空气入口处,是控制发动机进气量的关键部件,加速踏板位置传感器则用于采集驾驶员对动力的需求意图。相比传统的机械拉索式节气门,电控节气门阀板的开启不再受限于加速踏板的机械控制,因此,可实现更多的控制功能,主要有:常规控制、怠速控制、巡航控制和牵引力控制。

(1)常规控制。ECM 接收来自加速踏板位置传感器、曲轴位置传感器等的输入参数信息,根据内置的程序及标定参数,控制节气门开度。

(2)怠速控制。电控节气门系统取消了传统的怠速控制阀,ECM 通过调整节气门开度以精确控制发动机怠速,并可根据工况进行自动修正。

(3)巡航控制。对于配置自动巡航的车型,ECM 根据巡航控制开关输入信号并结合车速等,通过控制节气门开度实现对车辆巡航速度的控制。

(4)牵引力控制。对于配置牵引力控制的车型,当监测到驱动轮在因加速发生打滑时,系统通过减小节气门的开度以降低发动机功率。

(一)电控节气门系统组成部件

除发动机 ECM 外,电控节气门系统还包括以下部件:节流阀体、节气门电动机、节气门位置传感器、加速踏板位置传感器。

1. 节流阀体

节流阀体是一个机械装置,包括节气门阀板、节气门转轴、减速齿轮和复位弹簧等部件。通过节流阀体中节气门的翻转动作来控制发动机的进气量,从而实现对发动机转速和输出功率的控制。

2. 节气门电动机

节气门电动机是一种单相直流伺服电动机,它通过响应发动机 ECM 输出的 PWM 占空比控制信号来驱动减速齿轮及节气门转轴,实现对节气门开度的调节,如图 3-10 所示。

图 3-10 节气门电动机内部结构图

3. 节气门位置传感器(TPS)

TPS 用于向发动机 ECM 反馈节气门阀板的位置信息。此信息为发动机喷油、点火及自动变速器换挡控制等提供重要参考。例如,应用在上汽通用发动机上的节气门位置传感器主要有三种类型:电位计式 TPS、非接触电感耦合式 TPS、非接触霍尔式 TPS,如图 3-11 所示。

a)电位计式TPS

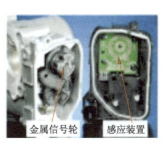
b)非接触电感耦合式TPS

c)非接触霍尔式TPS

图 3-11 TPS 的三种类型

（1）电位计式 TPS。电位计相当于滑变电阻,节气门转轴带动滑动触片在两组碳膜电刷上同步滑动,以反馈节气门的开度。

（2）非接触电感耦合式 TPS。节气门转轴带动金属的信号轮转动,与感应装置之间产生电感耦合效应,以监测节气门开度。

（3）非接触霍尔式 TPS。节气门转轴带动磁性信号轮转动产生变化的磁场信号,霍尔芯片基于此磁场变化来监测节气门开度。

上述的传感器部件均集成封装于节气门总成内,不可拆卸测试或维修。

4. 加速踏板位置传感器(APP)

APP 安装于加速踏板总成内,用于向发动机 ECM 反馈驾驶员对动力的需求。APP 常见的类型有:电位计式和霍尔式两种。其中,电位计式 APP 应用较为广泛,其结构与电位计式 TPS 类似,如图 3-12 所示。APP 各部件均集成封装于加速踏板总成内,不可拆卸测试或维修。

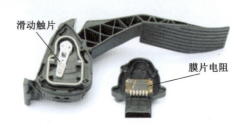

图 3-12　电位计式 APP 内部结构

(二) 电控节气门系统电路特点

1. 电位计式 TPS 电路特点

电位计式 TPS 可向 ECM 同时反馈两个节气门开度电压信号,5V 参考和低参考共用,所以电位计式 TPS 通常有四个端子。随着节气门从关闭到全开,TPS1 信号电压变化范围是 0.7～4.3V,TPS2 信号电压变化范围是 4.3～0.7V。TPS1 和 TPS2 信号互为相反变化,它们的电压值约为 5V,如图 3-13 所示。

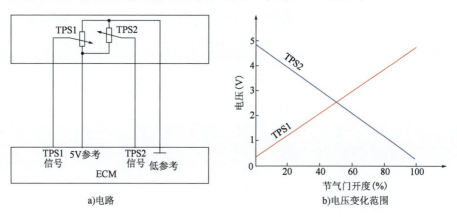

图 3-13　电位计式 TPS 电路特点

2. 非接触电感耦合式 TPS 电路特点

非接触电感耦合式 TPS 通常有 3 个端子，在信号端子上是以串行数据方式向 ECM 同时发送两个节气门开度信息，ECM 再将收到的串行数据信号解码成两个不同的电压参数，可在诊断仪上显示，电压参数范围与电位计式 TPS 类似。该传感器的信号波形如图 3-14 所示。它是基于特殊协议来表达某种信息的电信号，并非普通的占空比。

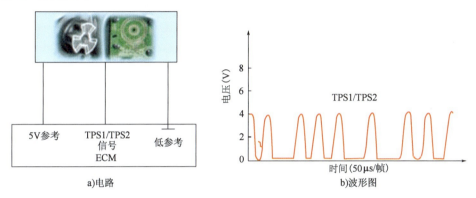

图 3-14　非接触电感耦合式 TPS 电路信号波形图

3. 非接触霍尔式 TPS 电路特点

非接触霍尔式 TPS 通常有 4 个端子，两个信号端子也采用串行数据方式分别向 ECM 发送节气门开度信息，ECM 再解码成两个不同的电压显示在诊断仪上，电压参数的范围与电位计式 TPS 类似。该传感器两个信号的波形（同一时段内）如图 3-15 所示，是一种通信电信号。

4. 电位计式 APP 电路特点

APP 内部的两个电位计向 ECM 反馈两个不同的电压信号，它们的电源和搭铁不共用，所以传感器共有 6 个端子。随着加速踏板从初始位置移动到最大行程，APP1 信号电压的变化范围是 0.6 ~ 4.4V，APP2 信号电压的变化范围是 0.3 ~ 2.2V，APP1 和 APP2 信号电压约为两倍关系，如图 3-16 所示。

（三）电控节气门系统控制原理

ECM 根据加速踏板位置、发动机冷却液温度、制动踏板位置等传感器及其他系统输入的各种信息，控制节气门电动机的转动，并根据两个节气门位置传感器反馈信号与目标值对比,更加精确地控制节气门开度,如图 3-17 所示。驾驶员并非节气门开度唯一的控制者,ECM 会综合发动机运行和驾驶工况进行智能控制。

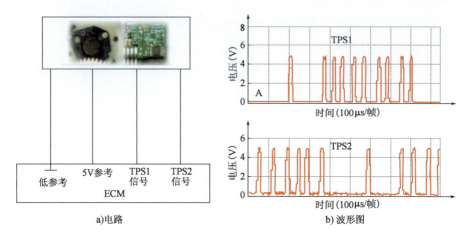

图 3-15　非接触霍尔式 TPS 电路信号波形图

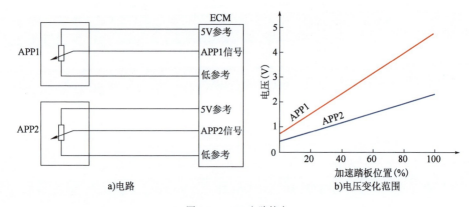

图 3-16　APP 电路特点

(四)电控节气门系统检测维修

电控节气门系统出现故障时,发动机故障灯可能点亮,驾驶员信息中心还可能显示"发动机动力降低"。从驾驶角度可能发现到发动机运行不稳定、动力下降、无法起动或变速器升挡慢、换挡顿挫等现象。

电控节气门是一个机电一体的部件,执行系统检查可关注如下事项:节气门体及相连的进气管道是否安装牢靠;节气门体(尤其是带 TPS 的一侧)是否变形、破裂；节气门体上的电器是否连接牢靠，是否被腐蚀、破裂；节气门阀板是否脏污、积炭、变形。

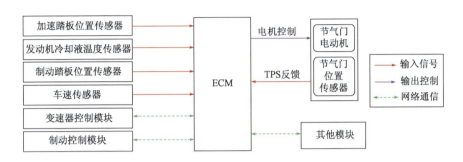

图 3-17　电控节气门系统控制原理图

1. 数据流检测

通过诊断仪观察不同开度下 TPS1 和 TPS2 的数据值，这两组数据值的和应保持在 4.8～5.2V 范围内。若数据偏差较大，需要检查 TPS 及信号线路。

2. 特殊功能驱动

使用诊断仪控制功能驱动节气门并观察节气门位置数据，若数据与控制指令偏差较大，需要进一步检查节气门体的力学性能、节气门电动机及控制线路。

3. 万用表测试

节气门电动机是一个单相直流电动机，使用万用表电阻挡测试电动机绕组，正常情况下应能符合以下特点：

（1）两个电动机控制端子之间电阻值为 2～3Ω；

（2）两个电动机控制端子与电动机壳体之间电阻值均为无穷大。

电位计式的 TPS 和 APP 内各自有两个电位计，在维修时可以单独对每个电位计进行电阻和信号电压检测。例如，使用万用表电压挡测量时，正常的传感器读数应有如下特点：

（1）APP1 与 APP2 信号电压约为 2 倍关系；

（2）TPS1 与 TPS2 信号电压之和约为 5V。

4. 节气门清洗

发动机 ECM 需要读入通过节气门体的空气流量,以确保怠速运转平稳,节气门内积炭结焦会造成节气门处的流量变化,达到一定程度则影响怠速运行。及时清洁节气门积炭有助于使节气门恢复到正常工作性能。

5. 怠速读入

在更换发动机 ECM、电控节气门或清洗电控节气门后,通常需要执行怠速读入程序以使 ECM 快速学习新的节气门怠速位置。在执行怠速读入程序前,必须满足维修手册要求的前提条件,执行时使用诊断设备并按规定要求进行操作。

二、可变气门正时系统

可变气门正时(VVT)系统是一种电控液压运行装置,它通过控制发动机机油所产生的液压力来驱动执行器,从而改变凸轮轴相对于曲轴的角度。根据生产厂家的不同,有些发动机仅进气凸轮轴装备 VVT 系统,而有些发动机进排气凸轮轴均装备有 VVT 系统。VVT 系统可以通过控制进气门和排气门的气门重叠角来增强发动机性能,采用该系统的主要优点包括:降低尾气排放、增大输出转矩、提高经济性能、提高怠速稳定性能等。

(一) VVT 系统的组成部件

除发动机 ECM 外,VVT 系统还包括凸轮轴位置传感器、凸轮轴位置执行器电磁阀、凸轮轴位置执行器和正时链条(或正时齿形带)。

1. 凸轮轴位置传感器

凸轮轴位置传感器包含进气侧凸轮轴位置传感器和排气侧凸轮轴位置传感器,其输出信号不仅被发动机 ECM 用于确定点火及喷油正时,同时,还被用于识别进、排气凸轮轴相对于曲轴的实际位置,从而精确控制凸轮轴相位。

2. 凸轮轴位置执行器电磁阀

凸轮轴位置执行器电磁阀包含电磁线圈和机油控制阀两部分,用于控制发动机机油通道。双 VVT 发动机使用两个凸轮轴位置执行器电磁阀分别对进、排气凸轮轴实施相应控制。目前,常见发动机上使用的凸轮轴位置执行器电磁阀有两种类型:集成式和分体式(图 3-18)。

a) 集成式

b) 分体式

图 3-18 VVT 系统凸轮轴位置执行器电磁阀的类型

（1）集成式凸轮轴位置执行器电磁阀：电磁线圈和机油控制阀集成仅能整体维修，不可分解。

（2）分体式凸轮轴位置执行器电磁阀：电磁线圈和机油控制阀分别安装在发动机上，可分别维修。

3. 凸轮轴位置执行器

凸轮轴位置执行器是实现气门正时可变的关键机械部件，由基座、叶片和叶片定位销等部件组成，其中叶片与凸轮轴直接相连，而基座是由曲轴通过正时链条（或齿形带）来驱动的。叶片与基座之间被分隔成不同的腔室并填充有压力机油，在油压驱动下叶片可相对基座发生旋转，从而使凸轮轴相对曲轴发生一定的角度变化，如图 3-19 所示。

图 3-19 凸轮轴位置执行器内部结构

（二）可变气门正时控制

可变气门正时控制相关的输入与输出传感器包括：输入传感器、曲轴位置传感器、凸轮轴位置传感器、发动机负荷、冷却液温度传感器、机油压力传感器；输出执行器有凸轮轴位置执行器和电磁阀。

（1）曲轴位置传感器。VVT系统利用曲轴位置传感器获取发动机转速信息，根据不同的发动机转速对凸轮轴位置实施精确控制。

（2）凸轮轴位置传感器。VVT系统通过监测凸轮轴位置传感器的输出信号来判断凸轮轴的实际位置。

（3）发动机负荷。VVT系统将根据发动机的不同负荷需求对凸轮轴提前/滞后的角度实施不同的控制。

（4）冷却液温度传感器。VVT系统利用冷却液温度传感器监测发动机的工作温度，以便系统在不同的温度条件下都能提供最佳操作性能。

（5）机油压力传感器。机油压力传感器用于监测机油压力，除发动机机油黏度、温度和发动机机油液面高度以外，发动机机油压力也直接影响凸轮轴执行器的性能。

（6）凸轮轴位置执行器电磁阀。ECM向每个凸轮轴位置执行器电磁阀发送12V脉宽调制信号，以控制进入凸轮轴执行器通道的发动机机油的流量。

（三）VVT系统控制相关策略

VVT系统控制策略相关的信息包括：急速运转范围，中等负荷行驶范围，大负荷、低速和中速行驶范围，大负荷、高速行驶范围。

（1）急速运转范围内：急速期间（图3-20），凸轮轴位置执行器无变化，气门重叠角最小，防止废气从进气门流出，稳定发动机急速。同时防止过多的混合气流向排气门，以提高燃油经济性。

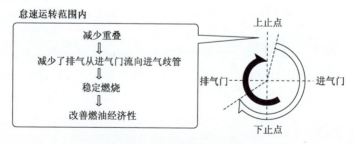

图3-20 急速工况气门重叠角

（2）中等负荷行驶范围内：在中等负荷时，增加气门重叠角（图3-21），从而增加了废气再循环量，这样减少了进气歧管内的负压，因而也减小了活塞的泵吸损失并且改善了油耗。另外，由于排气门延迟关闭，活塞下行时废气再次吸入，降低了燃烧室温度,从而减少了 NO_x 的排放量,同时由于气体再次燃烧而使 HC 排放量也减少。

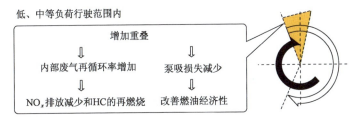

图 3-21　中等负荷气门重叠角度

(3)大负荷、低速和中速行驶范围内:在大负荷、中低速行驶时(图 3-22),根据进气需求 VVT 系统将进气门提前关闭,以增加功率和转矩输出。

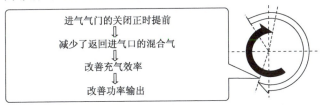

图 3-22　大负荷、低速和中速工况气门重叠状态

(4)大负荷、高速行驶范围内:在大负荷、高速行驶时(图 3-23),系统将根据发动机转速来延迟进气门关闭,以增加功率和转矩输出。

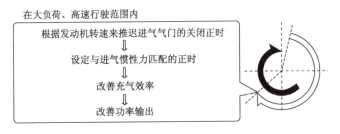

图 3-23　大负荷、高速工况气门状态

(四)排气凸轮轴位置执行器油压驱动过程

发动机机油在电磁阀的控制下流经两个不同的通道,一个是凸轮轴正时提前通道,另一个是凸轮轴正时延迟通道,以通过液压力驱动凸轮轴位置执行器。

（1）初始位置：处于初始位置时（图3-24），凸轮轴位置执行器电磁阀不工作，凸轮轴位置执行器叶片由定位销锁住，凸轮轴和曲轴的相对位置不会发生任何变化。

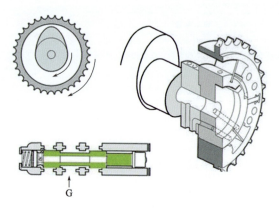

图3-24　排气凸轮轴位置执行器初始位置

（2）延迟位置：在电磁阀通电时，机油泵的油流G通过电磁阀流到B，再通过油道流向叶片的右侧将排气凸轮轴的位置推到滞后的位置。叶片左侧的油液通过油道流向A，并流回油底壳，如图3-25所示。

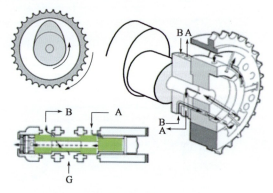

图3-25　排气凸轮轴位置执行器延迟位置

（3）保持位置：当需要将凸轮轴保持在某一位置时，电磁阀通过电流的控制将电磁阀保持在如图3-26所示的位置，机油泵的油流G被阻断，叶片两侧的油液被封闭在油道中，凸轮轴的位置被保持住。需要注意的是，进气凸轮轴位置执行器与排气凸轮轴位置执行器的内部油路是不同的，排气凸轮轴位置执行器的A油路通向叶片的左侧，进气凸轮轴位置执行器的A油路通向叶片的右侧。

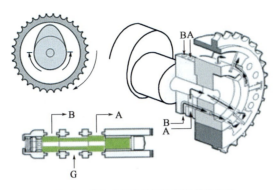

图 3-26　排气凸轮轴位置执行器保持位置

（4）复位位置：当需要复位时，机油泵输出的油流 G 通过电磁阀流到 A，再通过油道流向叶片的右侧，此时电磁阀的进油通道和排油通道都打开，将排气凸轮轴推回到原始位置。若此时发动机关机，则由复位弹簧将排气凸轮轴推回到原始位置，如图 3-27 所示。

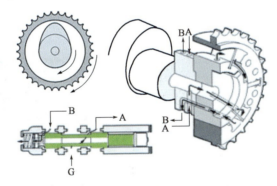

图 3-27　排气凸轮轴位置执行器复位位置

（五）VVT 系统的检测维修

1. 凸轮轴位置执行器系统性能的维修

ECM 通过凸轮轴位置传感器监测凸轮轴实际位置并与期望位置进行比较，以判断凸轮轴位置执行器系统的性能。实际位置与期望位置之差如果大于一定角度并持续一定时间以上，则设置相应诊断故障码；DTC P000A——进气凸轮轴位置系统响应过慢；DTC P000B——排气凸轮轴位置系统响应过慢；DTC P0010——进气凸轮轴位置执行器电磁阀控制电路故障；DTC P0013——排气凸轮轴位置执行器电磁阀控制电路故障；DTC P2088——进气凸轮轴位置执行器电磁阀控制电路电压过低；DTC P2089——进气凸轮轴位置执行器电磁阀控制电路电压过高；DTC P2090——排气凸轮轴位置执行器电磁阀控制电路电压过低；DTC P2091——排气凸轮轴位置执行器电磁阀控制电路电压过高；DTC P0011——进气凸轮轴位置系统性能不佳；DTC P0014——排气凸轮轴位置系统性能不佳；DTC P0016——曲轴位置—进气凸轮轴位置不合理；DTC P0017——曲轴位置—排气凸轮轴位置不合理。

2．VVT 系统典型故障维修

针对 DTC P000A、DTC P000B 的故障，可使用故障诊断仪观察"凸轮轴位置变化"参数，并指令相应的凸轮轴位置执行器从 0°至 20°变化，然后再回到 0°，参数读数偏差如果大于 2°以上，须进行电路系统测试。详细操作流程如下：

（1）点火开关置于 OFF 位置，断开相应凸轮轴位置执行器电磁阀上的线束连接器，如图 3-28 所示。

（2）点火开关置于 ON 位置，确认点火电路端子和搭铁之间的测试灯点亮，如图 3-29 所示。

图 3-28　凸轮轴位置执行器拆卸　　　　图 3-29　测试凸轮轴位置执行器

（3）在控制电路端子和搭铁之间连接数字万用表，切换到二极管测试挡位，测试电压应高于 2V，如图 3-30 所示。

（4）用故障诊断仪指令凸轮轴位置执行器电磁阀通电和断电，数字万用表读数应从断电时高于 2V，转换到通电时低于 1V。

（5）拆下凸轮轴位置执行器电磁阀，检查凸轮轴位置执行器及其安装部位是否存在异常，如图 3-31 所示。

第三章 进气系统故障引起排放超标的维修

图 3-30 万用表测试凸轮轴位置执行器电磁阀

图 3-31 检查凸轮轴位置执行器

（6）点火开关置于 OFF 位置，用正常工作的凸轮轴位置执行器电磁阀替换相应的凸轮轴位置执行器电磁阀，如图 3-32 所示。

（7）发动机怠速运行，使用故障诊断仪观察"凸轮轴位置变化"参数，并指令相应凸轮轴位置执行器从 0°至 20°变化，然后再回到 0°，参数读数偏差应小于 2°。

（8）如果所有测试正常，则进一步检查或更换凸轮轴位置执行器电磁阀。

图 3-32 替换凸轮轴位置执行器电磁阀

3. 凸轮轴位置执行器电磁阀电路故障的维修

ECM 将监测凸轮轴位置执行器电磁阀的控制电路，以确定是否开路、短路。如果 ECM 监测到凸轮轴位置执行器电磁阀电路上有故障，将设置相应诊断故障码。凸轮轴位置执行器电路图如图 3-33 所示。

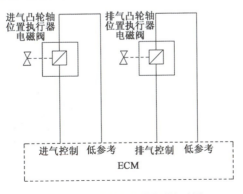

图 3-33 凸轮轴位置执行器电路图

三、涡轮增压系统

（一）涡轮增压系统简介

涡轮增压器是一种利用内燃机的废气压力驱动空气压缩机，从而使机器效率提升的装置。利用排出废气的热量及流量，涡轮增压器能提升内燃机的功率输出，提高汽缸的充气效率，从而达到提升发动机功率的目的。1909—1912年间，瑞典的波希博士发明了废气涡轮增压器。1925年，两艘德国船只上首次成功应用了1471kW的涡轮增压柴油机。这也促使波希博士的发明很快在欧洲、美国和日本获得了生产。1952年，装配康明斯涡轮增压发动机的汽车在美国印第安纳波利斯500英里大奖赛中夺得冠军。

（二）涡轮增压系统部件

涡轮增压系统的主要组成部件包括：ECM、进气旁通电磁阀、废气旁通电磁阀、真空储能器、中冷器、增压压力传感器、涡轮增压器总成。

1. ECM

ECM为涡轮增压系统的控制模块（图3-34），它根据发动机转速、节气门位置、进气温度、进气压力等参数来控制进气及废气旁通电磁阀，以实现对涡轮增压系统的控制。

2. 进气旁通电磁阀

ECM通过控制进气旁通电磁阀的打开时间，来控制进气通道开启，如图3-35所示。

图3-34　涡轮增压器控制模块

图3-35　进气旁通电磁阀

3. 废气旁通电磁阀

ECM 通过控制废气旁通电磁阀的开启时间和开度,来控制涡轮增压器的工作及转速,如图 3-36 所示。

4. 真空储能器

真空储能器用于储存真空,为进气旁通电磁阀开启提供所需的真空源,如图 3-37 所示。

图 3-36　废气旁通电磁阀　　　　图 3-37　真空储能器

5. 中冷器

中冷器又称中间冷却器,涡轮增压系统利用中冷器来降低进气温度,从而提高发动机的进气效率。常用的中冷器有两种:风冷式、水冷式。

1) 风冷式中冷器

风冷式中冷器可以使发动机进气温度最大降低 100℃ 左右。目前,大多数发动机均采用此类型的中冷器,其一般布置于车辆前部,利用流经的外部空气对增压后的高温进气进行冷却,其结构类似于散热器,如图 3-38 所示。

图 3-38　风冷式中冷器

2)水冷式中冷器

水冷式中冷器可以提供比风冷式中冷器更好的冷却效果,一般用于高性能车或赛车上,普通车辆基本没有装备水冷式中冷器的,如图3-39所示。

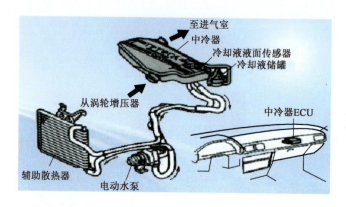

图3-39　水冷式中冷器

6. 增压压力传感器

增压压力传感器位于中冷器和节气门体之间的高压进气道上,传感器将信号输入ECM,以反馈发动机增压压力的状态,如图3-40所示。

图3-40　增压压力传感器

7. 涡轮增压器总成

涡轮增压器总成是涡轮增压系统的核心部件。增压器和发动机的进/排气歧管相连接。涡轮增压器总成的组成部件包括：涡轮壳体、泵轮壳体、涡轮、泵轮、进气旁通阀、废气旁通阀。

涡轮在高温高压废气的推动下高速运转，带动同轴的泵轮高速转动，泵轮将进气加压后，经中冷器最终输送到进气歧管，以提高发动机的进气效率。当前，有很多厂家采用双涡流通道设计，如图3-41所示。发动机的1、4汽缸使用一条单独的排气通道，2、3汽缸使用另一条单独的排气通道，两组通道各自单独作用到涡轮上，以避免出现各缸之间的废气压力干扰，提高低速时的涡轮增压响应速度，减少涡轮迟滞。

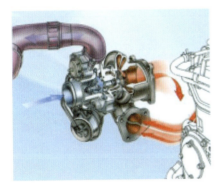
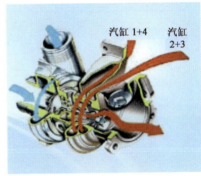

图3-41 双涡轮通道涡轮增压器

（1）涡轮壳体：涡轮壳体一般采用铸铁材质，以承受高温高压的废气。涡轮壳体用于引导废气至涡轮叶片，从而驱动涡轮旋转，如图3-42所示。

（2）泵轮壳体：泵轮壳体一般采用铝合金材质。空气通过泵轮壳体后被增压为高温高压的气体，如图3-43所示。

（3）涡轮：高温高压的废气冲击涡轮叶片的外边缘，从而带动同轴泵轮旋转，废气从涡轮的中心排出。涡轮利用转轴实现与泵轮之间的刚性连接，将动力传递给泵轮。需要注意的是，由于转轴的转速较高，涡轮采用浮动轴承实现径向支承，如图3-44所示。

（4）泵轮：在转轴的驱动下，泵轮高速旋转，泵轮叶片中心的空气在离心力的作用下，高速甩出实现增压，并将增压后的空气送入进气管道以提高发动机的充气效率，如图3-45所示。

图 3-42　涡轮增压器涡轮壳体

图 3-43　涡轮增压器泵轮壳体

图 3-44　涡轮增压器涡轮

图 3-45　涡轮增压器泵轮

(5)进气旁通阀:进气旁通阀由弹簧、膜片等部件组成。其通过真空的方式来控制进气侧增压旁通管路的通断,如图3-46所示。

图 3-46　涡轮增压器进气旁通阀

(6)废气旁通阀：废气旁通阀总成由膜片阀、连杆及阀门组成，膜片阀在废气压力的作用下，克服弹簧力并通过连杆带动阀门动作，如图3-47所示。

图3-47　涡轮增压器废气旁通阀

(7)涡轮增压器注意事项。由于涡轮增压器转轴利用浮动轴承实现径向支承，涡轮增压器受机油油质的影响较大，同时机油也要受到增压器的高温影响。因此，在日常使用时应注意：一定要使用推荐的发动机机油；机油和机油滤清器应当定期更换；在起动时，高速空转或突然加速会导致轴承损坏；在发动机高负荷运转后，关闭发动机之前，务必使发动机怠速运转数分钟。

（三）涡轮增压控制系统

涡轮增压控制系统主要由以下两大控制部分组成：进气旁通控制和废气旁通控制。

1. 进气旁通控制

进气旁通控制是通过控制进气旁通管路高压侧和低压侧的通断，从而有效地降低再次加速时的迟滞效应，同时能够延长增压器的使用寿命。车辆正常高速行驶时，进气旁通阀关闭，增压后的进气送入进气歧管，进气歧管保持高压状态，如图3-48所示。

车辆突然减速时，进气旁通阀打开，空气通过泵轮壳体内的旁通通道形成内部循环，此时泵轮将继续维持高速旋转，同时减小了进气对泵轮及转轴的冲击，如图3-49所示。

当车辆重新加速时，进气旁通阀关闭，此时由于泵轮维持高速的旋转状态，从而有效改善了重新加速时的迟滞效应，如图3-50所示。

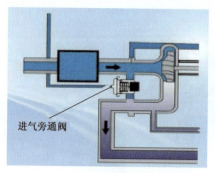

图 3-48　涡轮增压器进气旁通控制

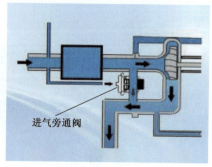

图 3-49　涡轮增压器突然减速控制

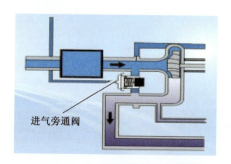

图 3-50　涡轮增压器重新加速控制

2.废气旁通控制

废气旁通控制是指通过改变旁通阀门的开度,来控制涡轮的转速,从而控制进气增压的压力。旁通阀门关闭时,发动机废气全部作用到涡轮叶片上,涡轮高速运转,以实现较高的进气压力;旁通阀门打开时,仅有发动机的部分废气通过涡轮,部分废气通过旁通阀排放,涡轮和泵轮的转速随之下降。系统可通过此方式降低增压压力,同时也用于防止因增压压力过高而导致发动机损坏的现象发生。怠速状态下,ECM 以占空比 0% 指令控制废气旁通电磁阀,但由于增压压力较低,膜片阀中的复位弹簧保持旁通阀门处于关闭状态。此时废气全部通过涡轮叶片,从而提高了涡轮的快速响应性,如图 3-51 所示。

发动机低速运转时,ECM 根据发动机的工况,执行废气旁通电磁阀的控制指令。如果在发动机低速时请求节气门全开,则 ECM 将以占空比 100% 指令控制废气旁通电磁阀,此时旁通阀门处于关闭状态,废气全部通过涡轮叶片,因而降低了涡轮增压迟滞效应,如图 3-52 所示。

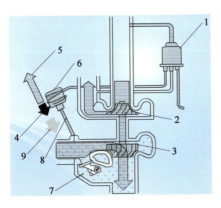

图3-51 涡轮增压器怠速状态控制
1-废气旁通电磁阀；2-泵轮；3-涡轮；4-废气压力；5-弹簧张力；6-膜片阀；7-旁通阀门；8-连杆；9-调节压力

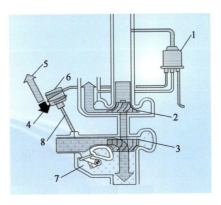

图3-52 涡轮增压器发动机低速运转控制
1-废气旁通电磁阀；2-泵轮；3-涡轮；4-废气压力；5-弹簧张力；6-膜片阀；7-旁通阀门；8-连杆

在发动机中等负荷且高转速运转时，ECM将控制废气旁通电磁阀占空比为65%~80%，此时旁通阀门部分打开，部分废气经旁通阀门泄放，歧管压力可能高至225~240kPa，如图3-53所示。当设置特定故障诊断码时，ECM控制占空比为0%，旁通阀门的状态取决于废气压力，如图3-54所示。

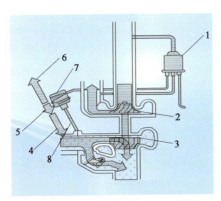

图3-53 涡轮增压器发动机中等负荷控制
1-废气旁通电磁阀；2-泵轮；3-涡轮；4-调节压力；5-废气压力；6-弹簧张力；7-膜片阀；8-连杆

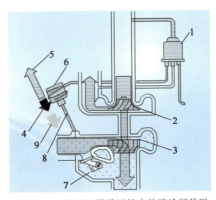

图3-54 涡轮增压器设置特定故障诊断代码控制
1-废气旁通电磁阀；2-泵轮；3-涡轮；4-废气压力；5-弹簧张力；6-膜片阀；7-旁通阀门；8-连杆；9-调节压力

（四）涡轮增压系统的工作过程

涡轮增压系统的工作过程包括：怠速、正常运行、急加速、急减速后再次加速。

（1）怠速：怠速时废气旁通阀处于关闭位置，废气完全流经涡轮。

（2）正常运行：正常运行时废气旁通阀在ECM的控制下，其位置不断变化，以适应发动机的动力需求，同时达到保护发动机的作用。

（3）急减速：急减速时进气旁通阀在ECM的控制下，处于打开位置，以减小泵轮的冲击，同时保持泵轮的高速旋转。

（4）急减速后再次加速：急减速后再次加速时进气旁通阀在ECM的控制下关闭，泵轮的高速旋转可以有效地避免涡轮迟滞效应。

（五）涡轮增压系统诊断

涡轮增压系统的故障诊断与自然吸气发动机有所不同。以下从常见故障分析及检测方法两个方面介绍涡轮增压发动机的系统诊断特点。由于涡轮增压发动机PCV系统的特殊性，很多情况下涡轮增压系统的泄漏及噪声是与PCV系统紧密相关的。

1. 涡轮增压系统的常见故障

1）涡轮增压器"呜呜"声

涡轮增压器发出"呜呜"声，在已知状态良好的情况下，有时是正常的，有时则需要检查增压器轴承是否磨损，见表3-1。

涡轮增压器"呜呜"声检测维修　　　　　　　　　　表3-1

故障	操作
有时发出"呜呜"声是正常的	与已知状态良好的车辆比较
涡轮增压器轴承磨损	目视检查泵轮是否有与壳体接触的痕迹。检查涡轮增压器轴承是否磨损或损坏。检查轴向间隙是否导致泵轮与壳体接触

2）涡轮增压器"嘶嘶"声

涡轮增压器发出"嘶嘶"声，分别检查排气系统和进气系统是否泄漏或堵塞，见表3-2。

第三章 进气系统故障引起排放超标的维修

涡轮增压器"嘶嘶"声检测维修　　　　　　　　　　　表3-2

故　障	操　作
排气系统泄漏或堵塞	检查排气系统是否泄漏或堵塞
进气系统泄漏或堵塞	检查进气系统是否泄漏或堵塞

3）涡轮增压器振动

涡轮增压器振动时，需检查机油油质并判断供油软管是否堵塞或损坏，见表3-3。

涡轮增压器振动检测维修　　　　　　　　　　　　　表3-3

故　障	操　作
油质不达标	更换规定型号的机油
供油不足	检查机油供油软管是否堵塞或损坏

4）涡轮密封件漏油

当发现涡轮密封件漏油时，需要检查涡轮增压器机油回油管、曲轴箱通风系统等，见表3-4。

涡轮增压器密封件漏油检测维修　　　　　　　　　　表3-4

故　障	操　作
排油不畅	检查涡轮增压器的机油回油管是否堵塞
曲轴箱通风系统堵塞	检查曲轴箱通风系统是否堵塞

5）泵轮密封件漏油

当发现泵轮密封件漏油时，需要检查进气系统、排气系统、机油回油管和曲轴箱通风系统，见表3-5。

涡轮增压器泵轮密封件检测维修　　　　　　　　　　表3-5

故　障	操　作
进气系统堵塞	检查空气滤清器滤芯是否堵塞或进气系统是否阻塞
排气系统阻塞	检查排气系统是否阻塞
排气系统泄漏	检查排气歧管是否泄漏
排油不畅	检查机油回油管是否堵塞
曲轴箱通风系统堵塞	检查曲轴箱通风系统是否堵塞

2. 涡轮增压系统常见的检测方法

涡轮增压系统常见的检测方法有外观检测、仪器检测、压力驱动检测等。下面列出了该系统常见的外观检测方法。

(1) 维修管件时,为了防止任何类型的漏气,卡箍的紧固规格和正确定位至关重要,且必须严格遵守。可使用喷雾瓶中的肥皂水查明任何漏气故障,如图 3-55 所示。

图 3-55　涡轮增压器管件外观

(2) 检测涡轮增压系统控制电磁阀及相关传感器的电器连接状况,如图 3-56 所示。

(3) 涡轮增压器总成的外观检测是十分必要的,特别是对膜片阀及连杆的检查,如图 3-57 所示。

图 3-56　涡轮增压系统控制电磁阀　　　图 3-57　涡轮增压器膜片阀及连杆

(六)利用诊断仪对涡轮增压系统进行检测维修

(1) 故障码。故障码是系统诊断的重要参考依据。查阅车辆维修手册可获取更多关于故障码的操作步骤及说明。

(2) 数据流。读取相关传感器的参数,并进行对比和分析,是非常重要的。以 DTC P0238 为例,需要对比"进气歧管绝对压力传感器"参数与"增压压力传感器"

参数,在1挡、2挡节气门全开时,读数彼此相差应不大于20kPa。

(3)输出控制。利用诊断仪直接驱动电磁阀从而确认执行器及相关线路是否存在故障。例如:使用诊断仪的输出控制功能来控制涡轮增压器废气旁通电磁阀的占空比。发动机处于中高速运转且占空比在20%～90%之间变化时,应该可以听到一系列"咔嗒"声。

(七)利用压力驱动检测维修涡轮增压器

(1)可利用真空枪检测进气旁通阀的工作状态,释放真空时,可听到进气旁通阀动作的声音。若没有声音反馈,则进气旁通阀可能存在卡滞或泄漏故障,需拆卸阀体做进一步的检查,如图3-58所示。

(2)可利用压缩空气对废气旁通阀的工作状态进行检测。正常状态时,应能够看到阀杆移动,若阀杆无法移动,则需更换废气旁通膜片阀及连杆总成,如图3-59所示。

图3-58 用手持真空泵检测进气旁通阀

图3-59 用压缩空气检测废气旁通阀

(八)涡轮增压器维修的注意事项

(1)当空气滤清器或空气滤清器壳体已被拆下时,为防止异物吸入,不要起动发动机,如图3-60所示。

(2)涡轮增压器损坏而必须更换时,需检查机油和连接涡轮增压器的油管。

(3)拆卸涡轮增压器时,要堵住进排气口和机油端口,防止脏物或异物进入系统。拆装涡轮增压器总成时,不要抓连杆等容易变形的零件。更换涡轮增压器时,检查油管中的油泥或积炭,必要时,进行清洗或更换。

(4)更换涡轮增压器时,在进油口内加入机油,同时用手轻轻转动泵轮,以润滑轴承,如图 3-61 所示。

图 3-60　维修涡轮增压器应该注意的问题

图 3-61　维修或更换涡轮增压器时预润滑旋转部件

(5)大修或更换发动机后,在切断燃油供给的情况下,转动发动机 30s,以润滑相关部位,然后怠速运转发动机 60s。

第四节　进气系统部件运行故障的维修

在维修进气系统故障时,为了确定进气系统的完好性,应对进气软管和空气滤清器进行外观检查,确保软管无松动、褶皱、破损、裂纹、鼓包现象,并且软管走向合理,无干涉现象。空气滤清器过脏和堵塞会引起混合气过浓、燃油经济性变差、发动机功率不足和 CO 排放测试不合格。

真空系统故障会导致发动机熄火、冷起动不着车、热起动困难、减速回火、怠速粗暴、加速不良、混合气浓稀不均、发动机爆燃、尾气排放超标、发动机过热的现象。解决这些故障现象,常用的方法是对真空度进行测试和维修。

第三章 进气系统故障引起排放超标的维修

一、起动时真空度测试与维修

在发动机盘车时,对进气歧管真空度进行测试是一个简单易行的判断活塞环和气门是否密封良好的方法。要得到精确的测试结果,应该使发动机处于暖机状态,且节气门关闭。发动机盘车时的真空度测试应按照以下步骤进行。

步骤1:断开点火系统。
步骤2:把真空表与进气歧管真空源连接起来。
步骤3:盘车同时观察真空表的读数。

发动机盘车时的真空度应该高于8.5kPa(通常应该是10~20kPa),如果低于8.5kPa,则可能是因为:发动机盘车速度太低、活塞环磨损、气门密封不严、太多的空气旁通经过了节气门,这会导致真空度读数不真实地变小,可能的原因包括节气门部分开启或进排气门过度重叠。

二、怠速时真空度测试与维修

发动机如果性能良好,怠速时的真空度应该稳定在57~71kPa之间,如果发动机的真空度比正常情况下低而且稳定,最常见的原因是点火正时滞后或凸轮正时滞后(检查正时链是否过松或正时齿形带安装是否正确)。如果指针先下降,后上升到正常位置,再下降,之后又回到正常位置,不断反复,这表明发动机进气系统运动件有卡滞。造成气门卡滞最常见的原因是气门杆缺乏润滑。如果真空表读数在某一点(数值)上下波动,通常的原因是气门烧蚀或气门弹簧弹力过小。如果波动速度很慢且稳定,则可能是由于混合气成分不均匀引起的。

三、急加速时真空度测试与维修

在发动机急加速时进行测试,也可显示活塞漏气的程度。急加速时,真空表的读数应突然下降;急减速时,真空表指针将在原怠速时的位置向前大幅度跳越。如果迅速开闭节气门,真空表指针应在7~85kPa之间灵敏摆动,表明进气歧管真空度对节气门开度的随动性较好,同时,也说明发动机进气系统的密封性能良好,假如发动机存在故障就会出现与上述数值不同的进气歧管真空度。

四、排气背压测试与维修

排气背压是正常工作期间在排气系统内积累的压力。排气系统内阻力越大,其压力就越高。在检测排气背压之前,应当确认点火正时和配气相位正确、气门间隙正确、进气系统无泄漏和堵塞现象。

排气系统的堵塞主要是由于三元催化转换器和消声器内因结胶、积炭或破碎而造成的。由于时通时堵,排气时反压力大,导致排气不彻底、进气不充分、转速不稳、加速无力、空燃比失常、点火调节失控等故障的发生。

若排气管时通时堵,则排气时的反压力增大,会使进气管的真空度降低。用真空表软管连接到进气歧管的检测口,起动发动机,待转速稳定后,观察真空表的读数,怠速时的真空度一般为57~76kPa。然后缓慢加速,使转速达到2000~2500r/min,此时真空表数值应等于或接近怠速时真空数值,让节气门快速回到怠速状态,此时真空表读数应先快速增加一个幅度(例如15~20kPa)然后又回落。如果此时真空度数值很低甚至下降为零,说明排气系统有阻流现象。可以拆下排气管再试,若真空度恢复正常,即可确定排气管堵塞。

如果发动机在2500r/min时,真空度数值逐渐低于怠速数值,或发动机再从2500r/min猛然降到怠速时,真空表读数没有增加,说明排气系统内背压过高,其排气阻力过大,可能是三元催化转换器堵塞、排气管与消声器堵塞造成的。

五、真空度故障维修

要想测量发动机的真空度,就需要将真空表连接到节气门后方的进气歧管上。在发动机怠速运转时,真空表上的理想读数是大于或等于54kPa的一个稳定值。真空表指针的任何运动都表明汽缸内产生的真空度大小在变化。指针波动越大,问题就越严重。如果所有汽缸产生的真空度大小都相同,但是数值很低,说明发动机可能已经磨损了。由真空度引起的故障维修见表3-6。

真空度引起的故障维修   表3-6

故障现象	维修措施
真空表显示异常	检查初始点火正时,检查配气正时,检查汽缸压力,检查曲轴箱强制通风控制阀
真空表有规律地下跌-6~-9kPa	检查火花塞,高压线等,检查气门(压力测试),查出烧坏的活塞
真空表无规律下降到-10~-27kPa	检查火花塞,查找卡滞的气门、气门挺杆或液压挺杆,查找严重磨损的凸轮轴

第三章 进气系统故障引起排放超标的维修

续上表

故 障 现 象	维 修 措 施
真空表指针缓慢摆动于 -27 ~ -34kPa 之间	检查火花塞(火花塞间隙可能太小)
怠速时真空表指针很快地在 -47 ~ -61kPa 之间摆动	进气门挺杆与导管磨损、配合松旷
真空表指针在 -34 ~ -61kPa 之间来回摆动,并且随着发动机转速的升高摆动加剧	气门弹簧弹力不足
真空表指针在 -38 ~ -61kPa 之间来回摆动	通常为气门漏气,汽缸垫损坏,活塞损坏,缸筒拉伤
怠速时真空表指针在 -18 ~ -65kPa 之间大幅度摆动	汽缸垫漏气所引起的
真空度小于 -60kPa	发动机节气门之后的进气歧管或总管漏气,漏气部位多数是进气歧管垫以及与进气歧管相连接的许多导管。例如真空助力器气管等

第四章
燃料供给系统故障引起排放超标的维修

燃料供给系统的故障是混合气过浓或过稀。混合气过浓将会导致 CO 排放量升高,混合气过稀将会造成 HC、NO_x 排放量升高。燃料供给系统能够造成混合气浓的故障原因有空气滤清器过脏、喷油器故障、燃油压力高于正常值等。了解了这些故障原因,对于维修燃料供给系统造成的排放超标问题,会有很大帮助。通过对燃料供给系统故障进行维修,解决排放超标车辆问题就会容易很多。

第一节 燃料供给系统的工作原理

一、燃料供给系统简介

汽油是从石油中提炼出来的液态碳氢化合物,是点燃式发动机的燃料,通过燃料供给系统运送到发动机汽缸燃烧做功。汽油性能与发动机的动力、排放、经济、稳定等性能息息相关,所以,了解燃料供给系统之前,先要了解汽油的各项性能。

(一)汽油性能

1. 热值

汽油的基本成分是碳和氢,其中碳占的体积比约为 85%,氢占的体积比约为 15%。热值是指 1kg 燃料完全燃烧后所产生的热量,汽油的热值大约在 44000kJ/kg,

热值越高汽油的能量就越高。

2. 抗爆性

汽油最常见的性能指标是抗爆指数,它是用来衡量燃油抵抗发动机爆燃性能的参数,因为有些爆燃会降低发动机功率、损伤发动机并导致发动机过热。抗爆指数通常以辛烷值表示,辛烷值越大抗爆性能越好。较高辛烷值的汽油并不意味着能够使发动机的性能变好,只要使用汽车生产商推荐的汽油标号和符合国家标准的燃油即可。

3. 挥发性

汽油的挥发性是指汽油从液态蒸发为气态的性能,这一性能对发动机的运行产生很多影响。挥发性不好会产生的问题包括:沉积物增加;混合气形成不良;低温时发动机起动困难;燃烧不完全,稀释发动机机油,影响正常润滑;混合气不均匀,油耗增加。挥发性过好会产生的问题包括:容易产生气阻,阻碍汽油流动;更易挥发,炭罐负荷容易过载,污染大气;油箱蒸气压力增加。

(二)燃油喷射系统

燃油喷射系统(EFI 或 EGI),以一个电子控制装置或称电脑(ECU/ECM)为控制中心,利用安装在发动机不同部位上的各种传感器,测得发动机的各种工作参数,依据在 ECM 中设定好的控制程序,通过控制喷油器搭铁来控制喷油量,使发动机在各种工况下都能获得浓度适合的混合气。

燃油喷射系统通过 ECM 中固有的控制程序,能实现起动加浓、暖机加浓、加速加浓、全负荷加浓、减速调稀、强制断油、自动怠速控制等功能,满足发动机特殊工况对混合气的要求,使发动机获得良好的燃油经济性和排放性,提高了汽车的使用性能。电子控制燃油喷射系统的喷油压力是由电动燃油泵提供的,电动燃油泵装在油箱内,浸在燃油中。

油箱内的燃油被电动燃油泵吸出并加压,加压后的燃油经燃油滤清器滤去杂质后,被送至发动机上方的分配油管。分配油管与安装在各缸进气歧管上的喷油器相通。喷油器是一种电磁阀,由 ECM 控制。通电时电磁阀开启,压力燃油以雾状喷入进气歧管内或直接喷入汽缸内,与空气混合,在进气行程中被吸进汽缸。分配油管的末端装有燃油压力调节器,用来调整分配油管中燃油的压力,使燃油压力保持某一定值,多余的燃油从燃油压力调节器上的回油口返回燃油箱。

进气量由驾驶员通过加速踏板操纵节气门来控制。节气门开度不同,进气量也不同,进气歧管内的真空度也不同。在同一转速下,进气歧管真空度与进气量成一定的比例关系。进气歧管压力传感器可将进气歧管内真空度的变化转变成电信号的变化,并传送给 ECM,ECM 根据进气歧管真空度的大小计算出发动机进气量,再根据曲轴位置传感器测得信号计算出发动机转速,根据进气量和转速计算出相应的基本喷油量。ECM 根据进气压力和发动机转速控制各缸喷油器,通过控制每次喷油的持续时间来控制喷油量。喷油持续时间越长,喷油量就越大。一般每次喷油的持续时间为 1.5~3ms。各缸喷油器每次喷油的开始时刻由 ECM 根据发动机曲轴转速传感器测得某一位置信号来控制。

二、燃油喷射系统的工作原理

发动机在不同工况下运转,对混合气浓度的要求也不同。特别是在一些特殊工况下,如起动、急加速、急减速等,对混合气浓度有特殊的要求。ECM 要根据相关传感器测得的运转工况,按不同的方式控制喷油量。喷油量的控制方式可分为起动控制、运转控制、断油控制和反馈控制。

(一)起动控制

当点火开关打开至起动位置,且发动机开始运行时,会提供一个起动加油脉冲以加速起动过程。当 ECM 接收到凸轮轴位置(CMP)和曲轴位置(CKP)传感器的输入信号并确定处于压缩行程的汽缸时,ECM 向喷油器控制电路提供脉宽调制(PWM)的搭铁电压。ECM 监视空气流量、进气温度、发动机冷却液温度和节气门位置,以确定起动发动机所需的喷油器开启持续时间。

发动机起动时,由起动机带动运转。由于转速很低,转速的波动也很大,因此,这时空气流量传感器所测得的进气量信号有很大的误差。基于这个原因,在发动机起动时,ECM 不以空气流量传感器的信号作为喷油量的计算依据,而是按预先给定的起动程序来进行喷油控制。ECM 根据起动开关及转速传感器的信号,判定发动机是否处于起动状态,以决定是否按起动程序控制喷油。当起动开关接通,且发动机转速低于 300r/min 时,ECM 判定发动机处于起动状态,从而按起动程序控制喷油。在起动喷油控制程序中,ECM 按发动机冷却液温度、进气温度、起动转速计算出一个固固定的喷油量。这一喷油量能使发动机获得顺利起动所需的浓混合气。冷车起动时,发动机温度很低,喷入进气道的燃油不易蒸发。为了产生足够的燃油蒸气,形成足够浓度的可燃混合气,保证发动机在低温下也能正常起动,必须进一步增大喷油量。由 ECM 控制,通过增加各缸喷油器的喷油持续时间或喷油次

第四章 燃料供给系统故障引起排放超标的维修

数来增加喷油量。所增加的喷油量及加浓持续时间完全由 ECM 根据进气温度传感器和发动机冷却液温度传感器测得的温度高低来决定。发动机冷却液温度或进气温度越低,喷油量就越大,加浓的持续时间也就越长。这种冷起动控制方式不设冷起动喷油器和冷起动温度开关。

(二) 运转控制

1. 开环控制

加热型氧传感器(HO_2S)在达到正常工作温度后才产生可用的信号电压输出。因此,在加热型氧传感器温度低于工作温度时,ECM 就切换到开环模式。

在开环模式中,ECM 将忽略加热型氧传感器的输入信号,主要根据空气流量传感器、进气温度传感器、发动机冷却液温度传感器的输入来计算所需的喷油器脉冲宽度。系统将保持在"开环"模式,直到加热型氧传感器产生可用的输出。

2. 闭环控制

当加热型氧传感器达到工作温度并开始产生自己的信号电压输出时,ECM 就切换到闭环模式。

在闭环模式中,ECM 将使用开环模式中相同的传感器来计算喷油器脉冲宽度,然后再利用氧传感器信号来修正和微调燃油脉冲宽度计算值,从而将空燃比精确地控制在 14.7∶1 的理想水平。

3. 加速控制

ECM 监视并计算加速踏板位置传感器的输入信号和进气歧管绝对压力传感器信号,以确定车辆是否正在加速。ECM 监测到加速踏板被踩下并具有车辆加速的要求,则 ECM 将切换到加速模式。在加速模式中,ECM 将延长喷油器的开启持续时间并相应增加供油量。

4. 减速控制

ECM 监视并计算加速踏板位置传感器的输入信号和进气歧管绝对压力传感器信号,以确定车辆是否正在减速。如果 ECM 监测到车辆正在减速,则切换到减速模式。在减速模式中,ECM 将缩短喷油器开启时间,甚至短时间禁用喷油器,以降低废气排放和改善燃油经济性。

5. 燃油切断控制

为防止损坏发动机或者为了改善车辆操纵稳定性,ECM 会切换到燃油切断模式。在燃油切断模式中，ECM 将禁用所有 6 个喷油器（如六缸发动机）。点火开关关闭，防止发动机续燃；点火开关接通但无点火参考信号电压，防止溢油或回火；发动机转速过高，高于红线（转速极限标志）；车速过高，超过额定轮胎转速（车速极限标志）；高速行驶后，长时间关闭节气门减速滑行时，降低发动机排放，增强发动机制动效应。

6. 蓄电池电压校正控制

ECM 监测蓄电池电压电路，确保发动机管理系统上的电压在规定范围内。系统电压过低会改变喷油器电压，进而影响到喷油器流量。此外，系统电压过低还会导致其他发动机管理系统部件失效。当 ECM 检测到蓄电池电压过低故障时，将切换到蓄电池电压校正模式。在蓄电池电压校正模式中，ECM 将执行如下功能，以补偿系统电压过低：增加喷油器开启持续时间，以保持正确的喷油量；提高怠速转速，以提高发电机输出。

7. 应急控制

ECM 软件的程序设计，使发动机可在控制模块未接收到关键传感器输入信号，或出现重大发动机管理系统故障时，以备供油方案或应急模式运行。ECM 将切换到应急模式，使车辆能继续行驶直到可进行维修工作。

8. 发动机保护控制

当 ECM 监测到发动机过热时，发动机保护模式启用，以防止发动机部件摩擦受损。当 ECM 处在发动机保护模式时，将有步骤地禁用和重新启动喷油器。喷油器停止工作后将使空气吸入发动机，以帮助发动机冷却。

（三）断油控制

断油控制是 ECM 在一些特殊工况下，暂时中断燃油喷射，以满足发动机运转中的特殊要求。它包括四种断油控制方式，分别是：超速断油控制、减速断油控制、溢油消除和减矩断油控制。

1. 超速断油控制

超速断油是在发动机转速超过允许的转速时，由 ECM 自动中断喷油，以防止发动机超速运转，造成机件损坏，有利于减小燃油消耗量，减少有害物排放。超速断油控制过程是由 ECM 将转速传感器测得的发动机实际转速与控制程序中设定的发动机极限转速相比较的过程。当实际转速超过此极限转速时，ECM 就切断送给喷油器的喷油脉冲,使喷油器停止喷油,从而限制发动机转速进一步升高;当断油后发动机转速下降至低于极限转速(约100r/min)时,断油控制结束,恢复喷油。

2. 减速断油控制

汽车在高速行驶中突然松开加速踏板减速时,发动机仍在汽车惯性的带动下高速旋转。由于节气门已关闭,进入汽缸的混合气数量很少,在高速运转下燃烧不完全,使废气中的有害排放物增多。减速断油控制就是当发动机在高转速运转中突然减速时,由ECM自动中断燃油喷射,直至发动机转速下降到设定的低转速时再恢复喷油。其目的是控制急减速时有害物的排放,减少燃油消耗量,促使发动机尽快降低转速,有利于汽车减速。

减速断油控制过程是由ECM根据节气门位置、发动机转速、冷却液温度等运转参数,作出综合判断,在满足一定条件时,执行减速断油控制。这些条件是:节气门位置传感器中的怠速开关接通、发动机冷却液温度已达正常温度、发动机转速高于某一数值。该转速称为减速断油转速,其数值由ECM根据发动机冷却液温度、负荷等参数确定。通常冷却液温度越低,发动机负荷越大,该转速越高。当上述三个条件都满足时,ECM就执行减速断油控制,切断喷油脉冲。上述条件只要有一个不满足,如发动机转速已下降至低于减速断油转速,ECM就立即停止执行减速断油,恢复喷油。

3. 溢油消除

起动时燃油喷射系统向发动机提供很浓的混合气。若多次转动起动机后发动机仍未起动,淤积在汽缸内的浓混合气可能会浸湿火花塞,使之不能跳火。这种情况称为溢油或淹缸。此时驾驶员可将加速踏板踩到底,并转动点火开关,起动发动机。ECM在这种情况下会自动中断燃油喷射,以排出汽缸中多余的燃油,使火花塞干燥。ECM只有在点火开关、发动机转速及节气门位置同时满足以下条件时,才能进入溢油消除状态:点火开关处于起动位置,发动机转速低于500r/min,节气门全开。因此,电子控制燃油喷射式发动机在起动时,不必踩下加速踏板,否则有可能因进入溢油消除状态而使发动机无法起动。

4. 减矩断油控制

装有电子控制自动变速器的车辆在行驶中自动升挡时,控制变速器的ECU会向燃油喷射系统的ECM发出减小转矩信号。燃油喷射系统的ECM在收到这一减小转矩信号时,会暂时中断个别汽缸的喷油,以降低发动机转速,从而减轻换挡冲击。

(四)反馈控制

燃油喷射系统进行反馈控制的传感器是氧传感器,使用氧传感器的发动机必须使用无铅汽油。反馈控制(闭环控制)是在排气管上加装氧传感器,根据排气中氧含量的变化,测定出进入发动机燃烧室混合气的空燃比值,把它输入 ECM 与设定的目标空燃比值进行比较,将误差信号经放大器控制电磁喷油器喷油量,使空燃比保持在设定目标值附近。因此,闭环控制可达到较高的空燃比控制精度,并可消除因产品差异和磨损等引起的性能变化,工作稳定性好,抗干扰能力强。但是,为了使三元催化转换装置对排气净化处理达到效果,闭环控制的燃油喷射系统只能运行在理论空燃比 14.7:1 附近很窄的范围内。因此,对特殊的运行工况,如起动、暖机、怠速、加速、满负荷等需加浓混合气的工况,仍需采用开环控制,使电磁喷油器按预先设定的加浓混合气配比工作,充分发挥发动机的动力性能,所以,应采用开环和闭环相结合的控制方式。

第二节 缸内燃油喷射系统的组成及维修

一、缸内燃油喷射系统的组成

缸内燃油喷射系统将存储在燃油箱内的汽油泵送至发动机,经加压后由喷油器直接将燃油喷射到汽缸内部。缸内喷射也简称"直喷",英文缩写为"SIDI"或"GDI"。由于燃油直接喷射到汽缸内,所以系统喷射压力必须足够高,需要二次加压。根据燃油压力的不同,整个系统可分为:低压侧和高压侧,如图 4-1 所示。

图 4-1　缸内燃油喷射系统示意图

第四章　燃料供给系统故障引起排放超标的维修

（一）SIDI 低压侧

低压侧用于存储燃油，并向发动机高压侧输送低压燃油，确保发动机有稳定的燃油供给。低压侧主要组成部件有：燃油箱、低压燃油泵总成、低压管路、滤清器和油管、低压压力传感器、燃油泵控制模块等。

1. 燃油箱

（1）燃油箱体。燃油箱体用于存储燃油，密封汽油蒸气，能够承受一定压力，具有防腐蚀性能。

（2）通风软管。通风软管用于加油时排除油箱内的气体，便于油箱加满油。早期通风软管直接连接大气，当前因排放要求，需要连接炭罐。

（3）加注导管。加注导管用于将加油枪注入的燃油引导至燃油箱。通常较为弯曲，如果变形会影响加油。当前加注导管更细，以减少汽油蒸发排放。

（4）加注口盖。加注口盖用于密封住燃油蒸气，并防止燃油箱内压力过大或形成真空。盖内有两个止回阀，在油箱压力过大或过小时均会与大气相通；部分车辆的油箱没有加注口盖，而是使用双层单向门式设计。

（5）阀件。通风阀为蒸气进入炭罐的通道，保证油箱内气压平衡。油量限位阀用于加油时控制液面高度，从而控制燃油箱加注量。部分阀件以组合的方式出现，如图 4-2 所示。

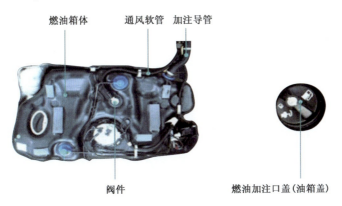

图 4-2　低压侧燃油箱部件位置

（6）燃油箱故障维修。
① 燃油加注不良。

在车辆加注燃油时,也可能会出现加油异常的现象,其中部分与油箱有关。表 4-1 列出了燃油加注时常见的故障及可能原因。

燃油加注时常见的故障及可能原因　　　　表 4-1

常见故障现象	可 能 原 因
加注困难	燃油油量限位阀、通风阀卡在关闭位置; 蒸发排放炭罐阻塞; 蒸发排放通风电磁阀卡在关闭位置; 炭罐和炭罐通风电磁阀之间的软管扭曲或扭结; 燃油温度过高; 燃油加注管扭结等
加注过量	燃油油量限位阀、通风阀卡在打开位置或泄漏; 进口止回阀门卡在打开位置
未加满油时立即跳枪	蒸气管路或燃油加注导管堵塞; 燃油温度过高; 进油口止回阀门卡在关闭位置,加注管充满燃油; 燃油箱加满,燃油表不正确等
未加满油时跳枪,且大量燃油喷出	燃油箱通风系统中的管路扭结、挤压或堵塞; 蒸发排放通风电磁阀卡在关闭位置或堵塞; 蒸发排放炭罐堵塞; 燃油油量限位阀、通风阀门卡在关闭位置或燃油箱顶部堵塞

②维修注意事项。

应检查燃油箱的外观,如有必要应对燃油箱进行维修,维修燃油箱时应注意以下事项:

　　a. 拆卸前必须排空燃油箱;

　　b. 周围必须放置防火防爆设备;

　　c. 金属或塑料燃油箱都不可以用焊接方法来对其维修;

　　d. 如果燃油箱被污染,应使用热水进行专业的冲洗;

　　e. 可使用燃油蒸发排放控制系统(EVAP)泄漏检测仪来检测燃油箱是否有轻微泄漏或破损。

2. 低压燃油泵总成

低压燃油泵向发动机输送燃油,让系统油压维持在正常范围,并能够在熄火后保持一定的油压便于下次起动,如图4-3所示。

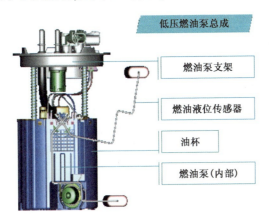

图4-3　低压燃油泵总成

低压燃油泵总成故障检测维修如下。

(1)燃油泵故障。

低压燃油泵如果发生故障,可能会出现如下现象:发动机熄火、不能或难以起动、动力不足、燃油箱内异响等。

低压燃油泵故障的常见原因有:汽油胶质沉积形成绝缘、电动机"卡死"损坏、油泵机械磨损、止回阀密封不严导致快速泄压、有刷单相电机的电刷磨损等。

(2)燃油表指示不准故障。

燃油表指示不准可能的故障原因有:浮子卡在某个位置不动、燃油液位传感器的摇臂在维修时弯折、滑动变阻器滑片接触不良、油箱变形、传感器线路电阻或ECM软件异常、仪表内部电气或软件故障。燃油泵总成是一个整体部件,燃油液位传感器或其他附件如果损坏,则需要更换燃油泵总成。

(3)使用万用表检测维修燃油泵。

使用万用表的电阻挡,可以直接测量无刷三相电机线圈的电阻值,三相电机线圈两两端子之间的电阻一般为1~2Ω,如果两端子之间电阻过大或断路,说明三相电机内部故障。

使用万用表的电阻挡,同样可以直接测量有刷单相电机线圈的电阻值。由于它只有一个线圈,所以只能在两根端子之间测量到1~2Ω的线圈电阻。如果电阻过大或断路,说明电机内部有故障。

3. 低压燃油管路

低压燃油管路系统如图4-4所示。

图4-4　低压燃油管路系统

（1）滤清器。

滤清器用于过滤汽油中的杂质和污染物,以防止堵塞管路、损坏部件。有两种类型滤清器,一种安装在油箱内部,另一种安装在油箱外部的油管中。

（2）脉动阻尼器。

脉动阻尼器用于减少油路中燃油压力的波动和噪声,常制成扁状圆形的空腔结构,以衰减燃油压力变化。

（3）油管。

油管用于输送燃油,引导到发动机舱,常由钢或尼龙等材料制成,有一定防护作用,以避免磨损、高温或振动。尼龙管上会设计有各种特殊的快速接头,某些油管中设计有止回阀,以保持燃油压力。

（4）低压燃油管路维修。

在燃油管路上由于有很多接头,接头内有密封圈,在拆装过程中容易造成泄漏。尼龙油管维修时,还需要注意如下情况：

①应提前确认快速接头的拆装方法,避免野蛮操作（图4-5）。

②应更换有划伤、划痕或损坏的尼龙油管,安装时切勿用锤子直接敲击管束卡夹。

③在尼龙油管附近使用焊枪时,务必用湿毛巾覆盖尼龙管。

④在连接管接头前,务必在管接头上涂抹数滴清洁的机油以防止泄漏。

⑤在更换外置式滤清器时注意防火防爆、进出管接头安装方向。

⑥有些外置式滤清器壳体上还配有搭铁线,这个搭铁线可用于防止静电火花意外引爆汽油,安装后必须紧固复原。

⑦没有装配外置式滤清器的车辆,其滤网在燃油泵总成有故障时常随之更换。

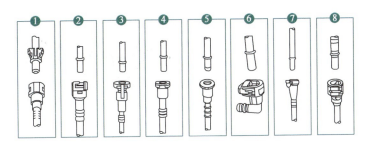

图4-5 低压燃油管路快速接头

4. 低压压力传感器

低压压力传感器向燃油泵控制模块或ECM发送低压侧燃油压力信息,以便系统实现低压燃油供给的闭合控制。低压压力传感器是三线压力型传感器,输出模拟电压信号;位于底盘的低压油管上,常与油管集成为一体;可随这段低压油管一起更换。低压压力传感器如图4-6所示。

图4-6 低压压力传感器

5. 燃油泵控制模块

燃油泵控制模块直接控制燃油泵的转速以达到期望的低压燃油压力,有些可以接收燃油液位传感器等信号再输入ECM。燃油泵控制模块连接于高速网络上,可从ECM接收期望的燃油指令,有些车辆上称为底盘控制模块,集成有更多控制功能,常安装在底盘后部或行李舱内。

（二）SIDI 高压侧

高压侧将低压侧输送来的汽油再次加压提供给喷油器，由喷油器定时定量直接喷射到汽缸内部。高压侧部件材质和承压能力都有较高的要求，主要部件有：高压燃油泵、高压油管、高压油轨、油轨传感器、高压喷油器等，如图 4-7 所示。

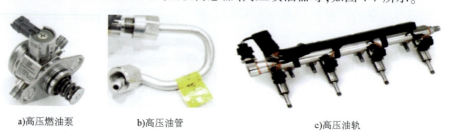

a）高压燃油泵　　　　b）高压油管　　　　　　　c）高压油轨

图 4-7　高压侧部件

1. 高压燃油泵

高压燃油泵将低压侧的燃油加压成高压燃油，通过压力调节电磁阀调节高压侧燃油压力。高压油泵内部是一个机械柱塞泵，由凸轮轴驱动，集成有一个燃油压力调节电磁阀，电磁阀由 ECM 通过占空比信号控制。

（1）结构原理。

高压燃油泵内集成有柱塞泵、电磁阀及泄压阀。柱塞泵往复运动从低压侧吸油，再将燃油泵压到高压侧；电磁阀根据 ECM 的脉宽调制信号调节柱塞泵供油通道的流量，从而调节高压侧燃油压力；压力过大时，可以通过泄压阀泄压，以防止高压侧压力过高。高压燃油泵内部结构如图 4-8 所示。

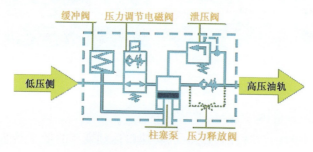

图 4-8　高压油泵内部示意图

（2）高压燃油泵的故障维修。

高压燃油泵的机械故障常表现为异常的声响，通过听异响、看磨损能进行基本

第四章 燃料供给系统故障引起排放超标的维修

部件的检测。ECM 可以监测到高压燃油泵的工作性能,出现故障时可能会设置诊断故障代码(Diagnostic Trouble Code,DTC)。若电磁阀发生电气故障时,高压侧燃油压力不可调节,处于默认状态(最高或最低,具体与内部结构有关)。

可以使用万用表电阻挡检测电磁阀的电阻值(通常在 $0.3 \sim 0.7\Omega$)来检测电磁阀的状态。

高压燃油泵下部有强力弹簧并且需要与凸轮轴匹配。在拆装时应该注意,交替松开燃油泵螺栓,每次转动一圈;如果两侧松开时不均匀,可能会损坏泵柱塞;密封件只要拆卸就必须更换。安装时,必须先使用 EN-52443(蓝色)或同等定位的专用工具,确定凸轮轴在基圆位置;使用清洁的发动机机油随动件润滑挺柱;每次用手交替紧固螺栓一圈,最后使用扭力扳手紧固到标准拧紧力矩。高压油泵拆卸安装工具如图 4-9 所示。

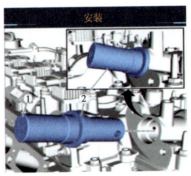

图 4-9 高压油泵拆卸安装工具
1-高压油泵;2-高压油泵安装工具;3-高压油泵密封圈;4-高压油泵安装螺栓

2. 高压油管

高压油管连接高压燃油泵和高压油轨,用于输送高压燃油,使用不锈钢材料制成,能承受非常高的燃油压力。维修时请注意,为确保高压油管安全密封,维修时只要拆卸就要更换高压油管。拆装时需要使用高压燃油管扳手。安装时先手动拧上,最后拧紧到标准力矩。高压油管位置如图 4-10 所示。

3. 高压油轨

高压油轨与喷油器常一起被安装在汽缸盖侧面,从发动机上拆卸时,必须使用专用工具一起拆下。拆卸时要将拆卸专用工具或同等工具勾住油轨,并安装在油轨螺栓孔中。同时转动拆卸专用工具两个手柄,缓慢拉出高压油轨及喷油器。拆卸高压喷油器专用工具如图 4-11 所示。

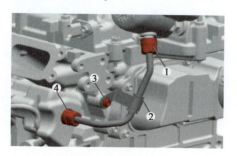

图 4-10　高压油管位置图

图 4-11　拆卸高压喷油器专用工具
1、3- 螺母；2-固定螺栓；4-钩子

4. 油轨传感器

油轨传感器用于监测油轨内燃油的压力及温度，信号输入 ECM 用来监测高压燃油状态以修正喷油。油轨传感器有两种类型：模拟传感器和数字传感器，均为三线传感器。早期使用模拟传感器，仅监测燃油压力信号；当前多使用数字传感器，可监测压力和温度信号。数字传感器所有信号经一根串行数据线输入 ECM。油轨传感器电路图如图 4-12 所示。

油轨传感器检测维修，可使用万用表直接对三线数字式高压油轨传感器执行部件测试，以检测其好坏。主要测试步骤如下：

（1）使用专用的端子连接器连接传感器的三个针脚；

（2）在 5V 电压端子与 5V 电源之间连接一根带 3A 熔断丝的跨接线；

（3）在搭铁参考端子与搭铁之间连接一根跨接线；

（4）使用万用表测试信号端子与搭铁参考端子之间的电压是否在 2.5～4.0V，如果不在 2.5～4.0V 之间，则更换传感器。

第四章 燃料供给系统故障引起排放超标的维修

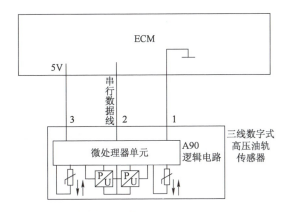

图 4-12 油轨传感器电路图

5. 高压喷油器

高压喷油器将高压燃油通过喷孔直接喷入燃烧室。每缸配备一个喷油器。高压喷油器安装在高压油轨下方,插入汽缸盖至燃烧室上方,上部安装在油轨上,下部安装在汽缸盖内;头部较为细长,改善了自身的散热效果;内部由电磁线圈、衔铁、针阀及滤网等组成。高压燃油从顶部进入,当电磁线圈通电时,衔铁驱动针阀开启,燃油从底部的喷孔喷射而出,形成较好的雾化效果。高压喷油器如图 4-13 所示。

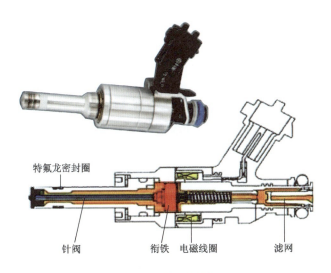

图 4-13 高压喷油器

99

(1) 高压喷油器控制。

ECM 内部有喷油器驱动器,ECM 在驱动器的作用下,可将 12V 电压转换成 65V,以快速驱动喷油器开启。喷油器开启之后,ECM 输出 12V 的脉冲电压来维持喷油器开启状态继续喷油。在燃油压力稳定不变时,喷油量与喷油脉冲宽度成正比关系。高压喷油器波形如图 4-14 所示。

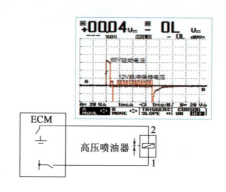

图 4-14　高压喷油器波形图

(2) 高压喷油器的检测与维修。

①常见故障现象。

喷油器如果发生故障,发动机可能会出现以下现象:发动机熄火、难以起动或不能起动、排气冒黑烟、混合气过浓/过稀、发动机抖动、油耗增加、燃烧室积炭等。

②可能故障原因。

喷油器常见故障的原因可能有:内部滤网堵塞、喷孔积炭过多或堵塞、针阀与座密封失效、针阀内部卡滞、喷油器线圈故障等。汽油中的胶质易聚积在喷孔周围和阀座表面形成堵塞或影响喷油的雾化效果,所以要定期添加燃油添加剂。注意,若发现喷油器泄漏燃油,发动机机油可能受到燃油的污染和稀释。

③使用万用表检测高压喷油器。

可以使用万用表检测喷油器的电气故障,例如,使用万用表电阻挡在一定的温度下,测量喷油器的线圈电阻。在室温环境下,缸内喷射高压喷油器的电阻值一般在 1~2Ω。

④维修注意事项。

应使用 EN-50791 专用或同等工具组件将喷油器安装到油轨上,其卡夹只要拆卸就必须更换。高压喷油器拆卸工具如图 4-15 所示。

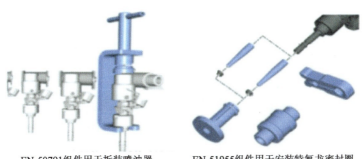

EN-50791组件用于拆装喷油器　　EN-51955组件用于安装特氟龙密封圈

图 4-15　高压喷油器拆卸工具

喷油器与油轨间的 O 形圈、密封环只要拆卸就必须更换；喷油器与缸盖间的特氟龙密封圈，只要拆卸就必须更换，更换时必须使用 EN–51955 专用或同等工具组件。

二、缸内燃油喷射系统的控制

（一）喷油量控制

发动机燃油供给系统的控制核心是空燃比。对于缸内燃油喷射系统，根据进气量和工况需要直接喷射定量的汽油进入汽缸，形成一定空燃比的混合气进行燃烧。与喷油器喷射油量相关的因素有低压燃油压力、高压燃油压力、喷油脉宽。其中喷油量主要取决于高压燃油压力和喷油脉宽两大要素，如图 4-16 所示。

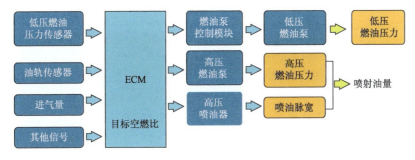

图 4-16　喷油量控制原理图

1. 低压燃油压力

控制低压燃油压力的目的是向高压侧提供稳定的燃油供给（低压压力约

400kPa)，正常供给时，低压燃油压力不影响喷油器的喷油量。燃油泵控制模块经高速网络从 ECM 获取需求指令，直接控制燃油泵运转泵送燃油。同时通过压力传感器向 ECM 实时反馈低压燃油压力，以进行闭环控制，从而满足不同工况下对燃油的需求，如图 4-17 所示。

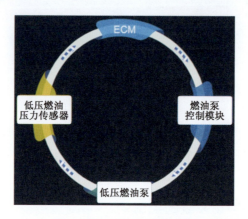

图 4-17　低压燃油系统控制框图

2. 高压燃油压力

控制高压燃油压力的目的是向喷油器提供一定的燃油压力，高压燃油压力直接影响喷油器的喷油量，因此，需要实时反馈油轨传感器信号。有的 ECM 通过 PWM 占空比信号控制压力调节电磁阀内部供油通道的开度，供油通道的开度越大供油压力就越高。根据发动机的转速和负载，ECM 可将高压燃油压力控制在 2~35MPa 之间。同时 ECM 接收油轨传感器的反馈信号进行修正，以实时精确地调节高压侧的燃油压力。高压燃油泵内部结构如图 4-18 所示。

3. 喷油脉宽

喷油脉宽是指 ECM 直接控制喷油器线圈的通电时间，以控制喷油器开启喷油。ECM 通过喷油脉宽的控制最终控制空燃比。除燃油压力外，ECM 需要进气量和各种工况信号来综合计算期望的喷油量，主要包括：空气流量传感器信号、冷却液温度传感器信号、节气门位置传感器信号、进气歧管绝对压力传感器信号、加速踏板位置传感器信号、大气压力传感器信号、凸轮轴位置传感器信号、氧传感器信号、蓄电池电压信号、车速信号、挡位信号等。喷油脉宽控制如图 4-19 所示。

在喷油脉宽相同的情况下，高压燃油压力越高喷油量越多。为了让喷油器喷出期望的喷油量，在根据进气量和工况信号计算的喷油量之后，还需要通过来自油轨传感器的重要信号压力和温度做最终修正,以确定喷油脉宽。因为缸内喷射的燃油压力高,所以喷油脉宽相对较短。但在精确的 ECM 软件和精密的喷油器共同配合下,可以实现对喷油量的精确控制。喷油脉宽波形如图 4-20 所示。

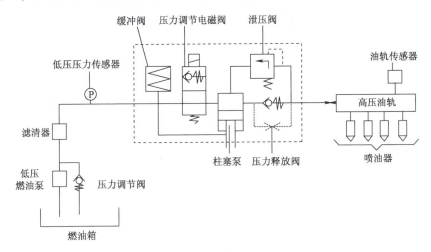

图 4-18　高压燃油泵内部结构图

图 4-19　喷油脉宽控制示意图

(二) 喷射正时控制

发动机有四个工作行程:进气、压缩、做功、排气,燃油喷射必须与四行程协调同步,每缸喷油器在四行程中的喷射时刻,即为喷射正时。缸内喷射发动机采用多点、顺序方式向缸内喷射汽油。正常工况下,除减速断油、断缸控制等外,曲轴每转两圈,喷油器只在进气行程执行一次喷油。部分发动机冷起动时曲轴每转两圈,喷油器执行两次喷油；在进气行程执行第一次喷油，在气流的扰动下，较稀的混合气均匀地分布于燃烧室中；在压缩行程执行第二次喷油，此时改善了发动机的冷起动性能。高压喷油器喷油如图 4-21 所示。

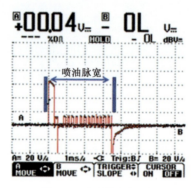

图 4-20　喷油脉宽波形图

图 4-21　高压喷油器喷油示意图

三、缸内燃油喷射系统的检测与维修

发动机燃料供给系统发生故障将会导致无法起动、起动困难、动力不足、油耗过大或排放超标等故障现象。虽然缸内燃油喷射系统是一个整体，但是出现系统故障时，除了执行低压侧和高压侧的常规维护和初步检查外，通常情况下，应先检测低压侧再检测高压侧，主要基于以下原因：

（1）燃油供给是从低压侧开始，低压侧是源头；

（2）低压侧压力低，相对更加安全可控；

（3）低压侧燃油压力可使用燃油压力表和适配器直接测量。

第四章　燃料供给系统故障引起排放超标的维修

1. 卸去燃油压力

缸内喷射发动机的高压侧压力非常高,为防止人和车辆损坏,无论是拆卸高压侧部件还是低压侧部件前,都必须执行卸去燃油压力操作。主要操作步骤如下:

(1) 安装诊断仪并将点火开关置于"ON"位置。

(2) 使用诊断仪指令燃油泵关闭,从而切断低压燃油泵。

(3) 起动车辆并使发动机运转直至停止,发动机将在 5~20s 内停止。

(4) 重复步骤(3),使用诊断仪确认压力已降至最低水平。

如果没有诊断仪,可以拆下燃油泵控制模块熔断丝来执行手动泄压,具体请参照维修手册。

2. 缸内燃油喷射系统低压侧检测维修

低压侧常见故障的可能原因有滤清器堵塞、燃油泵磨损、燃油泵控制电路故障、传感器损坏、油管止回阀堵塞或控制模块没有配置等。在执行低压侧系统检测时,根据故障检测的需要,可执行的检测或配置有:使用诊断仪检测低压侧、使用专用工具检测燃油压力、油品检测、配置或重置。

(1) 使用诊断仪检测低压侧。

在确认管路没有泄漏、扭结等外部可见异常后,可以通过诊断仪查看缸内喷射相关故障码(DTC)、数据流或驱动低压燃油泵工作来检测低压侧运行性能和工作状态。其中重要的数据流或驱动项目见表 4-2。

诊断仪上的数据流显示　　　　　　　　表 4-2

参　数　名　称	数　　　值	单　　位
燃油泵启用电路开路测试状态	确定	
燃油压力传感器	3.2	V
燃油泵三相(U-V-W)电路低压测试状态	未运行	
燃油泵电流	0.00	A
燃油油位传感器	1.00	V
所需的燃油压力	525	kPa
燃油压力传感器	477	kPa
燃油箱内的剩余燃油	77.7	%
燃油泵启用指令	关闭	
当前燃油类型	汽油	

根据检测的需要,可以在不同温度、不同车速、不同路况下观察数据流的变化,并与标准值、正常车辆、经验值等对比,以锁定不合理的数据,展开更深入的检测,如图4-22所示。

- 汽缸动力平衡
- 燃料供给系统减压
- 燃油喷射器平衡
- 燃油导轨压力
- 燃油压力
- 燃油压力调节器
- 燃油修正启用
- 燃油泵启用
- 燃油泵转速

图4-22 诊断仪上的测试项目

例如,使用诊断仪可在低压侧执行系统压力检测(表4-3),并根据检测结果确定新的检测方向,更多信息和具体车型请参照相应的维修手册。

使用诊断仪检测低压侧　　　　　　　表4-3

检测步骤	检测方法	检测结果	检测方向及处理
1	将点火开关置于"ON"位置,关闭发动机,使用故障诊断仪指令"燃油泵启用"开启数次。确认故障诊断仪"燃油压力传感器"参数	如果低于345kPa	参见维修手册
		如果低于650kPa	更换G12燃油泵
		如果在345～650kPa之间	执行下一项检测
2	关闭燃油泵后,确认故障诊断仪"燃油压力传感器"参数降低至600kPa	如果高于600kPa	更换G12燃油泵
		如果低于600kPa	执行下一项检测
3	确认故障诊断仪"燃油压力传感器"参数在1min内下降不超过34kPa	如果高于34kPa	参见维修手册
		如果低于34kPa	执行下一项检测
4	发动机怠速运转,确认故障诊断仪"燃油压力传感器"参数在300～400kPa之间	如果低于300kPa	参见维修手册
		如果高于400kPa	更换G12燃油泵
		如果在300～400kPa之间	参见维修手册
5	当车辆在不同负载下运转时,确认故障诊断仪"燃油压力传感器"和"期望的燃油压力"之间的差值,在300kPa请求时是否在45kPa以内,或400kPa请求时是否在60kPa以内	如果高于45/60kPa	参见维修手册
		如果低于45/60kPa	参见维修手册

(2) 使用专用工具检测燃油压力。

可以使用专用工具检测低压侧燃油压力,以检测相应部件的状态。如果想要直接获取燃油压力,而非传感器数据,可在低压管路中安装适配器和燃油压力表或同等工具,以测量真实的燃油压力,进而分析部件的性能状态。如果燃油压力因泄漏下降,可在低压管路中安装切断适配器,以对管路进行分区隔离,进而锁定泄漏部件。低压侧测试工具如图 4-23 所示。

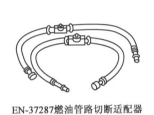
EN-37287燃油管路切断适配器

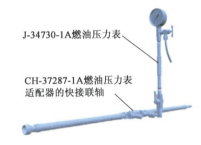
J-34730-1A燃油压力表
CH-37287-1A燃油压力表适配器的快接联轴

图 4-23 低压侧测试工具

(3) 油品检测。

标准汽油中混入乙醇,或乙醇汽油中乙醇过量,以及系统被水、杂质污染可能会导致加速迟缓、失速、不能起动或缺火等故障。以下是三种油品检测方法:

① 从燃油箱底部提取汽油样本,并置于清洁透明的容器内,水平静置 2min,观察底部是否出现水层,水比汽油密度大,会沉在汽油下面。燃油成分分析仪如图 4-24 所示。

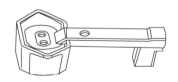
J-44175-A燃油成分分析仪

图 4-24 燃油成分分析仪

② 使用燃油成分分析仪或刻度为 1mL 的专用量筒可以检测汽油中乙醇的含量,具体车型和方法参见相应的维修手册。

③ 从燃油箱底部抽取约 0.5L 的汽油,水平静置 5min,让颗粒污染物沉淀。颗粒污染物会呈现不同的形状和颜色:沙子通常呈白色或浅棕色的晶体状,橡胶呈黑

色的不规则颗粒状,如图 4-25 所示。

图 4-25　汽油的外观检查

(4) 配置或重置。

由于低压侧采用燃油泵控制模块控制燃油供给,且对控制精度和对油品的自我监测也非常严格。因此在相关维修后,需要执行配置学习或重置复位等操作。常见操作见表 4-4。

配置或重置项目　　　　　　　　　　　　　　　　　表 4-4

配置或重置	何时执行	如何执行
燃油成分重置	更换 ECM 或诊断仪数据流中"燃油乙醇容量"与专用工具测得的乙醇比例之差大于 17%	使用诊断仪,在 ECM—复位功能内完成
燃油泵控制模块配置	更换燃油泵控制模块	使用诊断仪,在 ECM—复位功能内完成
燃油泵修正重置	更换低压燃油压力传感器或更换低压燃油泵,更换燃油泵控制模块	使用诊断仪,在 ECM—控制功能内完成

3. 缸内燃油喷射系统高压侧检测维修

在确定低压侧燃油供给稳定可靠后,根据需要展开高压侧检测。常见的故障有高压侧燃油压力异常、喷油器喷油不平衡等。与高压侧故障检测相关的信息或检测有:高压侧压力异常的可能原因、使用诊断仪检测高压侧、使用测试灯检测高压侧燃油泵控制、高压喷油器平衡测试。

(1) 高压侧压力异常的可能原因。

发动机不同工况时,会有期望的高压燃油压力,如果油轨传感器实际监测到的压力值与期望值相差较大,系统会设置相应的故障码。高压燃油压力值异常的可能原因有:凸轮轴故障,高压燃油管、油轨堵塞,喷油器泄漏或堵塞,高压燃油泵中的阀、柱塞或电磁阀故障,高压燃油泵电磁阀控制线路故障。高压燃油泵及喷嘴如图 4-26 所示。

图 4-26　高压燃油泵及喷嘴

(2)使用诊断仪检测高压侧。

可以使用诊断仪查看数据流,或启动高压燃油泵上压力调节电磁阀来检测高压侧的燃油调节状态;还可以使用诊断仪查看喷油数据,或驱动高压喷油器来检测喷油器响应情况;甚至可以使用诊断仪查看各缸缺火数据,以分析哪缸喷油器最有可能存在故障。其中重要的数据项目见表 4-5。

诊断仪显示的数据流　　　　　　　　　　表 4-5

参 数 名 称	数　　值	单　　位
燃油压力调节器控制电路指令	关闭	—
燃油导轨压力调节器指令	0	—
燃油导轨压力传感器	19.5	MPa
所需的燃油导轨压力	0.0	MPa
燃油压力调节器高电平控制电路指令	0	%
燃油导轨温度传感器	42	℃
启动时燃油导轨温度	42	℃
减速燃油切断	不活动	—
喷油器占空比	0.00	ms

(3)使用测试灯检测高压侧燃油泵控制。

高压燃油泵电磁阀控制线路可能会导致高压侧压力异常,可通过测试灯快速确认线路控制是否基本正常。主要方法如下:关闭点火开关,将发动机熄火;断开高压燃油泵电气连接器;在电气连接器的端子 1 和端子 2 之间连接一个测试灯;让发动机怠速运转至正常工作温度;缓慢地将发动机转速提高到 3500r/min,然后回到怠速;确认测试灯点亮且亮度变化,说明正常。如果测试灯不亮,则进行深入的线路检测和部件测试。高压燃油泵电路图如图4-27所示。

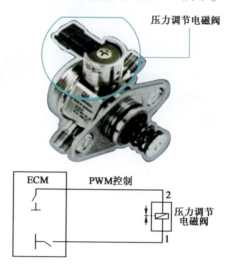

图4-27　高压燃油泵电路图

（4）高压喷油器平衡测试。

从理论上说，在相同喷油脉宽和相同燃油压力下，发动机上各缸喷油器会喷射均衡的燃油量。但如果某缸喷油器发生故障或性能差异，也会导致工作时喷油量偏差过大，最终造成发动机发生故障。通过喷油器平衡测试可以检测所有喷油器喷油的均衡性。喷油器平衡测试有如下两种方法：

①使用诊断仪进行"燃油喷射平衡测试"，记录各喷油器工作时燃油压力下降值，以分析堵塞或泄漏状态，如图4-28所示。

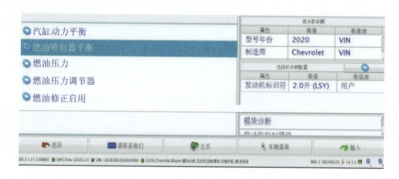

图4-28　诊断仪进行"燃油喷射器平衡测试"

第四章 燃料供给系统故障引起排放超标的维修

②使用主动喷油器测试仪组件来执行"喷油器平衡测试",以分析堵塞或泄漏状态,如图 4-29 所示。

图 4-29 喷油器测试仪

第三节 缸外燃油喷射系统的组成及维修

一、缸外燃油喷射系统的组成

缸外燃油喷射系统用于存储、泵送、喷射汽油,喷射的地点位于进气歧管或节气门的后方,所以系统采用较低的燃油压力,而且整个系统的燃油压力相同。系统主要组成部件有燃油箱、燃油泵总成、燃油管、滤清器、油管、燃油压力传感器(若配备)、燃油泵控制模块(若配备)、油轨、燃油压力调节器、喷油器等,如图 4-30 所示。

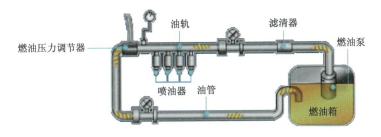

图 4-30 缸外燃油喷射系统结构图

1. 燃油泵继电器控制

缸外燃油喷射系统的燃油泵仅装配有刷单相电机,常由 ECM 通过继电器控制燃油泵起动运转:在打开点火开关时,ECM 控制继电器吸合,燃油泵会工作几秒以建立起压力为起动做准备;在起动后会连续运转,且工作时燃油泵的流量固定不变;发动机意外停机后,ECM 会断开燃油泵继电器停止供油。部分缸外燃油喷射系统的有

111

刷单相燃油泵由燃油泵控制模块实现按需的流量闭环控制,如图4-31所示。

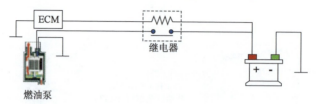

图 4-31 继电器控制的油路

2. 管路布置类型

燃油喷射系统将燃油送给发动机,根据燃油是否再从发动机流回燃油箱的管路布置特点,可分为有回油管式和无回油管式两种类型。

(一)油轨

油轨将汽油均匀地、等压地输送给各缸喷油器。油轨承受压力较小,管壁较薄;油轨上常设计有测试口,利于维修时测试;集成有脉动阻尼器以衰减燃油压力的波动。油轨总成如图4-32所示。

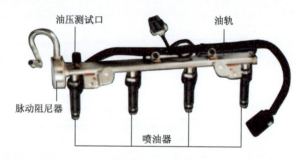

图 4-32 油轨总成

(二)燃油压力调节器

燃油压力调节器根据进气歧管的压力,调节部分供给到发动机的燃油回流燃油箱,以保持喷油器的燃油压力与进气歧管内的压力差相对稳定不变。燃油压力调节器仅在有回油管的发动机使用,常安装在油轨处,上部连接有真空管,还连接有进油管和回油管。燃油压力调节器的工作原理:系统燃油压力F_3、进气歧管绝对压力F_2和内部弹簧力F_1均施加到膜片阀上,膜片阀在三个力的共同作用下开启或关闭,直接控制回油通道调节燃油压力,如图4-33所示。

第四章 燃料供给系统故障引起排放超标的维修

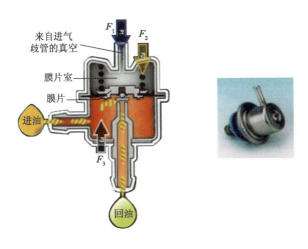

图 4-33　燃油压力调节器工作原理

（三）缸外喷射喷油器

喷油器将一定压力的燃油喷到进气歧管内或进气门后方,并形成良好的雾化效果。喷油器安装在油轨上,头部连接油轨,底部插入进气歧管。大部分发动机每个汽缸只有一个喷油器,但也有发动机每个汽缸安装有两个喷油器。喷油器内部主要有滤网、电气连接器、电磁线圈、针阀等。针阀前部的喷孔可以进一步雾化汽油,改善发动机的燃烧效果。为提高雾化效果,喷孔设计成多个细孔,如图 4-34 所示。

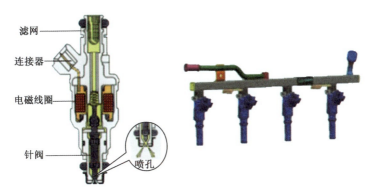

图 4-34　喷油器内部结构示意图

113

对于喷油器的诊断维修,缸外喷射喷油器的故障现象和可能原因可参考缸内喷射喷油器的内容。针对缸外喷射喷油器的一般检测方法有:用手触摸喷油器,以感觉是否有轻微的脉动来初步判断喷油器工作状态;使用喷油器测试灯,或在电路中并入发光二极管,观察二极管点亮的规律来分析喷油器的工作状态;使用万用表电阻挡在一定的温度下测量喷油器的线圈电阻,来检测电气故障,在室温环境下缸外喷射喷油器电阻一般在 11~15Ω。

缸外喷射喷油器上部的 O 形密封圈是为了防止压力燃油泄漏,下部的 O 形密封圈是为了防止空气被吸入进气歧管。为保证密封,上、下两个密封圈每次拆装都需要更换,安装时要用干净的机油润滑新的 O 形密封圈。喷油器采用卡夹进行定位,正确的定位能保证喷油器定向喷射、雾化良好,在维修拆装时固定喷油器的卡夹每次都要更换。

二、缸外燃油喷射系统的控制

缸外燃油喷射系统同样根据发动机工况需要喷射定量的汽油,形成一定空燃比的混合气进入汽缸。而喷油器喷油量也取决于燃油压力和喷油脉宽两大要素,如图 4-35 所示。

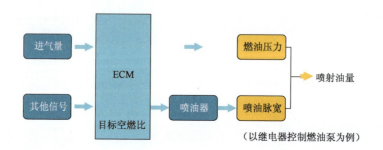

图 4-35　喷油器控制框图

(一)喷油量控制

1. 燃油压力

目前大部分车辆采用无回油管式燃油喷射系统,而且部分装配燃油泵控制模块的车辆上,通过占空比控制燃油泵转速,同时,由压力传感器进行反馈,实现电子燃油压力的闭环控制。

2. 喷油脉宽

同缸内喷射类似，ECM 需要进气量和各种工况信号来综合计算期望的喷油量。再根据期望的喷油量得出最终喷油脉宽，即喷油器开启时间。对于有回油管的系统，由于喷油压差相对稳定，可以直接对应得出喷油脉宽；对于无回油管的系统，ECM 根据 MAP 监测到的进气歧管绝对压力，进一步修正获得喷油脉宽。

（二）喷油正时控制

当前缸外喷射发动机均采用多点、顺序方式喷射汽油，曲轴每转两圈每缸按顺序直喷一次油。有些发动机每缸装配的两个喷油器同时喷油，各喷射一半的燃油。喷油正时由 ECM 通过控制喷油器电磁线圈搭铁的时间点来实现。

一般在排气行程快结束时进行喷油，此时进气门还处于关闭状态，汽油可进一步受热雾化，同时也冷却了节气门。为判定"1"缸进气行程、确定喷油顺序，系统除了使用曲轴位置传感器外，还需要使用凸轮轴位置传感器。

有些发动机在冷起动时，所有缸喷油器会同时喷油一次，加浓混合气利于起动；急抬加速踏板减速时，喷油器可能会停止喷油一段时间，以达到节能减排的目的。有些断缸控制的发动机也会暂时停止某些缸的喷油器工作，以达到节能减排的目的。行程、喷射及点火的对应关系如图 4-36 所示。

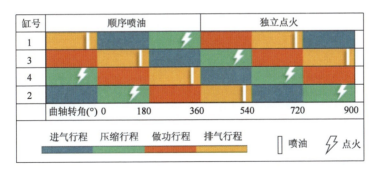

图 4-36 喷油器正时控制示意图

三、缸外燃油喷射系统的检测与维修

缸外燃油喷射系统发生故障同样会导致无法起动、起动困难、动力不足、油耗过大或排放超标等现象，在进行系统维修前先执行系统维护和初步检查。在完成

相应的初步检查后,根据需要展开系统检测。常见的系统检测有使用诊断仪分析数据流、使用诊断仪驱动检测、系统压力测试、使用万用表检测燃油泵及线路、使用专用工具检测喷油器、油品检测,如图 4-37 所示。

图 4-37　检测燃油喷射系统的专用工具

(一) 使用诊断仪分析数据流

使用诊断仪读取 ECM 内燃油喷射系统相关数据流,并与标准值、正常车辆值或经验值进行对比分析,可以判断燃油喷射系统的数据流是否正常。其中重要的数据流项目如图 4-38 所示。

图 4-38　诊断仪显示的数据流

(二) 使用诊断仪驱动测试

使用诊断仪还可以直接驱动执行器执行相关性能测试,其中重要的驱动测试有:燃油泵继电器和喷油器平衡。

(1) 燃油泵继电器。驱动燃油泵工作,以检测继电器、线路和燃油泵等是否正常,也可以建立燃油压力,用于配合压力表检测等。

(2)喷油器平衡。安装适配器及燃油压力表,用诊断仪驱动喷油器接通,以检测各缸喷油器开启后的燃油压力降低差异情况,进而分析喷油器是否泄漏或堵塞等。

(三)使用压力表检测压力

缸外燃油喷射系统燃油压力低且设有油压测试口,便于进行压力测试。在进行压力测试前,应完成系统部件的目视检查,以确认无明显损坏和泄漏,再安装燃油压力表及适配器执行以下压力检测:

(1)静态油压测试。发动机熄火,打开点火开关,在燃油泵工作时通过燃油压力表观察燃油压力表值,以检测系统压力是否过低。

(2)残压检测。在发动机怠速运转中,读取燃油喷射系统油压,然后将发动机熄火,并等待20min后,燃油喷射系统油压应保持在140kPa以上(单点喷射系统没有残压)。如果无法保持残压,再将发动机起动并建立油压后熄火,然后将回油管夹住,此时能保持正常残压,表示油压调节器泄漏;如果夹住进油管时,才能保持正常残压,则表示汽油泵内泄漏;如果同时夹住进油管及回油管仍无法保持残压,则表示喷油器漏油。

判断哪一缸喷油器泄漏的方法:将发动机加速,并保持在1500r/min以上2~3min,然后熄火,并拆下火花塞观察,如果在陶瓷体表面呈现一边黑色、一边白褐色,则表示该缸喷油器漏油。

(3)动态油压检测。在车辆行驶中加速、巡航或转向时,观察燃油压力表值,以检测系统是否在此工况出现意外,导致燃油压力下降,如图4-39所示。

图4-39　燃油压力动态检测

(4)油密测试。油密测试用于判断喷油器是否滴油,拆下分油管,喷油器保持在上面,建立燃油喷射系统油压并保持在供油压力以上(不发动),查看喷油器,在1min内不得有滴油现象。

(5)最大油压。在发动机怠速运转中,将回油管夹住时燃油喷射系统的油压应为供油压力2~3倍。通过以上压力检测发现异常后,需要进一步检查具体管路或部件原因。例如,当系统因泄漏燃油压力下降时,可使用EN37287切断适配器对管路进行分区检测,以确定具体泄漏部件。

(四)使用万用表检测燃油泵及线路

可以使用万用表的电阻挡直接测量有刷单相电机的电阻值(电阻值一般为1~2Ω),以判断燃油泵内部是否存在短路或断路(如电刷磨损)的故障。可以使用万用表的电流挡测量继电器控制的有刷单相电机运转时的工作电流(工作电流一般为3.5~5.5A),以确定燃油泵工作情况,电流的大小也能反映管路是否堵塞或泄漏。

1.燃油泵继电器电路故障分析

燃油泵不动作,除了燃油泵电动机搭铁不良,或是电动机断路器内部不良外,因其电源供应电路是由燃油泵继电器执行,因此,应检测燃油泵继电器。燃油泵继电器故障,可分为继电器不动作及动作效果不良两种。

(1)继电器不动作。继电器不执行动作,首先应检测有无电源供应,即继电器线圈有无电源,例如点火开关为"OFF"等。其次检测继电器线圈有无断路,再检查有无转速信号,以及控制继电器线圈的功率三极管是否正常。

(2)继电器动作效果不良:继电器动作效果不良,分为蓄电池电源转送不良和继电器控制信号不良两部分。如蓄电池电源易熔丝产生阻抗,继电器铂接点积炭、腐蚀,或有杂讯干扰,或是功率三极管的偏压电路不良等。

2.燃油泵继电器电路检测

(1)燃油泵耗电量检测。

燃油泵电动机的最大耗电量,通常都在7A以下,其耗电量过大,表示燃油泵电动机有短路或黏滞、阻塞现象,非但输送燃油压力不良,同时增加继电器铂接点的负载,以致损坏继电器。燃油泵耗电量检测步骤:点火开关置"OFF";拆下燃油泵电动机电源线接头;串联电流表检测;起动发动机,并观察所消耗的电流,最大不

第四章 燃料供给系统故障引起排放超标的维修

得超过 7A。记下上述测量的电流值后,将点火开关置"OFF";再以蓄电池电源串联电流表,检测燃油泵电动机电量,也不得超过 7A 以上的耗电量。若蓄电池电源供电测量的电流,大于继电器转送的电流,表示继电器铂接点不良。

(2)继电器动作检测。

检测燃油泵继电器的动作前,应先确认继电器线圈电阻是否在 50~100Ω 规定范围内。若有短路或断路时,则予以更换。检测继电器动作的方法如下:点火开关置"ON";以电压表测量继电器线圈的电源端与搭铁的电压,应与蓄电池电压 12V 相同;若测试无电压数值,则须检查点火开关或发动机系统电源继电器有无正常供电;再测量继电器线圈控制端,其电压应为 12V。发动机起动时,其电压应变为 0.2~0.7V,表示 ECM 的功率三极管已正常动作;若是电压仍维持蓄电池电压,则继电器未动作,应检查转速信号是否正常;确认有转速信号输入 ECM,而燃油泵继电器仍未动作,表示需要检测功率三极管。

(五)使用专用工具检测喷油器

部分缸外喷射的发动机可采用专用工具测试仪及万用表等,对喷油器进行平衡测试、线圈电压和电阻测试。常见的测试如下。

(1)平衡测试。配合燃油压力表、记录测试仪,驱动各缸喷油器,记录接通前后燃油压力值,并分析前后压力降低范围,用于对比判断具体哪缸存在泄漏或堵塞现象。

(2)线圈电压测试。使用万用表电压挡,配合测试仪接通各喷油器,记录万用表上相应电压值,与标准值对比来判断喷油器是否正常。

(3)线圈电阻测试。使用万用表电阻挡,配合测量并记录各缸喷油器在相应温度下的电阻值,并计算平均值,然后找到与平均值偏差最大的喷油器,一般故障就出现在这个喷油器上。

(4)喷油嘴电路检测:

①检测喷油嘴的动作时,应使用万用表或示波器、频率微分表测量,千万不可以让喷油嘴的电源端和控制端触碰,以避免造成控制喷油嘴的功率三极管损坏。

②拆下喷油嘴导线之前,应将点火开关置"OFF",以免不慎伤及 ECM 内部的功率三极管。

119

第四节 燃料供给系统引起的排放超标故障维修

一、混合气过浓/过稀故障的维修

空气-燃油混合比(空燃比)在12:1左右的是浓混合气,而在17:1左右时是稀混合气。空燃比以质量计量,不是以体积计量,重要的是必须按空气的质量配送燃油。以质量计量而不以体积计量是因为空气密度会随温度和大气压力变化而变化。比较两份相同体积的空气时可知,密度大的空气比密度小的重。因此,为了确定要供给多少燃油必须测量空气质量。

(一)过量空气系数 λ

采用过量空气系数λ来表示实际空燃比与理论空燃比(14.7:1)的差异程度。λ为发动机供给的空气质量与理论完全燃烧的空气质量之比。$\lambda=1$为发动机供给空气质量与化学当量混合气完全燃烧的空气质量相当。$\lambda<1$为空气不足,形成浓的混合气,在λ为$0.85\sim0.95$时发动机输出最大功率。$\lambda>1$为在此范围内具有过量空气或称稀混合气,在该过量空气系数时燃油消耗减少,但发动机功率降低。λ能达到的最大值即"稀燃极限",它主要取决于发动机设计和所采用的混合气制备系统。在稀燃极限时混合气不再能被点着,燃烧失火,发动机运转极不平稳。

进气管喷射的点燃式发动机在相同功率和过量空气为20%~50%($\lambda=1.2\sim1.5$)的情况下达到最低的燃油消耗率。图4-40和图4-41为典型进气管喷射发动机的功率输出、燃油消耗率和污染物形成与过量空气系数的依赖关系。从图中可以看出没有一个理想的过量空气系数能保证所有的要求达到最佳值。对于进气管喷射发动机,已证明$\lambda=0.9\sim1.1$时,可在"最佳"的功率输出情况下有效地实现"最佳"的燃油消耗。

直接喷射和层状充气具有不同的燃烧条件,使得稀燃极限极大提高。为了保证三元催化转换器的运行,发动机在正常的温度工况下准确地保持过量空气系数为1是绝对必要的。为此,必须准确地确定吸入的空气量和准确地计量供给的燃油质量。为了优化目前常用的进气管喷射发动机的燃烧,不仅要有准确的喷射燃油量,而且应达到均匀的可燃混合气。

第四章　燃料供给系统故障引起排放超标的维修

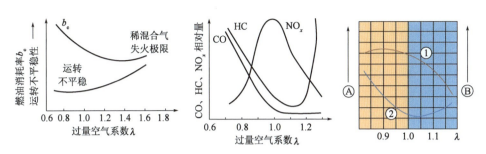

图4-40　过量空气系数与排放污染物的关系
A-发动机功率；B-耗油量；1-发动机功率；2-耗油量

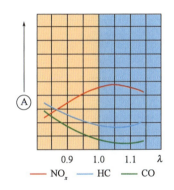

图4-41　三种危害气体与过量空气系数的关系
A-污染物排放量；NO_x-氮氧化物；HC-碳氢化合物；CO-一氧化碳

这就要求必须达到有效的燃油雾化。如这一前提条件不能被满足，大的油滴将沉淀在进气管或燃烧室壁上。这些大的油滴不能完全燃烧，就会导致碳氢化合物（HC）排放增加。

（二）混合气过浓过稀的维修

1. 混合气过浓的维修

混合气过浓的故障原因及维修方法见表4-6。

2. 混合气过稀的维修

混合气过稀的故障原因及维修方法见表4-7。

121

混合气过浓的故障原因及维修方法 表 4-6

产生混合气过浓的现象的原因	维 修 方 法
压缩性差	检测发动机压缩性,需要时进行发动机维修
点火系统故障	利用示波器进行诊断,必要时修理或更换元件
燃油泵压力过高	检测燃油泵压力,必要时修理
进气道绝对压力传感器故障	获取诊断故障码,按需要检查更换传感器
发动机冷却液温度传感器故障	检查传感器和连接导线,必要时修理或更换
冷却液液位过低	检测冷却液,需要时补偿
进气温度传感器故障	检查传感器及导线连接,需要时修理或更换
点火提前角不标准	检测点火提前角,确认是否动力系统控制组件故障,必要时修理或更换
发动机热时,空气逆流到排气口	检测空气泵系统,根据元件的需要修理或更换
喷油器故障	诊断、检测、清洗或更换喷油器

混合气过稀的故障原因及维修方法 表 4-7

产生混合气过稀的现象的原因	维 修 方 法
燃油泵压力低、燃油滤清器、燃油压力调节器故障	检查燃油泵压力,必要时更换元件
进气泄漏	检查进气泄漏,需要时修理
喷油器脏	诊断、检查、清洗或更换喷油器

二、燃油压力调节器故障的维修

燃油压力调节器是一个膜片减压阀,一侧是燃油泵压力,另一侧是歧管压力。燃油压力调节器的功能是将燃油喷油器的供油压力保持在大气压力的 3 倍,并根据发动机的负荷进行调整。燃油压力调节器连接在燃油分配油道燃油回油侧,可以单独维修,如果燃油压力过低会导致其性能恶化,如果压力过高会导致气味过大和设置诊断故障代码,并使发动机动力下降,影响排放指标。燃油压力调节器分为有回油管和无回油管两种。

(一)有回油管的燃油喷射系统

在有回油管的燃油喷射系统,由于进气歧管内真空度是随发动机工况变化而变化,即使喷油信号的持续时间和喷油压力保持不变,工况变化时喷油量也会发生少量的变化,为了得到精确的喷油量,在油轨末端安装一个由真空控制的燃油压力调节器,压力调节器能使系统燃油压力与进气歧管绝对压力的压差保持不变。

1. 有回油管系统的燃油压力调节器内部结构

有回油管系统的燃油压力调节器内部通过一个膜片把真空和燃油隔离开,已调校弹簧的预紧力和从进气歧管引入的压力作用于膜片上部。多余的燃油可通过膜片控制的阀门回流到油箱,回流量越大系统油压越低,回流量越小系统油压越高。

2. 有回油管系统的燃油压力调节器工作原理

如图 4-42 所示,膜片上有三个作用力:F_1 为进气歧管绝对压力,F_2 为弹簧力,F_3 为系统燃油压力。因为弹簧预紧力经过调校,在工作行程内预紧力几乎不变,如果 F_3 大于 F_1 与 F_2 的合力时,阀门被顶开,系统油压就会下降,反之,阀门被关闭,系统油压就会升高,所以系统燃油压力与进气歧管绝对压力的压差就保持了恒定。有回油管的燃油喷射系统有一根真空管从进气歧管连接到调节器上,发动机在不同的工况下,引入调节器的真空对系统的燃油压力进行调节。

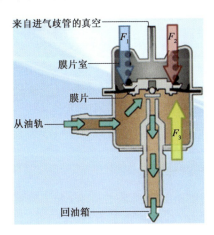

图 4-42　燃油压力调节器工作原理图

急速时由于进气歧管内真空度较大,膜片上移,阀门开度增加,则流回油箱的燃油增加,系统燃油压力降低。

加速或发动机全负荷工作时,进气歧管内真空度较低,膜片下移,阀门开度减小,则流回油箱的燃油减少,系统燃油压力升高。

（二）无回油管燃油喷射系统的压力调节器

在无回油管燃油喷射系统中，也有一个安装在油箱内部的燃油压力调节器，由于没有引入发动机真空，所以泵出的燃油经压力调节器后压力稳定在 380~410kPa。无回油管燃油喷射系统由于油压恒定，ECM 通过 MAP 监测进气歧管压力来修正喷油时间以保证精确的喷油量。

（三）缸内燃油喷射系统燃油压力调节电磁阀

燃油压力调节电磁阀集成在高压油泵上，此电磁阀根据 ECM 的脉宽调制信号将油轨压力控制到需要的范围。若控制电路开路，电磁阀将在弹簧的作用下处于打开状态，系统为低压模式。燃油压力调节电磁阀发生故障时，ECM 会设置相应的故障码。

（四）燃料供给系统压力调节器的故障维修

1. 燃油压力调节器的清洗

在拆卸喷油器和燃油压力调节器之前，先用喷雾式清洗器清洗燃油分配管，再从燃油分配管上取下喷油器，然后用卡环钳从燃油压力调节器的孔内取出卡簧。记住真空管接头在压力调节器上原来的方向位置，从燃油分配管上取下燃油压力调节器，用干净的抹布清洗所有的零件。注意：不要损坏燃油分配管上的开孔和喷油器的顶端；检查所有喷油器和压力调节器在燃油分配管上的开孔是否有毛刺和损伤；不要把燃油分配管、喷油器和压力调节器浸在任何清洗剂里，否则会损坏和污染这些零件。

2. 燃油压力调节器的故障维修

燃油压力调节器可能的故障及维修方法有：如果燃油压力调节器从发动机进气歧管获取真空的软管脱落，系统燃油压力会过高，此时可以更换软管；如果燃油压力调节器回油阀门卡滞，系统燃油压力会过低或过高，在特殊情况下，如果膜片破裂，燃油可能直接被吸入进气歧管，此时可以更换膜片或总成。

第五章 点火系统故障引起排放超标的维修

点火系统故障引起排放超标的维修

点火系统常见的故障是点火过早或点火过迟。无论点火过早还是点火过迟都会造成排放污染物中 HC 的排放值过高。造成点火系统故障的原因主要有：不能正常点火，发动机缺火；点火正时不当；点火初级电路故障，如点火线圈、导线等故障；点火次级电路故障，如缸线、火花塞等故障。维修技术人员掌握这些故障原因，将对维修治理排放超标车辆起到事半功倍的效果。

第一节 点火系统的组成及工作原理

一、点火系统的组成

点火系统产生并控制高能量的次级火花。在精确的时刻，此火花可点燃压缩的空气或燃油混合气，提供最佳的性能、燃油经济性和废气排放控制。此点火系统为每个汽缸使用单独的线圈。点火线圈安装在每个凸轮轴盖的中心，用短的整体护罩将线圈连接到火花塞上。发动机控制模块（ECM）可命令每个点火线圈中的驱动器模块接通或断开。发动机控制模块主要使用发动机转速、空气流量传感器（MAF）信号以及来自曲轴位置和凸轮轴位置传感器的位置信息，它可控制火花的顺序、停止和正时。点火系统的组成如图 5-1 所示。

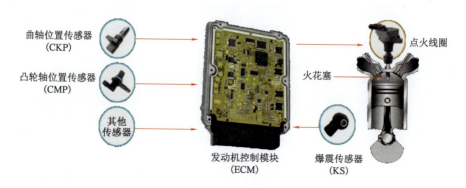

图 5-1　点火系统的组成

1. 曲轴位置传感器

曲轴位置传感器与曲轴上的磁阻轮（前部安装曲轴位置传感器）或飞轮上的磁阻轮（后部安装曲轴位置传感器）一起工作。ECM 监测曲轴位置传感器信号电路的电压频率。当每个磁阻轮齿转过传感器时，传感器产生一个数字开关脉冲。该数字信号由 ECM 进行处理。这将创建一个信号模式，使 ECM 能够确定曲轴的位置。仅根据曲轴位置信号，ECM 就可以确定哪一对汽缸正在接近上止点（TDC）。使用凸轮轴位置传感器信号，确定这两个汽缸中的哪个汽缸处于压缩行程，哪个汽缸处于排气行程。ECM 以此使点火系统、喷油器和爆震传感器正确地同步。此传感器也用来检测缺火。ECM 带有专用复制曲轴位置传感器信号输出电路，可以用作其他模块的输入信号，以监测发动机转速。

2. 凸轮轴位置传感器

有些发动机为每个凸轮轴配备 1 个凸轮轴位置传感器。凸轮轴位置传感器信号是数字开/关脉冲，凸轮轴每转一圈输出 4 次。凸轮轴位置传感器不直接影响点火系统的运行。ECM 使用凸轮轴位置传感器信息，确定凸轮轴相对于曲轴的位置。通过监测凸轮轴位置和曲轴位置信号，ECM 可以使喷油器的工作精确正时。ECM 向凸轮轴位置传感器提供 5V 参考电压电路和低电平参考电压电路。凸轮轴位置传感器信号可输入 ECM。这些信号还可用于监测凸轮轴与曲轴的对齐情况。ECM 带有专用复制凸轮轴位置传感器信号输出电路，可以用作其他模块的输入信号，以监测发动机转速。

3. 爆震传感器

爆震传感器（KS）系统可使 ECM 控制点火正时以尽可能获得最佳性能，同时

第五章　点火系统故障引起排放超标的维修

保护发动机免受潜在的火花爆燃损害。爆震传感器系统使用 1 个或 2 个平面响应双线传感器。传感器使用压电晶体电动技术,根据发动机振动或噪声水平产生一个振幅和频率变化的交流电压信号。振幅和频率取决于爆震传感器检测到的爆震水平。ECM 通过高电平信号电路和低电平信号电路接收爆震传感器信号。怠速时,ECM 从爆震传感器读入最小噪声级或背景噪声,并在其余的发动机转速范围内使用校准值。ECM 利用最小噪声级来计算噪声信道。正常的爆震传感器信号将在噪声信道中传送。随着发动机转速和载荷的变化,噪声信道的上下参数将会改变以适应正常的爆震传感器信号,使信号保持在信道中。为确定爆震汽缸,当每个汽缸接近压缩行程的上止点时,ECM 仅使用爆震传感器信号信息。如果存在爆震现象,信号将在噪声信道外。

如果 ECM 确定爆震现象存在,它将延迟点火正时以尝试消除爆震。ECM 将努力返回至零补偿水平或无火花延迟。异常的爆震传感器信号将在噪声信道外或不存在。爆震传感器诊断校准程序可用以检测发动机控制模块内部的爆震传感器电路、爆震传感器线路或爆震传感器电压输出是否有故障。有些诊断校准可以检测由外部影响产生的持续性噪声,如松动/损坏的部件或过大的发动机机械噪声。

4. 点火线圈

每个点火线圈包含一个固态驱动器模块作为主元件。ECM 向线圈驱动器发送信号,在适当的时刻向点火控制电路施加电压以启动点火,其相反的状态则被称为停止。当电压被去除后,线圈使火花塞点火。

5. 发动机控制模块

ECM 控制所有点火系统功能,并持续修正火花正时。发动机来自各种传感器的输入信息,可能包括如下部件:节气门位置传感器、发动机冷却液温度传感器(ECT)、空气流量传感器(MAF)、进气温度传感器(IAT)、车速控制模块监测传感器(VSS)、变速器挡位或挡位信息传感器、发动机爆震传感器。

二、点火系统的工作原理

目前,汽车上使用的点火系统几乎都是集成在发动机控制中的子系统。独立的点火系统只用于特殊场合,如小型的发动机。在汽车点火系统中出现了每缸有一个独立点火回路的线圈点火系统。此外,在小范围还使用高压电容式点火系统或特殊结构形式的点火系统。

当发动机开始起动时,在曲轴旋转一周内火花塞跳火并且喷油器喷油。发动机控制模块根据凸轮轴基准传感器信号确定何时给点火线圈和喷油器定序。如果凸轮轴基准传感器或曲轴正时传感器有缺陷,发动机就不能起动。

点燃式发动机由外部点燃可燃混合气。点火系统的任务是在正确的点火正时点燃被压缩了的可燃混合气,而点燃混合气是靠燃烧室内的火花塞电极间产生的火花实现的。在所有工况下,稳定、可靠的点火是发动机工作的前提,失火将导致燃烧中断、催化转换器损伤、排放超标和发动机功率降低。

1. 点火火花

如果火花塞上的电压超过点火电压,火花塞上就会产生火花。点火电压与火花塞电极间隙和在点火正时的可燃混合气密度有关。火花放电后,火花塞上的电压降到火花电压,火花电压与火花离子体长度有关。在火花持续期间,点火系统的能量转换为点火火花,在火花熄灭后,火花电压阻尼衰减。

2. 点火能量和混合气的点燃

火花塞电极间的火花产生高温等离子体并形成火焰核。火焰核在火花塞电极附近的可燃混合气中生长,并为点火系统不断提供足够的火焰前沿。

发动机在各工作条件下应能保证上述点火过程的进行,使火花点燃可燃混合气。只要是静态的、均匀的、化学当量比的混合气成分,在理想条件下,单次点火所需的能量约为 0.2mJ。但是在发动机的实际工作条件下,所需的点火能量要大得多。火花的一部分转换为燃烧状态。

能产生较大火焰核的较大电极间隙需要较高的点火电压。在稀混合气或增压发动机上,需要较高的点火电压。点火能量一定,提高点火电压就会缩短火花持续时间。

为得到较高的点火电压、较长的火花持续时间,且还要有后续火花,需要设计高点火能量的点火系统。如果点火能量太小,则无法点燃混合气且点燃后混合气无法继续燃烧。因此,必须要准备足够大的能量,以保证发动机在各种工况下能可靠地点燃可燃混合气和维持燃烧。

点火电压高、点火火花持续时间长和电极间隙大等,可改善点火性能。火花位置和混合长度由火花塞的尺寸决定,火花塞出现时间是由点火系统的形式和设计以及发动机当前燃烧室中的点火状态决定的。点火系统的点火能量,根据发动机的要求为 30~100mJ。

第五章　点火系统故障引起排放超标的维修

3. 点火正时

选择点火正时可控制点燃式发动机的燃烧始点。点火正时总是与点燃式发动机做功行程有关。太早的点火正时受爆震边界限制;太迟的点火正时受燃烧边界或最高允许排气温度的限制。影响点火正时的因素有发动机输出转矩、有害气体排放和燃油消耗量。

4. 基本点火正时

火焰前沿在发动机燃烧室中的传播速度随汽缸充气和发动机转速的增加而加快。在发动机输出最大转矩时,燃烧过程的重心和与此相关的最大燃烧压力应位于压缩行程上止点后的很小一个角度。为此,混合气必须在上止点前就已经点燃,且点火正时要随着转速增高或汽缸充气较少而提前调节。

同样,在过量空气系数 $\lambda > 1$ 时,由于火焰前沿的传播速度较慢,点火正时也要提前调节。点火正时调节的主要依赖参数是转速、汽缸充气和空气比。点火正时在发动机试验台中确定。在发动机电控系统中,点火正时从存储在电控单元的点火特性场中得出。

5. 点火正时修正

除转速和汽缸充气对点火正时的影响外,发动机电控单元还考虑其他因素对点火正时的影响。点火正时修正可采用在基本点火正时基础上加一个校正角或对某些工况采用特定的点火角或点火角特性场代替,如爆燃闭环控制采用点火正时修正。在汽油直接喷射的均质稀混合气方式工作时或暖机工况采用校正角。汽油直接喷射分层混合气方式工作时或起动工况采用特定的点火角或点火角特性场。最终的点火提前角由电控单元中的控制算法确定。

6. 排放和燃油消耗

点火正时对发动机排放及排气中的各种组分有直接的影响。根据排放标准得到的最佳正时不能满足其他方面,如燃油经济性、行驶性能等的标准。

点火正时对燃油经济性和排放的影响是矛盾的:较提前的点火正时可提高发动机功率,降低燃油消耗,但增加 HC 的排放,特别是增加了 NO_x 的排放。点火过早容易导致损伤发动机的爆震,点火过晚会使排气温度升高,同样会危及发动机。

7. 爆燃闭环控制

电控点火提前角可根据发动机转速、负荷、温度等进行精确控制。否则,点火提前角需要与爆燃边界保持明显的安全距离。

这个安全距离是必要的。因为在对爆燃敏感的一些参数,如发动机制造公差、发动机老化、环境条件和燃油品质的影响下,不会使任何汽缸达到或超过爆燃界限。因此,发动机设计需要采用较低压缩比和延迟点火提前角,使燃油经济性变差和转矩下降。

使用爆燃闭环控制可以避免这些缺点。经验显示,爆燃闭环控制可以提高发动机的压缩比,并大大提高燃油经济性和增大发动机转矩。这样,每个汽缸几乎可以在整个寿命期间,在爆燃边界的最佳效率区域工作。预控制点火提前角设置的前提是在整个发动机工作范围内,对每个汽缸的爆震强度进行可靠的识别。

三、点火系统概况

点火系统的作用是产生足够高的电压,点燃空气和燃油的混合气,使其能够完全燃烧。点火系统是发动机六大系统之一,点火系统的性能不但影响发动机的动力性、经济性和排放性,还是决定发动机能否正常工作的重要因素。点火系统的三个主要功能是:

(1)产生火花。点火系统必须能够产生足以点燃空燃混合气的高压电,并维持满足完全燃烧所需要的燃烧时间。

(2)控制点火正时。点火系统必须能够随发动机转速和负荷的变化以及特殊工况的需求改变点火时刻。

(3)分配火花。点火系统必须在压缩行程的适当时刻向正确的汽缸输送火花,以便开始燃烧过程。

(一)点火系统的类型

点火系统根据其结构特点,主要有以下两种类型:分组式(CSI)点火系统和独立式(CNP/COP)点火系统。

分组式(CSI)点火系统:CSI 是 Compression Sense Ignition 的英文缩写。CSI 点火系统也称废火点火系统和同时点火系统,主要应用于早期车型中。独立式点火系统又分为 CNP(Coil near Plug)点火系统和 COP(Coil on Plug)点火系统。CNP 点火系统的点火线圈与火花塞之间采取分离式布置,即火花塞和点火线圈仍使用缸线传递能量,主要应用于通用车系中。COP 点火系统的典型特征是每缸都有一个独立的点火线圈,且点火线圈和火花塞之间取消了缸线。COP 点火系统是目前最常用的点火系统。点火系统的类型如图 5-2 所示。

第五章　点火系统故障引起排放超标的维修

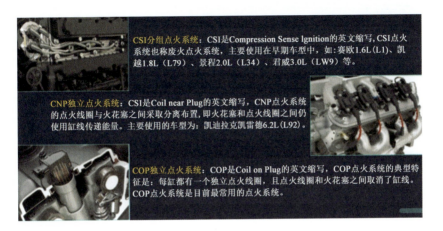

图 5-2　点火系统的类型

（二）点火系统的工作过程

点火系统利用蓄电池的低压电，给初级绕组充电，在初级绕组中通过磁感应原理，将电能转换成磁能。发动机控制模块或点火控制模块根据传感器信号控制点火能量和最佳的点火时间，在次级绕组中又将磁能转换成高压电能，并将高压电通过火花塞引入汽缸，击穿电极间隙，产生的火花引燃汽缸内的混合气，使发动机运转，如图 5-3 所示。

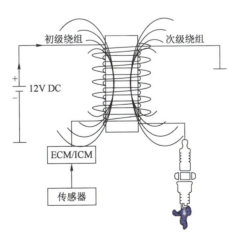

图 5-3　点火系统的工作过程

第二节 点火系统传感器的组成及维修

一、曲轴位置传感器

如图5-4所示,曲轴位置传感器(CKP)属于可变磁脉冲发生器传感器。该传感器带有磁铁和感应线圈,与曲轴上连接的58齿铁磁质变磁阻转子配合工作。当曲轴转动时,变磁阻转子便经过曲轴位置传感器,从而使传感器内的磁场产生变化。这使感应线圈产生交流电压,然后该电压由ECM进行处理。当发动机转速增加时,输出的电压和频率也随之增加。变磁阻转子上的齿彼此间隔6°。由于只有58个齿,因此留下一个12°的空白区,能产生特征图形,使ECM可确定曲轴的位置。ECM根据曲轴位置传感器信号确定哪两个汽缸正在接近上止点。ECM利用凸轮轴位置传感器(CMP)信号确定哪个汽缸处于压缩行程。

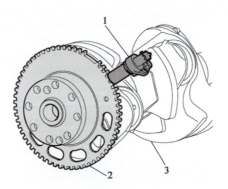

图5-4 曲轴位置传感器结构
1-曲轴位置传感器;2-变磁阻转子;3-曲轴

1. 曲轴位置传感器的作用

曲轴位置传感器监测曲轴的转速和转角,用以确定发动机最佳的点火和喷油时间,同时,还可以用于发动机的失火监测等。曲轴位置传感器一般安装在发动机后端靠近飞轮盘的缸体上或传感器支架上,如图5-5所示。

常见的曲轴位置传感器根据其工作原理可分为三种类型,见表5-1。

第五章　点火系统故障引起排放超标的维修

图 5-5　曲轴位置传感器安装位置

曲轴位置传感器的类型　　　　　　　　　　　表 5-1

类　型	工 作 原 理	输出信号特点	工 作 电 源
磁电式	电磁感应	正弦交流	不需要
霍尔式	霍尔效应	直流方波	需要
磁阻式	磁阻效应（AMR）	直流方波	需要

目前发动机上最常用的曲轴位置传感器为霍尔式曲轴位置传感器（图 5-6），本节将以霍尔式传感器为例进行介绍。

图 5-6　霍尔式曲轴位置传感器

信号盘一般为铁制圆盘，由 58 个齿和一个参考间隙组成，每个齿相隔 6°，参

133

考间隙设计为 12°。

2. 曲轴位置传感器的工作原理

当信号齿靠近传感器时,霍尔传感器元件上磁场增强,传感器输出高压脉冲;当信号齿离去时,霍尔传感器元件上的磁场强度减弱,传感器输出低压脉冲,ECM 根据高低压脉冲变化的频率计算曲轴转速,根据参考信号间隙信号确定曲轴转角。霍尔式曲轴位置传感器的信号波形为 0～5V 方波信号,如图 5-7 所示。

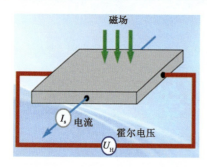
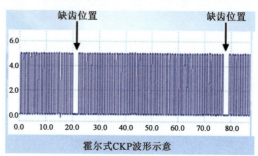

图 5-7　霍尔式曲轴位置传感器波形图

霍尔式曲轴位置传感器一般为三线式传感器,每个线路端子的作用如图 5-8 所示。值得注意的是,不同发动机上的传感器线路端子名称可能不同,应以实际为准。

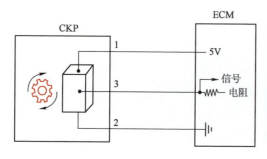

线路端子号	名称	作　用
1号	电源线	ECM提供5V电源
2号	低参考线	ECM内部搭铁
3号	信号线	输出信号到ECM

图 5-8　曲轴位置传感器电路及端子图

3. 曲轴位置传感器故障检查与维修

1) 故障现象

曲轴位置传感器是发动机系统最重要的传感器之一。当曲轴位置传感器出现故障时,可能会出现的故障现象有发动机熄火、车辆无法起动、发动机抖动、发动机

第五章　点火系统故障引起排放超标的维修

故障灯点亮、仪表无发动机转速信号、加速无力等。

2）外观检查

曲轴位置传感器的检查项目和标准见表5-2。

表5-2　曲轴位置传感器的检查项目和标准

检查项目	检查标准
传感器及相关线路	传感器、线路无损坏
传感器安装间隙	间隙正常（具体见维修手册）
传感器和信号盘间隙	无铁屑、杂质、异物等
信号盘	无损坏、无偏斜、无变形等
信号齿	无缺齿、无损坏、无变形等

3）数据流检测

在对曲轴位置传感器检测时，可以使用诊断仪进行数据检测。使用诊断仪查看"曲轴位置激活计数"参数，当起动发动机时，对于正常的车辆来说，该参数应该增加，如果该参数不增加，或变化不稳，说明曲轴位置传感器或相关线路有故障。应该注意的是：不是所有品牌车型的数据流检查方法和操作步骤都一样，具体详见维修手册。

4）线路检测

使用万用表对曲轴位置传感器相关电路进行测量，具体的测量方法和判断标准如图5-9所示。

线路端子号	测试方法	正常值	故障值	可能原因
1号	点火开关"ON"；测量1号端子与搭铁之间的电压	4.8~5.2V	≤4.8或≥5.2V	线路故障或ECM模块故障
2号	点火开关"OFF"；测量2号端子与搭铁之间的电阻	<5Ω	≥5Ω	线路故障或ECM模块故障
3号	点火开关"ON"；测量3号端子与搭铁之间的电压	4.8~5.2V	≤4.8或≥5.2V	线路故障或ECM模块故障

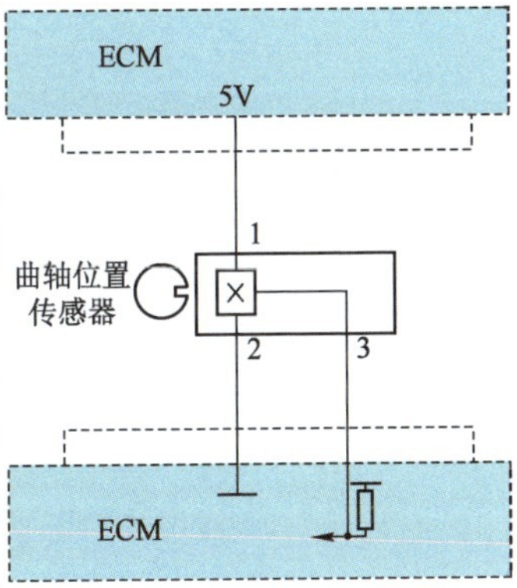

图5-9　曲轴位置传感器的测量方法和判断标准

5）曲轴位置偏差读入

曲轴位置偏差读入用来计算由曲轴和曲轴位置传感器的微小偏差引起的基准偏差。可使 ECM 精确补偿基准偏差，从而使 ECM 能在更宽的发动机转速和负荷范围内监测缺火事件，补偿值存储在 ECM 存储器中。当进行以下维修后，需要执行曲轴偏差读入：更换发动机、更换发动机模块或更换曲轴、更换曲轴位置传感器、任何影响曲轴与曲轴位置传感器相对位置的修理。需要注意的是，不同车型的操作方法和步骤可能有所不同。

二、凸轮轴位置传感器

如图 5-10 所示，凸轮轴位置传感器（CMP）属于双霍尔效应传感器。该传感器具有两个霍尔元件，与凸轮轴上安装的双轨触发轮协同工作。当触发轮上的轨通过霍尔元件时，磁通变化使霍尔元件产生电压。传感器内部的集成电路调节霍尔元件产生的信号，向 ECM 提供矩形波信号 ON/OFF（通/断）。ECM 向 CMP 提供 5V 参考电压电路和搭铁电路。

1. 凸轮轴位置传感器的作用

凸轮轴位置传感器的作用是监测凸轮轴的转速和位置，与曲轴位置传感器一起确定第一缸的压缩上止点位置，也用于发动机失火监控等。凸轮轴位置传感器一般安装在汽缸盖的端部、前端或后端，如图 5-11 所示。

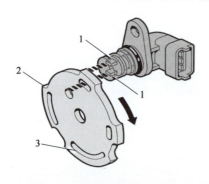

图 5-10 凸轮轴位置传感器示意图
1-霍尔元件；2-双轨触发轮；3-触发轮上的轨

图 5-11 凸轮轴位置传感器安装位置

凸轮轴位置传感器信号盘安装在凸轮轴上，信号盘上一般有 4 个形状大小各不相同的信号齿。

2. 凸轮轴位置传感器的工作原理

当信号齿靠近传感器时,霍尔元件上磁场增强,传感器输出高电压脉冲;当信号齿离去时,霍尔元件上磁场强度减弱,传感器输出低电压脉冲,ECM 根据高低压脉冲变化的频率计算凸轮轴转速,根据宽窄脉冲信号确定凸轮轴的位置。凸轮轴位置传感器的信号波形为 0~5V 方波信号,如图 5-12 所示。

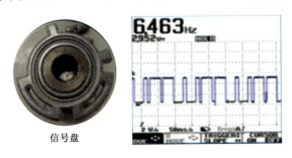

图 5-12　凸轮轴位置传感器原理波形图

凸轮轴位置传感器一般为三线传感器,每个线路端子的含义和作用如图 5-13 所示。应该注意的是,不同发动机凸轮轴位置传感器的线路端子名称可能不同,应以实际为准。

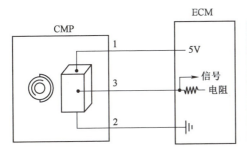

线路端子号	名称	作用
1号	电源线	ECM提供5V电源
2号	低参考线	ECM内部搭铁
3号	信号线	输出信号到ECM

图 5-13　凸轮轴位置传感器电路及端子图

3. 凸轮轴位置传感器的检查维修

1) 故障现象

凸轮轴位置传感器是发动机系统最重要的传感器之一,当传感器出现故障时,可能会出现的故障现象有发动机不易起动、发动机抖动、发动机故障灯点亮、加速无力等。

2) 外观检查

凸轮轴位置传感器的检查项目和标准见表5-3。

表5-3 凸轮轴位置传感器的检查项目和标准

检 查 项 目	检 查 标 准
传感器及相关线路	传感器、线路无损坏、走线合理
传感器安装间隙	间隙正常（具体车型详见手册）
传感器和信号盘间隙	无铁屑、杂质、无变形、安装牢靠
信号盘	无损坏、无偏斜变形、安装可靠
信号齿	无缺齿、无损坏、无变形

3) 数据流检测

在对凸轮轴位置传感器检测时，可以使用诊断仪进行数据流检测。使用诊断仪查看"凸轮轴位置活动计数器"参数，当起动发动机时，正常车辆该参数应该增加，如果不增加或变化不稳定，说明传感器或相关线路有故障。值得注意的是，不是所有品牌车型的数据流检查方法和操作步骤都一样。

4) 线路检测

进、排气凸轮轴位置传感器的线路结构相似，可以参考图5-14所示的方法和标准，对相关电路进行测量。应该注意，不同发动机上传感器的线路端子名称可能不同。

线路端子号	测 试 方 法	正常值	故障值	可能原因
1号	点火开关"ON"；测量1号端子与搭铁之间的电压	4.8~5.2V	≤4.8或≥5.2V	线路故障或ECM模块故障
2号	点火开关"OFF"；测量2号端子与搭铁之间的电阻	<5Ω	≥5Ω	线路故障或ECM模块故障
3号	点火开关"ON"；测量3号端子与搭铁之间的电压	4.8~5.2V	≤4.8或≥5.2V	线路故障或ECM模块故障

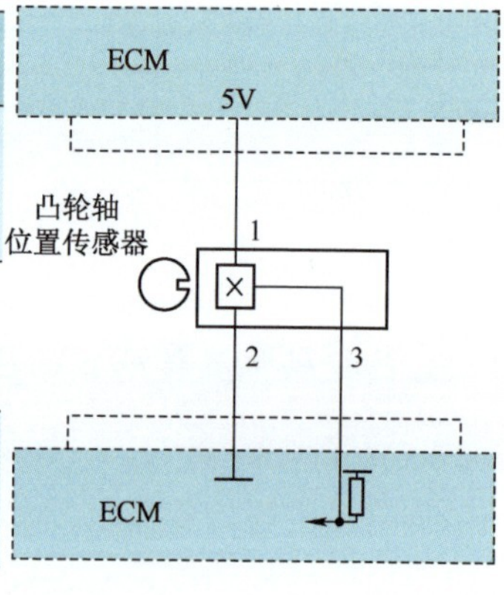

图5-14 凸轮轴位置传感器的测量方法和判断标准

三、爆震传感器

ECM 利用爆震传感器（KS）信号提供最佳点火正时，同时减小发动机爆震。ECM 在汽缸 2、4 或 6 点火后 45°内监视左侧（缸组 2）传感器的电压，在汽缸 1、3 或 5 点火后 45°内监视右侧（缸组 1）传感器电压。如果任何汽缸发生爆震，则该缸将延迟点火 3°。如果爆震停止，则点火角将以 0.75°为单位逐步恢复到原来的值。如果点火延迟后爆震继续存在，则 ECM 将每次增加点火延迟角 3°，直到延迟角达到最大（12.75°）。在较高环境温度下，也会延迟点火，以避免进气温度较高可能产生的爆震。当缸组 1 或缸组 2 传感器失效，或者出现开路时，点火正时将被设置为默认方案，即点火延迟远远超过正常值。爆震传感器经调节可检测爆震产生的振动频率。振动通过汽缸体传送到爆震传感器。传感器内部有一个重块受振动的激励，在压电陶瓷元件上施加压力。压力使电荷在压电陶瓷元件内部移动，因此在压电陶瓷元件的两个外表面之间出现交流电压。产生的交流电压值与爆震值成比例。爆震传感器如图 5-15 所示。

1. 爆震传感器的作用

爆震传感器将发动机的机械振动转换为电压信号提供给 ECM，用于修正发动机的点火提前角，避免过强的振动对缸体、活塞等机械部件产生严重冲击。爆震传感器一般安装在发动机缸体侧壁上。根据发动机缸数、汽缸的排列形式、发动机型号的不同，一个发动机可能有一个或两个爆震传感器，如图 5-16 所示。

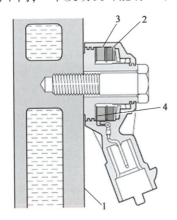

图 5-15 爆震传感器示意图
1-汽缸体；2-重块；3-压电陶瓷；4-压电陶瓷表面

图 5-16 爆震传感器安装位置

2. 爆震传感器的工作原理

常见的爆震传感器为压电晶体式爆震传感器，传感器内部的压电晶体在受到机械振动时，会产生交流电压信号，ECM 根据信号的振幅和频率判断发动机是否发生了爆震，以及爆震的程度。爆震传感器信号波形如图 5-17 所示。爆震传感器的信号为交流电压信号。爆震传感器是一个无源式传感器，常见传感器一般有 2 个端子，如图 5-18 所示。2 个端子分别为信号端子、低参考端子，个别发动机上还有一个屏蔽线端子。不同发动机上传感器的线路端子名称可能不同。

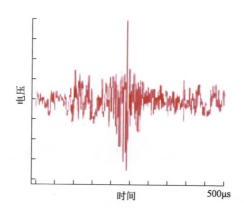

图 5-17　爆震传感器信号波形图

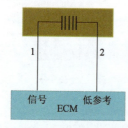

线路端子号	名称	作　用
1号	信号线	向ECM提供爆震信号
2号	低参考线	提供低电平信号参考

图 5-18　爆震传感器电路端子

注意事项：由于爆震传感器内部有压电晶体，该压电晶体对压力非常敏感，所以在安装爆震传感器时，一定要按照维修手册的标准力矩紧固。过大或过小的紧固力矩都有可能造成传感器输出信号异常，且不能使用螺纹密封胶和垫片进行安装。扭力扳手和禁止使用的部件如图 5-19 所示。

图 5-19 扭力扳手和禁止使用的部件

3. 爆震传感器的检测维修

1）故障现象

爆震传感器是发动机点火系统重要的反馈传感器。当传感器出现故障时,可能会出现的故障现象有发动机抖动、发动机有敲缸声、动力不足、油耗增加等。

2）外观检查

爆震传感器的检查项目和标准见表 5-4。

表 5-4 爆震传感器和检查项目标准

检测项目	检查标准
传感器及相关线路	传感器与线路插头无损坏,线束走线合理
传感器安装位置和方向	安装位置和方向正确
传感器安装力矩	力矩符合手册标准,一般为 25N·m
传感器是否安装垫片	无垫片、无涂胶
传感器和发动机安装面	无毛刺、无飞边、无异物

3）数据检测

在对爆震传感器检测时,发动机运转,可以使用诊断仪数据流功能检测爆震传感器数据。使用诊断仪查看"检查到汽缸爆震"参数,当移动爆震传感器的相关线束和连接器时,确认故障诊断仪上参数是否稳定。如果参数不稳定,说明传感器线路或连接器接触不良;如果参数稳定,需要进行其他的电路检测。应该注意的是,不同车型的操作方法和步骤可能有所不同。

4）线路检测

使用万用表对爆震传感器相关电路进行测量,具体的测量方法和判断标准如图 5-20 所示。值得注意的是,不同发动机上爆震传感器的线路端子名称可能不同。

线路端子号	测试方法	正常值	故障值	可能原因
1号	点火开关"ON",测量1号端子与搭铁之间的电压	2～4V	≤2或≥4V	线路故障或ECM模块故障
2号	点火开关"ON",测量2号端子与搭铁之间的电压	1～2V	≤1或≥2V	线路故障或ECM模块故障

图 5-20　爆震传感器的线路端子测量和判断标准

第三节　点火系统执行器的组成及维修

一、点火线圈

1. 点火线圈的作用

点火线圈的作用是将蓄电池低压电转换成数万伏的高压电传递给火花塞。点火线圈一般安装于发动机的顶部、火花塞的上方。目前最常见的点火线圈为COP独立点火线圈,也称笔式点火线圈。COP点火线圈有单体式和整体式两种类型。整体式COP点火线圈是将多个单体式COP点火线圈集成在一起,其内部结构和工作原理与单体式点火线圈相同,如图5-21所示。

a) 单体式COP点火线圈

b) 整体式COP点火线圈

图 5-21　点火线圈类型

2. 结构组成

点火线圈主要由控制电路、初级线圈绕组、次级线圈绕组、硅钢片、抗干扰电阻、弹簧、绝缘橡胶护套等部件组成。

3. 点火线圈工作原理

初级线圈绕组和次级线圈绕组都缠绕在硅钢片上，初级线圈绕组的导线粗、匝数少，次级线圈绕组的导线细、匝数多。在初级线圈闭合和断开的过程中，由于电磁感应和线圈互感作用在初级绕组中实现升压，可以将蓄电池电压升高到数万伏，如图 5-22 所示。

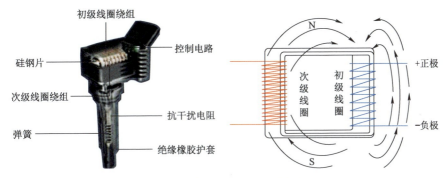

图 5-22　点火线圈工作原理示意图

常见点火线圈一般为四线式点火线圈，四根线分别是地线、低参考线、控制线和电源线。点火线圈具体线路端子和作用如图 5-23 所示。应该注意的是，不同发动机上的线路端子名称可能不同。

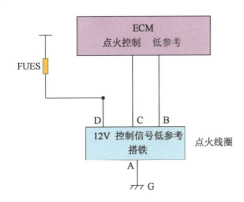

线路端子号	名称	作　用
A号	地线	点火线圈搭铁线
B号	低参考线	模块内低参考线
C号	控制线	点火信号控制线
D号	电源线	12V供电线

图 5-23　点火线圈线路端子及作用

4. 点火线圈的检测维修

1) 故障现象

点火线圈是发动机点火系统的核心部件，其可能会出现的故障现象有发动机抖动、动力不足、油耗增加、发动机故障灯点亮、尾气排放超标、发动机熄火或无法起动等。

2）外观检查

点火系统的所有诊断都应该从外观的目视检查开始。应该目视检查点火系统是否出现下列故障：

（1）高压线电缆连接断开、松动或损坏；

（2）低压导线连接断开、松动或太脏；

（3）线束传统松动或损坏；

（4）初级电路触发机构是否损坏；

（5）ECM 安装不当。

当点火系统出现异常时，执行点火线圈的外观检查，检查项目和标准如图 5-24 所示。

检查项目	检查标准
点火线圈是否安装到位	确保点火线圈安装到位
紧固螺栓是否紧固	力矩符合手册标准，例如LTG发动机线圈螺栓力矩为10N·m
点火线圈壳体	点火线圈无开裂、外观无变形
内部弹簧、抗干扰电阻	线圈内部弹簧、抗干扰电阻无损坏
绝缘层	外观无破损、无漏电

图 5-24　点火线圈外观检查项目和判断标准

3）数据流检测

当点火线圈出现故障时，可以使用诊断仪，查看发动机"不点火图形"数据，查看"当前缺火计数器"数据，确认哪个或哪些汽缸点火有故障。值得注意的是，不同发动机上的线路端子名称可能不同，必须以实车为准。

4）线路检测

在对点火线圈线路进行检测时，可以参考图 5-25 所示方法和标准对点火线圈电路进行测量。

应该注意的是，不同发动机上的线路端子名称可能不同。

5．点火波形的分析

1）初级点火波形分析

在由 ECM 直接控制初级线圈的发动机上，ECM 点火触发控制线上测得的点

第五章　点火系统故障引起排放超标的维修

火波形如图 5-26 所示,由于点火系统结构和工作行程的差异,此点火波形仅供参考。A 点之前:电路还没有闭合,为电源电压。A 点到 C 点:电路瞬间闭合,电压突然下降,初级线圈对搭铁构成回路,接近于零电位。C 点到 E 点:快速充电饱和,电压有一个抬升过程,这与初级线圈的电感有关。E 点到 F 点:初级线圈的电流受到限制,磁场强度处在最大状态,电压仍然低于开路电压,这与初级线路中的电阻有关,如果阻值低于标准值,电流限制的时间就会滞后(有些点火波形由于限流控制的不同,在此处有差异)。G 点:电路瞬间断开,磁场突变,在初级线圈内感生出峰值电压。H 点到 J 点:次级点火线电压在初级线圈内产生的感生电压。J 点到 K 点:点火结束后,点火线圈里剩余的能量通过振荡转换而耗尽的过程。K 点之后:电路断开,又回到电源电压。

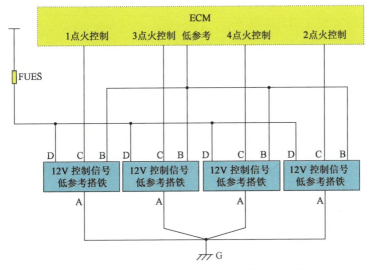

线路端子号	测试方法	正常值	故障值	可能原因
端子A	点火开关"OFF",测量端子A与搭铁之间的电阻	<10Ω	≥10Ω	线路故障或搭铁不良
端子B	点火开关"OFF",测量端子B与搭铁之间的电阻	<10Ω	≥10Ω	线路故障或ECM模块故障
端子C	点火开关"OFF",测量端子C与搭铁之间的电阻	<2Ω	≥2Ω	线路故障
端子D	点火开关"ON",用试灯连接端子D与搭铁点	点亮	不亮或亮度不够	熔断丝损坏或电路故障

图 5-25　点火线圈测量项目和判断标准

145

2) 次级点火波形分析

图 5-27 所示为次级点火波形,由于点火系统结构或工作行程的差异,此波形仅供参考。A 点之前:电路还没有闭合,无感应电压。A 点到 B 点:初级电路瞬间闭合,突然感应到较高的反向电动势。B 点到 E 点:初级线圈快速充电饱和,次级线圈产生振荡后稳定。E 点到 F 点:初级线圈的电流受到限制,磁场强度处在最大状态,但没有变化,感应电压接近零电位(有些点火波形由于限流控制的不同,在此处有差异)。G 点:初级电路瞬间断开,磁场突变,在次级线圈内感应电压击穿混合气,击穿电压与次级回路的电阻(如火花塞的间隙)及混合气的浓度有关。H 点到 J 点:点火线电压的高低与混合气浓度及次级回路中的电阻有关,在燃烧结束时电压会有所提升。点火线长度与混合气燃烧时间有关。J 点到 K 点:点火结束后,点火线圈里剩余的能量通过振荡转换而耗尽,振荡次数多说明剩余能量多。K 点之后:电路断开,又回到零电位。

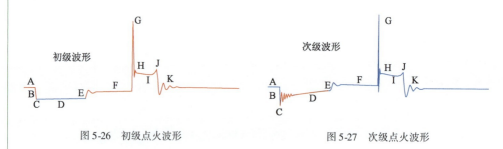

图 5-26　初级点火波形　　　　图 5-27　次级点火波形

6. 点火系统故障维修的注意事项

(1)在断开任何系统的线路前,须关掉点火开关。

(2)在起动或运转发动机时,不要触摸任何裸露的接头。

(3)除非对仪器的用途及操作方法非常了解,否则不要连接或操作任何测试设备。

(4)一定对将要进行的测试和被测试的系统及部件工作原理非常了解。

二、火花塞

(一)火花塞的作用

火花塞的作用是将点火线圈次级绕组中的高压电引入燃烧室,使高压电击穿

第五章 点火系统故障引起排放超标的维修

电极间隙而产生火花,点燃汽缸中的可燃混合气。火花塞一般安装在汽缸盖的顶部,电极部分伸入燃烧室。

(二)火花塞的结构及工作原理

火花塞主要由9部分组成,其结构如图5-28所示。侧电极通过螺纹固定在汽缸盖上,中心电极通过顶部的高压连接端子与点火线圈中心导体相连,火花塞上部是陶瓷绝缘体,起到绝缘隔热的效果;火花塞内部有导电玻璃密封剂,起到导电和密封的效果。火花塞的工作原理是:电子在高电压的驱动下,电离电极间的气体,产生电火花,引燃混合气,如图5-29所示。

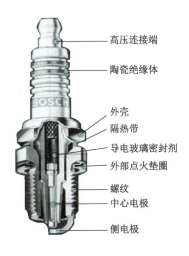

图5-28 火花塞结构示意图

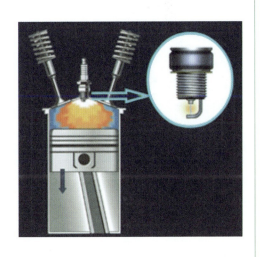

图5-29 火花塞工作原理示意图

(三)火花塞的主要参数

如图5-30所示,火花塞间隙是指中心电极和侧电极间的距离,常用的火花塞间隙为0.5~1.2mm。火花塞热值是评价火花塞受热和散热能力的一个指标,用于表示火花塞自身所受热量的散发量。螺纹直径就是紧固螺纹的直径,常用的火花塞螺纹直径有M14、M12、M10等。螺纹长度是指紧固螺纹的有效长度,火花塞螺纹长度决定火花塞点火的最佳位置,发动机确定之后,火花塞的螺纹长度便不可改变。

（四）火花塞的类型

常用的火花塞分类方法有根据侧电极数量分类、根据电极材料分类和根据火花塞热值分类。如图 5-31 所示，根据侧电极数量分类，可分为单极火花塞和多极火花塞。多极火花塞相较于单极火花塞优点是：火花塞电极寿命长、点火可靠性好；缺点是电极吸热多、消焰作用大、降低了点火能量及影响燃烧的稳定性。根据电极材料分类，可分为镍金火花塞、铂金火花塞、铱金火花塞等。铂(铱)金火花塞相较于镍金火花塞优点是：中心电极更细，点火能力强，耐烧蚀性更好，寿命更长；缺点是价格较高。

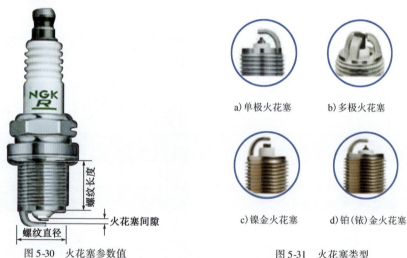

图 5-30　火花塞参数值　　　　图 5-31　火花塞类型

根据火花塞热值分类，可分为热型、冷型、普通型火花塞（图 5-32）。

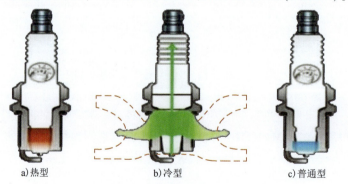

图 5-32　火花塞按热值分类

(1)热型火花塞。热型火花塞裙部细长、受热面积大、散热慢,因此,裙部温度高,不易形成积炭,适用于中低速、压缩比小、低功率的发动机。

(2)冷型火花塞。冷型火花塞裙部短、受热面积小、散热快,因此,裙部温度低,能防止火花塞温度过高引起早燃或表面点火,适用于高转速、高压缩比、大功率的发动机。

(3)普通型火花塞。普通型火花塞是介于热型和冷型之间的火花塞。

火花塞是点火系统的核心部件,有一定的使用周期,要根据维修手册的维护说明,进行定期的更换。在更换火花塞时,要注意以下事项:确保更换的火花塞与原厂火花塞型号一致;确保火花塞电极间隙正常;确保接线柱连接牢固、无松动;确保陶瓷绝缘体完好无开裂;安装时需要使用火花塞专用套筒扳手,轻轻放入,避免改变电极间隙,紧固时需要使用扭力扳手,按照标准力矩紧固。

(五)火花塞状况分析

火花塞的状态如图 5-33 所示。

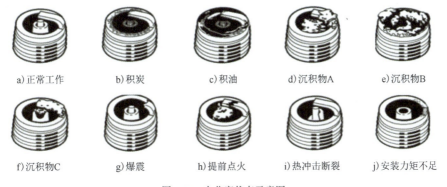

a)正常工作　　b)积炭　　c)积油　　d)沉积物A　　e)沉积物B

f)沉积物C　　g)爆震　　h)提前点火　　i)热冲击断裂　　j)安装力矩不足

图 5-33　火花塞状态示意图

(1)正常工作。有褐色或灰棕色沉积物以及轻微的电极磨损,表明火花塞热度范围正确,车辆高、低速行驶时间的比例正常。

(2)积炭。干燥的松毛状炭黑沉积物,可能是由点火输出电压太低、线圈不良、怠速行驶过长或轻负荷下低速行驶造成的。如果火花塞温度一直过低,不能达到正常燃烧,则积炭就不会被烧掉。

(3)积油。湿润的油状沉积物并带有轻微电极磨损,可能是由于活塞环磨损,导致机油泄漏引起的。新的或最近大修过的发动机在活塞环未完全就位时进行磨合,就会导致这种情况。

(4) 沉积物 A。绝缘体头部出现的红棕色、黄色和白色覆层,属于燃烧副产物。这些沉积物来自燃油以及包含添加剂的润滑油。多数粉末状沉积物对火花塞的工作没有不良影响,但在苛刻工作条件下会导致间歇缺火。

(5) 沉积物 B。沉积物 B 是与沉积物 A 类似的沉积物,属于燃油和润滑油燃烧的副产物。气门杆间隙过大或进气门密封不严,会使过多的机油进入燃烧室。沉积物积聚在火花塞伸入燃烧室的部分,尤其以面对进气门的一侧最严重。如果仅在 1~2 个汽缸内发现这一问题,则应检查气门杆油封。

(6) 沉积物 C。沉积物 A 多数为粉末状沉积物,只要它们保持为粉末状,就不会对火花塞的工作产生不良影响。但是,在一定工作条件下,这些沉积物会熔化,在绝缘体上形成光亮的光滑层面。在高温下,这层物质属于良导体,会使电流顺着沉积物流过,而不通过火花塞间隙进行跳火。

(7) 爆震。爆震常指发动机爆震,它会导致燃烧室内部严重振动,致使零件损坏。

(8) 提前点火。绝缘体头部烧损或起孔以及电极严重腐蚀,可能是由过热造成的。这通常是由冷却系统堵塞、气门卡滞、火花塞安装不正确或火花塞热值不正确(过低)导致的。长期在高速、大负荷条件下工作会产生足以导致提前点火的温度。

(9) 热冲击断裂。在苛刻工作条件下,火花塞头部温度迅速上升会产生热冲击并导致绝缘体断裂。这是导致绝缘体头部断裂和开裂的常见原因。

(10) 安装力矩不足。火花塞和汽缸盖座接触不良会导致传热效果下降,造成火花塞过热。在很多情况下,这会导致严重破坏。汽缸盖螺纹过脏会导致火花塞卡滞,不能完全就位。安装前确保汽缸盖和火花塞螺纹没有沉积物、毛刺和积垢。

(六) 火花塞的检测维修

1. 火花塞的检查

(1) 如图 5-34 所示,检查高压接线柱是否损坏及是否弯曲或断裂,通过拧动和拉动接线柱的方式,测试高压接线柱是否松动。高压接线柱 1 应不晃动。

(2) 检查陶瓷绝缘体是否击穿或有炭痕、炭黑。这种情况通常被错误地认定为陶瓷绝缘体破裂。这是由高压接线柱和搭铁点之间的陶瓷绝缘体两端之间放电而引起的。

(3) 检查以下状况:

①火花塞护套是否损坏。

②汽缸盖的火花塞凹槽区域是否潮湿,例如有机油、冷却液或水。火花塞护套完全受潮后会引起搭铁跳火。

③陶瓷绝缘体有无裂纹。全部或部分电荷可能通过裂缝而不是侧电极、中心电极进行电弧放电。

④是否有异常跳火的迹象。测量中心电极和侧电极端子之间的间隙。检查必须小心进行,避免损坏小直径的铱中心电极。电极间距过大,可能会妨碍火花塞正常工作。

⑤火花塞的紧固力矩是否适当。紧固力矩不足可能妨碍火花塞正常工作。火花塞紧固力矩过大会引起陶瓷绝缘体开裂。

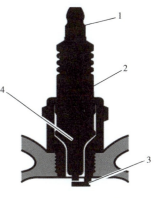

图5-34 火花塞结构
1-高压接线柱;2-陶瓷绝缘体;3-侧电极;4-中心电极

⑥陶瓷绝缘体尖端附近是否有漏电迹象。

⑦侧电极是否断裂或磨损。通过摇动火花塞检查中心电极是否断裂、磨损或松动。若有"咔嗒"声,说明出现了内部故障。中心电极若松动会降低火花强度。

⑧侧电极、中心电极之间是否存在搭桥短接现象。侧电极、中心电极上的积炭会减小甚至消除它们的间隙。

⑨侧电极、中心电极上的铂层是否磨损或缺失。

⑩电极是否过于脏污。

检查汽缸盖的火花塞凹槽区域是否有碎屑。螺纹变脏或损坏可能导致火花塞在安装过程中无法正确就位。

2. 火花塞的维修

1)故障现象

当火花塞产生故障时,引起的故障现象与点火线圈故障的现象相似,可能的故障现象有发动机抖动、动力不足、发动机故障灯点亮、油耗过大、排放超标,严重时发动机熄火或无法起动。

2)外观检查

当点火系统异常时,执行火花塞外观检查,检查的项目和标准如图5-35所示。

检查项目	检查标准
接线柱	接线柱无损坏、无松动
火花塞陶瓷体	陶瓷体无破裂
火花塞间隙	通常间隙为0.5～1.2mm（具体以实车为准）
火花塞型号是否正常	使用厂家推荐的火花塞
螺纹长度与缸盖是否匹配	使用厂家推荐的火花塞
螺纹密封是否良好	无漏气情况

图 5-35　火花塞外观检查项目和标准

3）数据流检测

当火花塞有故障时，可以使用诊断仪，查看发动机"不点火图形"数据。查看各个汽缸的"当前缺火计算"数据，确认哪个或哪些汽缸点火有故障。应该注意的是，不同车型的操作方法和步骤可能有所不同。

（七）点火系统的检测方法

当点火系统出现故障时，首先使用诊断仪读取相应的故障码，根据维修手册的诊断步骤和流程进行相应的检测，也可以结合其他方法，进行相应的故障检测，比如诊断仪检查法、专用工具法、对换法和火花塞分析法。

1. 诊断仪法

使用诊断仪查看"不点火数据"，确认缺火的汽缸和缺火数据的多少，在缺火数据中有"当前"缺火和"历史"缺火数据，可以通过数据确认工作不良的汽缸。

2. 专用工具法

使用火花测试仪（图 5-36），检测点火系统的工作情况，正常的点火系统能看到强烈的电火花，同时，能够听到"啪啪"的跳火声。如果火花不稳定或是弱火花均被视为无火花，说明该缸点火系统不正常。

图 5-36　J-26792 火花测试仪

第五章 点火系统故障引起排放超标的维修

3. 对换法

当某一缸或几缸不点火或点火不良时,可以使用对换法进行相应的检测,将故障缸的点火线圈或火花塞与正常汽缸的点火线圈或火花塞进行对换,对换后如果故障转移,说明对换的部件有故障;如果故障未转移,说明对换部件正常。此方法主要用来确认点火线圈或火花塞的故障。

4. 火花塞分析法

火花塞分析法是通过观察火花塞状态来协助判断点火系统故障或发动机系统故障的方法。

(1)正常状态的火花塞(图5-37)。绝缘体裙部呈现"灰黄色"或浅棕色,电极没有严重烧蚀或融化。

(2)积炭严重的火花塞(图5-38)。绝缘体裙部、电极、壳体被一层暗黑色的化合物覆盖。造成火花塞积炭严重的原因有喷油量过多、混合气过浓、空气滤清器太脏、频繁短程行驶车辆、火花塞热值不正确、热值太低等。

图 5-37 正常状态的火花塞

图 5-38 积炭严重的火花塞

(3)机油沉积的火花塞(图5-39)。绝缘体裙部、电极及壳体被一层光亮的机油或沉淀物覆盖。造成火花塞机油沉积的原因有大量机油进入燃烧室、机油油位过高、汽缸及活塞磨损过度、气门导管及气门油封损坏等。

(4)过热燃烧的火花塞(图5-40)。绝缘体裙部、电极和壳体处呈现灼白色,电极消耗严重。造成火花塞过热燃烧的原因有发动机过热、发动机散热不好、发动机点火过早、火花塞热值过低等。

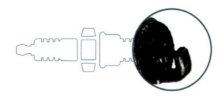

图 5-39 积油沉积的火花塞

图 5-40 过热燃烧的火花塞

(5)闪络的火花塞(图5-41)。陶瓷绝缘体表面形成一道或多道不规则黑色痕迹。造成火花塞闪络的原因有:高电压把绝缘体周围的介质击穿,沿绝缘体表面放电形成的痕迹;火花塞间隙过大导致击穿电压过大;陶瓷绝缘体上有导电污迹;点火线圈橡胶套老化;内壁龟裂击穿等。

(6)绝缘体开裂的火花塞(图5-42)。陶瓷绝缘体表面龟裂或开裂。造成火花塞绝缘体开裂的原因有火花塞间隙损伤、安装时力矩过大、发动机严重爆震、火花塞本身质量原因等。

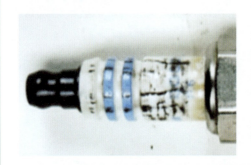

图 5-41　闪络的火花塞

图 5-42　绝缘体开裂的火花塞

第四节　点火系统部件运行故障的维修

一、发动机缺火故障的维修

1. 目视检查

点火系统的所有检查都应该从目视检查开始,主要检查点火系统是否具有如下故障:高压线连接断开、松动或损坏;低压导线连接器松动、断开或脏污;初级电路损坏、磨损;点火模块安装不牢靠、不稳定。目视检查是否存在可能影响发动机工作的售后加装装置。检查易于接触或能够看到的系统部件,是否存在可能导致该症状的明显损坏或故障。检查机油油位是否正确、机油黏度是否合适以及滤清器使用是否正确。确认故障出现时确切的工作条件。记下诸如发动机转速、环境温度、发动机温度、发动机预热时间以及其他具体信息。如果可行,把发动机声音与正常工作的发动机作比较,以确定当前情况是否属于正常情况。

第五章　点火系统故障引起排放超标的维修

2. 故障维修注意事项与维修方法

在维修点火系统的所有测试中,应注意以下事项:

(1) 在检测任何部件的线路时,应该首先关闭点火开关,再进行维修操作。

(2) 在起动发动机或发动机正在运转情况下,绝对不允许用手触摸裸露的线头。

(3) 在对检测的仪器和设备不熟悉或不了解的情况下,禁止使用。

发动机如果有一个汽缸发生缺火,必将引起HC排放的严重超标。同时,由于CO是燃烧的副产物,所以一旦发动机失火,CO排放一般也会出现轻微的减少。这是因为CO是浓混合气的指示器,燃料完全没有燃烧是不会产生CO的,只会有不燃烧的HC产生;如果有少量HC参与燃烧,就会有较多的HC排放或少量的CO排放。维修发动机缺火故障在外观检测没有发现问题后,还需要用尾气分析仪来判断有害气体是否超标,以确定维修范围和项目。常见的发动机缺火故障原因及维修方法见表5-5。

发动机缺火故障原因及维修方法　　　　表5-5

故 障 原 因	维 修 方 法
传动带轮异常可能会导致发动机转速改变并设置缺火故障码。没有实际缺火故障时,也可能出现缺火故障码	更换传动带
发动机附件传动部件磨损、损坏、错位或传动带轮跳动量过大,可能设置缺火故障码	检查部件,进行修理或更换
发动机飞轮或曲轴扭转减振器松动或安装不当,没有实际缺火故障时,也可能出现缺火故障码	修理或更换飞轮或平衡器
排气系统堵塞会使发动机性能降低并设置故障码。堵塞的原因可能包括管道凹陷或消声器和/或三元催化转换器堵塞	需要时进行修理或更换
真空软管安装不当或损坏	需要时进行修理或更换
进气歧管和汽缸盖间、集气管间、集气管和交叉水管间、交叉水管和节气门间或泄压阀和进气歧管间的密封不正常	更换进气歧管、集气管、衬垫、汽缸盖、节气门或泄压阀
进气歧管绝对压力传感器的密封件撕裂或损坏	修理或更换进气歧管绝对压力传感器
蒸发排放吹洗电磁阀或O形圈安装不当或损坏	修理或更换蒸发排放吹洗电磁阀
气门摇臂磨损或松动,气门摇臂、滚柱轴承损坏或未在正确的位置	必要时,更换随动件(气门摇臂)
气门卡滞:气门杆上积炭,会导致气门不能正确关闭	需要时进行修理或更换
正时链条过度磨损或错位	更换正时链条和链轮

155

续上表

故 障 原 因	维 修 方 法
凸轮轴凸角磨损	更换凸轮轴和液压挺柱
机油压力过大:润滑系统机油压力过大,可能导致气门挺柱泵升过量和压缩压力损失	进行机油压力测试,必要时修理或更换机油泵
汽缸垫故障或汽缸盖和发动机汽缸体冷却系统通道开裂或其他损坏	检查火花塞是否浸满冷却液、汽缸盖、汽缸垫,需要时更换
活塞环磨损:烧机油时机油消耗过量而导致发动机缺火	检查火花塞是否有机油沉积、汽缸压力是否降低、进行汽缸泄漏和压缩测试,以识别故障原因
曲轴位置传感器损坏会导致不同的症状,具体情况取决于损坏的程度和部位。曲轴位置传感器严重损坏的系统,会出现曲轴位置周期性丢失,停止传送信号,然后重新同步曲轴位置。曲轴位置传感器轻微损坏的系统,可能不会出现曲轴位置丢失和发动机缺火现象,但是可能会设置 DTC P0300	必要时更换曲轴位置传感器

二、发动机配气正时故障的维修

为了检测新式点火系统的基本点火正时,维修人员必须使用专用的维修工具,以便从正时控制环路中排除计算机的控制作用。计算机控制点火系统的点火提前调节无须检查。无分电器电子点火系统不需要进行基本正时检查或调整。如果基本正时被推迟,点火提前调节程度低于要求值,发动机动力性和燃油经济性会受到损害,CO 排放也会增加。如果基本正时过度提前和点火提前过早,发动机会出现爆震和缺火,将会造成 HC 和 NO_x 排放量增加。

(一)发动机配气正时的检查

如果正时齿形带或链条在凸轮轴链轮上出现打滑现象,表明此时以曲轴转角表示的配气正时不正确,由此可能导致发动机无法起动。如果正时齿形带或链条仅几个齿打滑,会出现发动机的输出功率下降、油耗增大、排放超标的情况。需要按照以下步骤来检查配气正时:

(1)拆下第一缸的火花塞,并将拇指或棉团放在火花塞孔的上面。如果拇指无法够到火花塞孔,那么就在火花塞孔处连接一个汽缸压力表。断开点火线圈初级绕组正极接线柱的导线,以禁用点火系统。

第五章　点火系统故障引起排放超标的维修

（2）转动发动机，直到在火花塞孔处能感觉到压力为止。

（3）将一个远程控制开关连接到起动机电磁线圈接线柱和电磁线圈上的蓄电池接线柱上。慢慢转动发动机，直到正时标记和正时指示器上的 0 刻度在一条直线上为止。此时，第一缸活塞处于压缩行程上止点位置。在许多发动机上，正时标记都在曲轴传动带轮上，而将正时指示器安装在传动带轮的上方。

（4）慢慢使发动机转动一圈，直到正时标记和正时指示器上的 0 刻度在一条直线上。此时，第一缸活塞正处于排气行程上止点位置。

（5）拆下气门室罩盖，并在曲轴传动带轮螺母上安装一个阻断横木和一个管座，在排气行程上止点前 30°以及排气行程上止点后约 30°的范围内旋转曲轴时，观察气门的运动情况。排气门应该在排气行程上止点后几度关闭，而进气门应该在排气行程上止点前几度打开。活塞处于排气行程上止点位置时，气门的这种状态被称为气门重叠。如果以曲轴转角表示的开启时刻不适当，那么排气正时就不正确。在这种情况下，应该拆下气门室罩盖或正时齿形带室盖来检查凸轮轴齿轮与曲轴齿轮之间的位置关系是否正确。如果排气正时不正确，则必须更换正时链条或正时齿形带及链轮。

在进、排气门开闭过程中，会出现进气门已打开，同时排气门还没有完全关闭的重叠状态，常以曲轴转过的角度来表示这个状态，即气门重叠角。气门重叠角的大小会影响发动机的怠速和排放等性能，如图 5-43 所示。

曲轴通过正时齿形带或配气正时链条（图 5-44）驱动凸轮轴时，凸轮轴与凸轮轴正时轮刚性连接，它们之间采用固定的传动比。由于它们之间的相对位置在正常情况下不会发生变化，因此配气正时固定不变，即进排气门的提前角与延迟角是固定的，由此气门重叠角同样也是固定的。

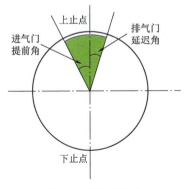

图 5-43　配气相位图

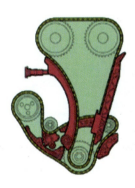

图 5-44　配气正时链条

通过配气机构与电子控制装置的组合还可以实现可变配气正时或气门升程。例如:凸轮轴正时轮相对于凸轮轴转过一定的角度,这会改变气门基于曲轴上、下止点的正时角度,即提前角、延迟角、重叠角都会发生变化。不同的正时角度匹配不同的发动机工况,可以达到最佳的综合控制。双顶置配气凸轮轴结构如图5-45所示。

图5-45　双顶置配气凸轮轴结构

(二) 配气机构的常规检查与维修

为确保正时的正确性,在曲轴正时轮、凸轮轴正时轮或链条上常标有用于对正时判断的标记。对配气机构进行的常规检查包括:正时齿形带是否脱落,正时齿形带是否磨损,正时张紧轮是否损坏。正时是否正确,需要请有经验的维修人员通过正时标记来确认,如图5-46所示。

图5-46　凸轮轴和曲轴齿轮上的正时记号

第五章　点火系统故障引起排放超标的维修

产生发动机上部噪声的主要部位是气门正时机构。气门正时机构包括曲轴驱动的所有部件（配气机构气门组），如图5-47所示。在检查气门正时机构噪声的原因时，推荐使用底盘耳塞或听诊器，从气门间隙开始检查。如果间隙过大，则应当确定是什么原因造成的，包括检查凸轮轴；如果间隙没问题，则应当开始检查润滑系统。如果润滑系统正常，则应当检查气门上的积炭以及气门是否损坏。如果气门间隙正常，则应当检查其他方面，例如检查摇臂（图5-48）及其附件；检查摇臂、柱头螺钉、螺母、螺栓是否损坏；检查力矩，并确认按规定力矩进行紧固。

图5-47　配气机构气门组

图5-48　气门摇臂

1. 液压挺柱

检查液压挺柱和摇臂（图5-49）是否移动，在液压挺柱区域内检查是否有碎屑。

2. 气门推杆

检查气门推杆（图5-50）是否弯曲或损坏；在平整的表面滚动气门推杆以检验是否弯曲，如果不能流畅地滚动，则气门推杆是弯曲的。

图5-49　液压挺柱和摇臂

图5-50　气门推杆

3. 气门固定座

磨损或损坏的气门固定座可能会引起噪声。检查是否有磨损、开裂,以及金属剥落,如图 5-51 所示。

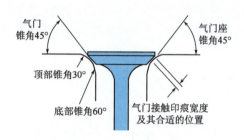

图 5-51　气门固定座

4. 润滑问题

润滑不足可能引起部件早期磨损并产生间隙。检查是否有过热、变色和金属剥落的现象。如果有这些现象,则应当检查油路和油泵运行状况。

5. 气门导管

磨损的气门导管可能使得气门移位、卡滞、弯曲或致气门座损坏。因此需要检查气门导管是否有裂缝、内部磨损以及金属划伤。卡滞的气门通常会引起气门系统其他部位的损坏。

6. 气门

检查气门是否有磨损、开裂、断裂、过热、点蚀或金属剥落。在平整表面滚动气门以确保它没有弯曲。气门上的积炭也会引起噪声,当发动机温度升高时,因积炭造成的噪声通常会消失。如果怀疑有积炭,在拆卸发动机以前,应先使用发动机清洁剂清洗积炭。积炭气门如图 5-52 所示。

7. 气门弹簧

许多发动机都配有拆装气门弹簧的专用工具。为了防止气门弹簧锁片等掉入汽缸,需要给汽缸提供压缩空气。摇动气门以确定气门导管和气门孔之间是否间隙过大。如果存在气门或气门导管问题,则可能需要拆卸汽缸盖,以便进一步进行故障诊断。气门的拆装如图 5-53 所示。

第五章 点火系统故障引起排放超标的维修

图 5-52　积炭气门

图 5-53　气门的拆装

8. 正时齿形带

在顶置式凸轮发动机上,通常使用正时齿形带。检查齿形带的齿是否有圆角或划伤,如果齿形带划伤、损坏、失齿或浸有机油,则应更换齿形带。磨损的正时齿形带也应更换。正时齿形带轮上有一个正时标记,放置好发动机后,标记向上。正时齿形带轮卜的标记应该与汽缸盖或正时齿形带盖上的参考标记对齐,然后才能安装正时齿形带,如图 5-54 所示。

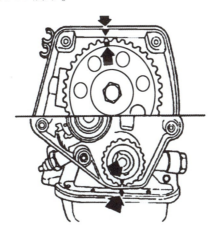

图 5-54　正时齿形带的记号

161

第六章

发动机排放控制系统的维修

发动机排放控制系统发展到今天,已经实现对 CO、HC、NO_x 和颗粒物 PM 的"四元"控制。排放控制系统因此变得十分复杂,其中包括了控制 HC、CO、NO_x 排放的三元催化转换器(TWC)、控制颗粒物 PM 排放的颗粒捕集器(GPF)、控制 NO_x 排放的废气再循环系统(EGR)、控制 CO 和 HC 排放的二次空气喷射系统(AIR)、控制 HC 排放的曲轴箱强制通风系统(PCV)和燃油蒸发排放控制系统(EVAP)等。本章详细地讲述了这些装置和控制系统的检测和维修方法,可供维修技术人员在解决排放污染物治理过程中遇到的问题时参考。

第一节 发动机排放控制系统的工作原理

排放控制系统是发动机辅助控制系统之一,其功能是减少汽车排放污染,满足越来越高的排放法规要求。现代汽车上配置多种排放控制系统,汽油机排放控制系统主要包括曲轴箱强制通风系统(PCV)、三元催化转换器(TWC)、废气再循环系统(EGR)、燃油蒸发排放控制系统(EVAP)、二次空气喷射系统(AIR)、汽油机颗粒捕集器(GPF)控制系统等;柴油机排放控制系统主要包括选择性催化还原系统(SCR)、废气再循环系统(EGR)、柴油机颗粒捕集器(DPF)、柴油机氧化催化器(DOC)等。

一、发动机排放污染物的来源与危害

发动机在运行时,不可避免地会排放出有害物质。这些有害物质不仅危害人

第六章　发动机排放控制系统的维修

体健康,同时也会加剧环境的污染。汽油发动机排放的有害物质主要有 HC、NO_x、CO 和 PM 4 种,柴油发动机排放的主要有害物质为 NO_x 和 PM。

发动机排放控制系统主要针对以上 4 种有害物质进行前期控制和后期处理,以降低这些有害物质的排放,满足国家排放标准。国家第六阶段机动车污染物排放标准(以下简称"国六标准")中对 CO、HC、NO_x 和颗粒物(包括颗粒物质量和颗粒物数量)进行了严格的限值,因此国六标准以后生产的发动机排放控制系统需要控制 4 类有害物:HC、CO、NO_x 和 PM。

HC 通常以气态的形式从尾气管排出,但是其中一部分分子量较大的 HC 在经过大气稀释冷却后可能凝结变为液态。机动车的 HC 排放主要有 3 个来源:一是燃烧过程中未参与反应或者未完全氧化的燃料和润滑油形成的 HC 排放;二是曲轴箱内的燃油及润滑油蒸气;三是从燃油箱、供给管路或在加油过程中蒸发、喷溅出的燃油蒸气。此外,车辆内饰等使用的部分材料和黏结剂所释放出刺激性异味,本质上也可划分为 HC 排放。

CO 是一种燃烧中间产物,燃料在燃烧过程中先被氧化为 CO,再由 CO 向 CO_2 转化,同时放出大量的热。因此,当缸内氧气不足,即燃用加浓混合气时,就会产生高浓度的 CO 排放。氧含量充足时,尾气中以 CO_2 为主,仅有极少量的 CO。尾气排放是 CO 排放的最主要途径,但考虑到窜气的存在,曲轴箱中也有一定浓度的 CO。

NO_x 是由 O 元素和 N 元素构成的气相化合物的统称,但通常仅指一氧化氮(NO)和二氧化氮(NO_2),国六标准中新增的氧化亚氮(N_2O)有独立的排放限值和不同于 NO_x 的测试方法。NO_x 形成于燃料燃烧的高温、高压条件下,高温、富氧和更长的反应时间对热 NO 的形成起促进作用。NO_x 既是引起光化学烟雾、臭氧污染的关键物质,也是我国大气污染治理的重点。

PM 是指随尾气排出的固相物质及液相物质(主要是附着在固相颗粒物表面上)。PM 排放的危害除了降低大气能见度外,还在于其具备穿透人体自身保护屏障,在肺部长期沉积的能力,同时部分颗粒物本身或其携带的物质有致癌性。在汽油发动机中,PM 主要有三种来源:一是在冷起动、急加速等工况中出现的因燃油未充分氧化形成的炭烟颗粒;二是由燃油或润滑油中硫或尾气中 NO_x 转化而来的硫酸盐或硝酸盐;三是来自燃油和润滑油中的金属类添加剂,如汽油中曾经添加的四乙基铅、铁基或锰基添加剂,润滑油中的钙、镁、磷、钼等。

发动机排放的有害物质具体来源及危害见表 6-1。

发动机排放的有害物质具体来源及危害　　　　　　　　表6-1

有害气体	来源/原因	危害
碳氢化合物（HC）	汽油蒸气和未完全燃烧的混合气（如排出的废气、曲轴箱窜气、进气回流等）	具有一定的毒性，在阳光照射下（与NO_x）会产生光化学烟雾，危害人身体健康
氮氧化物（NO_x）	发动机高温富氧燃烧的产物，发动机温度的高低直接影响NO_x的排放量	汽油发动机排出的气体生成NO_2，有刺激性；在微风和强光下，会产生光化学烟雾，危害人身体健康
一氧化碳（CO）	汽油发动机不完全燃烧的产物，当混合气过浓时排放量将会增加	CO中毒将会导致缺氧，损害心脏和大脑；浓度过高会引起神经系统反应，如行动迟缓、意识不清，严重会致人死亡
颗粒物（PM）	混合气体为燃烧的产物	危害人体健康，是大气PM2.5的重要来源

二、汽油发动机排放控制系统的工作原理

1. 曲轴箱强制通风系统的工作原理

曲轴箱强制通风系统（PCV）的主要部件是PCV阀，这是一个简单的弹簧加载阀，里面有一个滑动销。销是锥形的，像一颗子弹，所以它将增加或减少气流取决于其在阀壳内的位置。销的上下运动改变了孔板的开度，从而调节通过PCV阀的空气量。PCV阀通常位于阀盖或进气口中，安装在橡胶垫圈内。气门的位置允许它从发动机内部拉出蒸气，而不会从曲轴箱中吸油。一根软管将PCV阀的顶部连接到节流阀体进气歧管上的真空端口，从而允许蒸气被虹吸直接进入发动机。

PCV阀的流量是为特定的发动机应用而校准的。因此，为了使系统正常工作，PCV阀必须随着操作条件的变化而调整流量。当发动机关闭时，阀门内的弹簧推动销轴关闭，以密封曲轴箱，防止残余蒸气泄漏到大气中。

发动机起动时，进气歧管中的真空拉动销吸开PCV气门，销钉被拉到弹簧上并移动到它的最高位置，但是销钉的锥形形状不允许在这个位置有最大的流量。相反，它限制了空气流动，这样发动机就能平稳地怠速运转。

当发动机在轻负荷和部分节气门下巡航时，进气真空较小，对销的拉力较小，这使得销能下滑到一个中档位置，并允许更多的气流进入。

在高负载或急加速条件下，进气真空下降更多，如果窜气压力的积累速度超过

第六章 发动机排放控制系统的维修

曲轴箱强制通风系统的处理能力,多余的压力就会通过呼吸软管回流到空气滤清器中,然后被吸入发动机并燃烧。在发动机回火的情况下,进气歧管内部压力的突然上升导致 PCV 软管吹回,并猛地关闭销轴。这可以防止火焰通过 PCV 阀返回,但可能会点燃曲轴箱内的燃油蒸气。

2. 废气再循环系统的工作原理

废气再循环系统将少量惰性气体放入燃烧室以控制温度。由于废气通常不燃烧,因此降低了燃烧温度,减少了发动机的 NO_x 排放。

当燃烧室内的物质升温到 1300℃ 或 2500℉ 左右时,氧和氮开始相互结合,形成 NO_x 和 CO。

通过将废气放入燃烧室,惰性废气会稀释空气/燃油混合物。这减慢了燃烧过程,降低了燃烧温度,使 NO_x 无法形成。

与旧的废气再循环系统不同,现代废气再循环系统不断地工作,而不仅只在减速或关闭节气门的情况下工作。在排气和进气凸轮轴上有可变气门正时的新车辆可以调整正时,可以仅使少量废气在进气行程时被吸回燃烧室。

3. 二次空气喷射系统的工作原理

二次空气喷射系统将外部空气泵入排气流,这样未燃烧的燃料就可以被燃烧,从而降低在低温时排气管中 HC 和 CO 的值。早期的二次空气喷射系统有一个皮带驱动的气泵。较新的吸气系统利用排气脉冲产生的真空将空气吸入管道。最新的二次空气喷射系统使用电动机来抽气,该系统对催化转换器的使用寿命至关重要。

在通用 LS 系列、丰田 V8 和福特 3.8 V6 等新款发动机上都可以找到二次空气喷射系统。该系统通常在发动机运行的前 20~120s 内是活跃的,通过迫使空气下游进入排气歧管,氧化起动时产生的大量 HC 和 CO,可以大大缩短预催化剂的熄火时间。该系统通过冷却剂温度、空气温度和氧气传感器等输入信号来注入正确数量的空气。

4. 燃油蒸发排放控制系统的工作原理

燃油箱中的燃油蒸气经止回阀从活性炭罐上部进入炭罐,滤去杂质,与从炭罐下部进入的空气混合,并储存在炭罐中。真空膜片阀由来自炭罐控制电磁阀的负压控制。发动机工作时,ECU 根据发动机转速、温度、空气流量等信号,控制炭罐电磁阀供给真空膜片阀的负压和开度,储存于炭罐中的燃油蒸气经真空膜片阀的开口吸入进气歧管。

在部分车型上,为了有利于发动机抑制爆震,当发动机 ECU 判定发动机产生爆震时,燃油蒸发排放控制系统立即使炭罐控制电磁阀关闭,切断真空,关闭真空膜片阀,直到爆震消失 150ms 后,才使炭罐控制电磁阀恢复工作。

在部分燃油蒸发排放控制系统中,没有真空膜片阀,而是将受 ECU 控制的炭罐控制电磁阀直接安装在活性炭罐和进气管之间。ECU 根据转速、负荷、温度、进气量等信号控制电磁阀通电和断电,从而控制活性炭罐和进气管之间的吸气通道打开或关闭。发动机怠速(进气量较少)或温度较低时,ECU 控制电磁阀断电,关闭吸气通道,活性炭罐内的燃油蒸气无法被吸入进气管。

5. 三元催化转换器的工作原理

三元催化转换器工作需要废气再循环系统和二次空气喷射系统提供两个要素:适当的温度以减少 NO_x 排放,提供 O_2 以燃烧 HC。在理想的条件下,三元催化转换器可以减少 50%~95% 的 NO_x 排放和 99.9% 的未燃烧燃料排放。

内燃机通过用高压火花点燃汽油和大气中氧气的混合物来产生热能。但此过程中,残余的 HC、CO 和 NO_x 在燃烧后会残留下来。因此,三元催化转换器是利用铂等贵金属作为催化剂,将 HC、CO 和 NO_x 等有害污染物转化为 O_2、CO_2 和 H_2O 等无害气体。由于催化剂可以加速化学反应而不在反应过程中被消耗,因此三元催化转换器理论上可以永久使用。但在现实中,三元催化转换器最终因热应力和来自冷却剂和机油添加剂的污染物而失效。

三元催化转换器有三种基本类型:双向、三向和三向+氧化转换器。双向转换器一直使用到 1980 年,旨在消除 HC 和 CO。三向转换器的设计目的是消除 NO_x、HC 和 CO。三向+氧化转换器允许大气空气被注入三向催化剂和额外的氧化床之间,以进一步清洁发动机排气。用作催化剂的贵金属以分子形式分布在金属蜂窝基板表面粗糙的陶瓷洗涤层上。转换的效率基本上是由蜂窝状基片上贵金属的含量决定的。因此,对于供应商和技术人员来说,应用正确的三元催化转换器来满足美国环境保护局(EPA)的要求是非常重要的。

催化剂监视器或自检只在发动机起动和汽车驱动后运行一次。基本上,ECM 使用编程到 ECM 软件中的数学算法来比较上游氧传感器(转换器前)和下游氧传感器的电活动。当上游和下游氧传感器的电活动不符合编程参数时,ECM 的诊断故障代码(DTC)P0420 和/或 P0430 被存储在 ECM 的诊断存储器中,橙色的"检查引擎"警告灯就会点亮。

由于催化剂监视器是基于数学计算的,试图通过比较入口和出口温度或使用

第六章　发动机排放控制系统的维修

废气分析仪来诊断三元催化转换器将不会产生有效的测试结果。当出现 P420/430 诊断故障代码时,专业技术人员应在更换三元催化转换器前检查相关 ECM 校准更新公告。在许多情况下,重新编程 PCM 可能会解决顽固的 P420/430 诊断故障代码出现问题。

6. 颗粒捕集器的工作原理

发动机的污染主要来自 4 个部分:PM、HC、NO_x 和 CO。其中微粒排放物质(烟灰)大部分是由碳或碳化物的微小颗粒(尺寸在 4~20μm)所组成的。自 2019 年 7 月起,全国各地开始实施国六标准排放法规,国六标准排放法规相比国五标准对尾气的颗粒排放物提出了更加严格的要求,PM 限值下降了 33%,而且还新增了 PN(细颗粒物数量)的限值要求。

为了满足新的标准,就必须想办法降低发动机尾气中的颗粒物排放。而汽油机颗粒捕集器是从排放后处理的角度来降低颗粒物排放的技术,其过滤效率高达 90%,同时也能有效控制细颗粒物数量,因此是目前各大整车制造厂采用的主流技术,具有广阔的市场应用前景。

就像柴油机颗粒捕集器(DPF)一样,汽油机颗粒捕集器(GPF)捕捉并储存尾气中的烟尘颗粒。被捕获的烟尘颗粒定期被燃烧,以将它们分解成对呼吸系统危害较小的更小颗粒。在一定的驾驶条件下,发动机增加额外的燃料会提高 GPF 内部的温度。

DPF 或 GPF 中均没有像三元催化转换器那样的贵金属。相反,它们有硅或陶瓷蜂窝结构,增加了吸附烟灰的表面积。随着 DPF 或 GPF 老化,其会变得堵塞,最终需要更换。

目前,福特(Ford)、奥迪(Audi)和其他汽车制造商于 2018 年推出的一些新款汽车上都安装了 GPF,许多 GPF 被集成到三元催化转换器总成中。

三、柴油发动机排放控制系统的工作原理

随着柴油机排放限值的日益严格,在柴油机上也出现了多种排放控制系统。这些排放控制系统的目标都是减少 PM 和 NO_x 的排放。使用最多的是 SCR 和 EGR 两大技术路线,其中 SCR 路线是在缸内减少 PM 的产生,在排气系统上加装附属部件,减少 NO_x 排放;EGR 路线是在缸内抑制 NO_x 产生,在排气系统上安装 POC、DOC 以降低 PM 排放。国六标准实施以后,多个技术路线会被整合到柴油发动机上。

1. 选择性催化还原(SCR)技术

SCR(Selective Catalytic Reduction)即为选择性催化还原,主要用于去除尾气中的 NO_x。其利用尿素作为还原剂,在选择性催化剂的还原作用下,将尾气中的 NO_x 还原成 N_2 与 H_2O。目前 SCR 技术在国产重型货车上使用最多,如果车辆需要加尿素溶液,那么车辆后处理系统使用的即为 SCR 技术。

2. 废气再循环系统(EGR)

EGR 即废气再循环系统,其工作原理为一少部分发动机废气通过 EGR 阀进入汽缸内与混合气燃烧。这样做的目的一是降低燃烧时的汽缸温度,二是降低氧气含量。

3. 柴油机颗粒捕集器(DPF)

DPF 是柴油机颗粒捕集器(Diesel Particulate Filter)的缩写,安装在排气系统中,通过 DPF 能将尾气中的 PM 过滤捕捉,从而减少尾气中的 PM。通常情况下,DPF 过滤效果能达到 70%~90%。

4. 颗粒物催化氧化器(POC)

POC 是 Particle Oxidation Catalyst 的缩写,即颗粒物催化氧化器。POC 的工作原理就是把颗粒物捕捉起来,然后通过尾气的高温(250℃~500℃)燃烧掉,以达到降低 PM 排放的目的。

一般情况下 POC 可涂装催化剂独立使用,虽然其和 DPF 都用于收集 PM,但是 POC 的过滤效果没有 DPF 好,而 DPF 技术相对复杂、化学反应温度要求高、性能不够稳定,因而 POC 在轻型货车上使用较多。另外,POC 可主动再生,而 DPF 再生需要人工干预。

5. 柴油机氧化催化器(DOC)

DOC 是 Diesel Oxidation Catalyst 的缩写,即柴油机氧化催化器。DOC 一般以金属或陶瓷作为催化剂的载体,涂层中主要活性成分是铂系、钯系等贵重金属与稀有金属。当柴油机的尾气通过催化剂时,HC、CO 等在较低温度下可以很快地与尾气中的 O_2 进行化学反应,生成无污染的 H_2O 和 CO_2,由此,DOC 就达到净化尾气中 HC、CO 的目的。

无论采用 SCR 还是 EGR、DOC、POC、DPF,其目的都是将污染物排放量降低,达到环保的目的,让柴油机排放的尾气更加清洁。

第二节　发动机排放控制系统部件结构原理及维修

　　为有效减少有害物质的排放，减轻对环境的污染，满足国家排放标准，汽油发动机上通常都装有尾气排放控制系统。发动机排出的尾气是车辆排放的最大源头，因此，尾气排放控制系统对车辆有害物质排放的控制很重要。尾气排放控制系统时刻监测发动机排出的废气状态，并通过加装三元催化转换器、氧传感器、颗粒捕集器等措施，全面减少发动机的尾气排放。尾气排放控制系统主要有以下部件：传统氧传感器、宽频氧传感器、三元催化转换器和颗粒捕集器。其中，三元催化转换器是减少 CO、HC 和 NO_x 排放的关键。为了维持三元催化转换器的高转化效率，需要理论空燃比混合气，无论传统氧传感器还是宽频氧传感器都是用来控制实现理论空燃比混合气的。由于缸内直喷汽油车的颗粒物排放较高，因此在国六标准新车上出现了汽油车颗粒捕集器，其作用是收集尾气中的炭烟颗粒。

一、加热型氧传感器结构原理及维修

　　在发动机冷起动阶段，控制模块以开环模式运行，加热型氧传感器信号不参与供油量的控制。随着发动机和尾气温度的升高，加热型氧传感器升温且开始产生 0～1000mV 的电压。控制模块监测到加热型氧传感器电压波动达到一定程度后，进入闭环模式。该控制模块利用加热型氧传感器电压调整喷油量。加热型氧传感器电压朝 1000mV 方向升高，表示空气燃油混合气偏浓。加热型氧传感器电压朝 0mV 方向减少，表示空气燃油混合气偏稀。

　　每个加热型氧传感器（HO_2S）将周围空气的氧含量与排气流中的氧含量进行比较，以此信号来进行燃油控制和后催化器监测。加热型氧传感器必须达到工作温度才能提供准确的电压信号。加热型氧传感器内部的加热元件可最大限度缩短传感器达到工作温度所需的时间，这就使得系统能更早地进入闭环模式，并使控制模块能更加精确地控制喷油量。点火电压电路通过一个熔断丝将电压提供给加热器。发动机运行时，加热型氧传感器加热器的低电平控制电路通过 ECM 内的低电平侧驱动器向加热器提供搭铁。ECM 利用脉宽调制（PWM）控制加热型氧传感器加热器工作，使加热型氧传感器保持在规定的工作温度范围内。

1. 传统氧传感器

在三元催化转换器前、后都安装有氧传感器,安装在三元催化转换器之前的称为前氧传感器,安装在三元催化转换器之后的称为后氧传感器。氧传感器用于监测排气中氧的含量,并将信号输送给 ECM。ECM 使用氧传感器信号,修正发动机的喷油量,达到最佳的空燃比,从而提高燃油经济性,减少有害物质排放;同时,该信号也用于监测三元催化转换器的转换性能和储氧能力等。

1)传统氧传感器的结构及类型

氧传感器从外观上看主要分为三个部分:连接器及线束、传感器尾部和传感器头部。根据测氧单元材质的不同,氧传感器可分为氧化锆式、氧化钛式等;按工作特点又可分为两种类型:传统氧传感器和宽频氧传感器。本小节只介绍传统氧化锆式传感器。传统氧传感器头部通过螺纹安装在排气管路上,其传感器头部包含测氧单元和加热电阻等元件,如图 6-1 所示。

图 6-1　传统氧传感器

2)传统氧传感器的工作原理

传统氧传感器测氧单元类似一个微型蓄电池,当氧离子在传感器的内外表面因浓度不同而迁移时,就形成了电压信号。由于大气中氧的浓度几乎不变,所以此电压可反映废气中氧(由混合气空燃比决定)的浓度变化。测氧单元在较高的温度下才能正常工作(350℃左右),加热电阻能主动从内部加热,减少传感器启用时间,尽快获取正常信号,并保持氧传感器工作在最佳温度范围内。

3)传统氧传感器线路

目前,传统氧传感器都是四线式传感器,其 4 个端子含义分别为:1 号端子为加热电源(12V),来自主继电器;2 号端子为加热搭铁控制—脉宽调制信号,由

ECM 控制;3 号端子为信号参考地—ECM 内部;4 号端子为信号—信号电压,一般在 0.1~1.0V 间波动。加热电阻一般在 10Ω 以下。大气基准孔位于传感器线束间隙之间,为确保传感器正常工作,传感器的大气基准必须清洁。

4) 传统氧传感器信号波形

传统氧传感器正常运行模式下读数在 450mV 电压基准线上下变化,如图 6-2 所示。传感器输出电压在 100mV 之间持续波动,说明 ECM 对混合气不断地进行闭环调整,长期空燃比的平均值接近 14.7∶1。

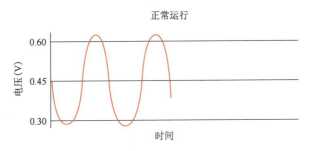

图 6-2　正常运行模式下传统氧传感器信号波形

若传统氧传感器信号电压长时间保持在 450mV 上下很窄的范围内波动,可能的原因是传统氧传感器受到污染中毒导致精确性降低,电压信号异常,如图 6-3 所示。浓混合气所产生的废气中几乎不含氧气,传感器产生较高的电压,在 450mV 以上,说明空燃比持续过大,如图 6-4 所示。后氧传感器位于三元催化转换器之后,由于三元催化转换器有储氧能力,所以正常的后氧传感器信号电压在 700mV,且波动较小。

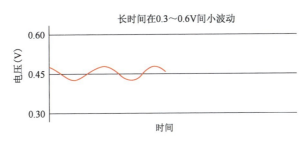

图 6-3　传统氧传感器小范围波动波形示意图

稀混合气产生的废气中含有较多的氧气,传感器产生较低的电压,小于 450mV。当信号电压处于 450mV 以下,说明空燃比持续过小,如图 6-5 所示。

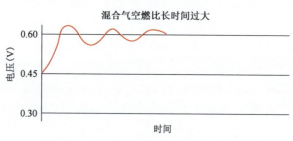

图 6-4　传统氧传感器高电压波形示意图

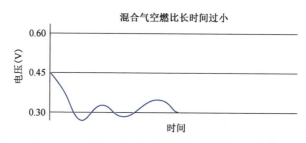

图 6-5　传统氧传感器低电压波形

5）常见故障

氧传感器的常见故障有：传感器头部被污染，采样孔堵塞；传感器的大气通道堵塞，或基准大气污染；传感器内部陶瓷体开裂；传感器老化，响应速度下降；加热控制故障，传感器失效等。

6）传统氧传感器的维修

（1）数据流检测。可使用诊断仪的波形图观察氧传感器信号的变化，并运用氧传感器的波形特点来分析系统或传感器故障。前氧传感器（HO_2S1）信号电压以 450mV 为中心波动，说明混合气空燃比在正常修正过程中；后氧传感器（HO_2S2）的信号电压稳定在 700mV 左右，说明三元催化转换器工作效能（储氧效能）正常。

（2）加热电阻检测。加热电阻由 ECM 通过脉宽调制信号进行加热控制，可以使用以下方法检测加热电阻及其控制：使用诊断仪读取加热占空比，以确认 ECM 的控制是否正常；使用诊断仪驱动加热指令，以确认加热是否正常执行；直接使用万用表测量电阻的阻值，以确认加热元件及线束是否正常。

（3）加热电阻读入值重置。在更换 ECM 或氧传感器后，需要执行加热电阻读入值重置程序，不执行此程序会导致系统性能不良。读入值重置要点如下：进入发动机控制模块,在重置功能选项中选择"加热型氧传感器(HO₂S)加热器电阻读入值重置";此程序一般在10s内结束。在执行加热电阻读入值重置前,先确认ECM未设置相关故障码。

(4)维修注意事项。在拆装氧传感器时,必须注意以下事项:切勿掉落或鲁莽操作传感器;发动机温度低于48℃时,拆装氧传感器易导致氧传感器损坏,需要使用专用工具拆装氧传感器;切勿在氧传感器或线束连接器上涂抹清洗剂、润滑脂;氧传感器引线、连接器或端子损坏,不要试图修复;如果氧传感器中毒、污染、损坏或老化,不可维修,只能更换氧传感器总成。

2. 宽频氧传感器

宽频氧传感器(图6-6)用于测量排气系统中的氧含量,提供比传统加热型氧传感器更多的信息。宽频氧传感器由测氧单元、泵氧单元和加热器组成。废气样本流经测氧单元和泵氧单元之间的扩散区。ECM向宽频氧传感器提供电压,并将此电压作为排气系统氧含量的基准。ECM中的电子电路通过泵氧单元控制泵电流,保持测氧单元电压恒定。ECM监测测氧单元的电压变化,试图通过增减至泵氧单元的电流大小或氧离子流量来保持电压恒定。通过监测保持测氧单元电压需要的电流大小,ECM可确定排气氧浓度。宽频氧传感器能够以 λ 值输出。λ 值为1相当于14.7:1的空燃比。正常工作条件下,λ 值保持在1左右,ECM利用该信息保持正常的空燃比。如果ECM检测到宽频氧传感器信号电压过低,将存储相关DTC。

图6-6 宽频氧传感器

同传统氧传感器一样,宽频氧传感器的功能也是测量排气系统中氧的含量。但是,与传统氧传感器相比,宽频氧传感器的内部结构和工作原理差异很大,但具有反应快、测量准确等优点。相比传统氧传感器,宽频氧传感器在发动机起动后能更快地进入闭环运行模式,从而减少冷车阶段排放。宽频氧传感器能够定量地反馈混合气的浓稀程度,能够在更宽的转速内配合实现更为精确的燃油修正控制。通常,宽频氧传感器仅安装在三元催化转换器之前,即仅作为前氧传感器。

1)内部结构

宽频氧传感器分为头部、尾部及线束连接器3个部分,它们内部有以下4个重要结构:测氧单元、泵(吸)氧单元、加热电阻和调节电阻。

(1)测氧单元。测氧单元位于传感器头部,类似传统氧传感器,用于监测排气系统浓度。

(2)泵(吸)氧单元。泵(吸)氧单元位于传感器头部,施加电流泵吸氧气以维持测氧单元信号稳定,而电流的大小反映了精确的空燃比。

(3)加热电阻。加热电阻位于传感器头部,用于加热,以加快进入闭环控制,并让传感器工作在最佳的温度下。

(4)调节电阻。调节电阻位于连接器内部,用于校准传感器。

2)工作原理

如图6-7所示,废气样本流经测氧单元和泵氧单元之间的扩散区,ECM监测测氧单元的电压变化;ECM还通过增减至泵氧单元的电流大小(即控制氧离子流量)来保持测氧单元电压恒定;通过监测保持测氧单元电压恒定需要的泵电流大小,ECM可计算排气中氧的精确浓度。宽频氧传感器电压以λ(过量空气系数)值显示:

(1)λ值为"1",相当于14.7:1的空燃比;

(2)λ值小于"1",说明混合气浓度高;

(3)λ值大于"1",说明混合气浓度低。

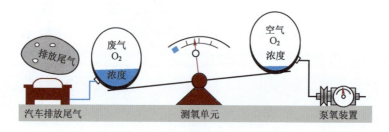

图6-7 宽频氧传感器工作原理示意图

3)线路

目前,车辆上装配较多的是五线宽频氧传感器。其中传感器侧有5根线束,而ECM侧则有6根线束,如图6-8所示。

4)维修方法与注意事项

(1)诊断仪数据流检测。可使用诊断仪读取宽频氧传感器的相关数据,以分析发动机和宽频氧传感器的工作状态。通过诊断仪可以读取宽频氧传感器的主要数据(λ 值),正常范围 0.8~1.1 之间;信号电流为毫安级电流,标准值参见维修手册;加热器电流通常在 0.3~4.3A 之间。

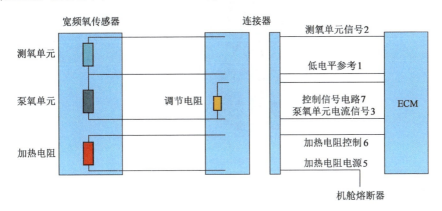

图 6-8　宽频氧传感器线路图

(2)万用表测量。不可以直接破线测量宽频氧传感器的电流和电压,也不可以维修宽频氧传感器线束和连接器。可以断开连接器,通过万用表测量来确定传感器或线路的状态。测量传感器头部的加热器电阻,常温下约为 5Ω;测量连接器内部的调节电阻,约为 230Ω;测量 ECM 侧连接器的各端子电压值,其连接器的 1、2、3、7(图 6-8)端子搭铁电压正常应在 4.8~5.7V 之间。

(3)维修注意事项。宽频氧传感器的拆装注意事项、加热控制检测和加热电阻读入值重置同传统氧传感器类似。

二、三元催化转换器结构原理及维修

三元催化转换器安装在排气歧管的后方,不仅能把尾气中的 CO、HC 和 NO_x 催化转换成无害物质,而且具有一定的消声功能。直列四缸发动机只有一个三元催化转换器,V 形发动机通常设计有两个三元催化转换器。

1. 三元催化转换器的内部结构

三元催化转换器壳体用耐高温的不锈钢制成,内部孔道的基体(陶瓷载体)上涂有催化剂,催化剂含有铂、钯和铑等贵金属。为了提高转换效率,三元催化转换器内部孔道设计成致密的蜂巢状结构,这极大地增加了污染物与催化剂的接触面积,从而快速净化发动机排出的废气,如图 6-9 所示。

图 6-9　三元催化转换器内部结构

2. 三元催化转换器的工作原理

当废气通过三元催化转换器的蜂巢状孔道时,会在催化剂铂、钯和铑的作用下转换成无害物质,如 NO_x 被还原为无害的氧和氮,CO 和 HC 与废气中的氧加快发生化学反应,生成 H_2O 和 CO_2。三元催化转换器的催化转换效率与其储氧能力直接相关,ECM 可通过氧传感器监测其储氧能力。另外,三元催化转换器的催化转换效率还与空燃比和温度有关。

1)空燃比

当空燃比在 14.7:1 时,HC 和 CO 生成量都很少,虽然 NO_x 排放较多,但使用了三元催化转换器后,在此理论空燃比下,三元催化转换器综合转换效率最高,可净化 90% 以上的有害物质,如图 6-10 所示。

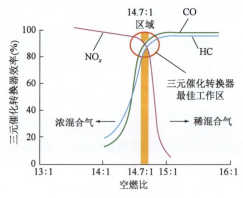

图 6-10　三种气体与空燃比的关系图

第六章 发动机排放控制系统的维修

2）工作温度

三元催化转换器在催化过程中需要一定的工作温度（300℃以上）才能保证较高的转换效率。冷起动时，发动机可能会调整点火正时来加快三元催化转换器升温。温度过高的排气也会损坏三元催化转换器，如发生缺火可能会造成三元催化转换器高温失效。

3）维修注意事项

三元催化转换器内部是致密多孔的蜂巢状结构，在维修时应该注意以下事项：

（1）使用无铅汽油。含铅汽油会使催化剂中毒而导致三元催化转换器失效。

（2）检查机油和冷却液。废气中出现机油及冷却液会损坏三元催化转换器的性能。

（3）不要敲击。在维护时敲击三元催化转换器外部，会损坏其内部结构，造成三元催化转换器失效。

（4）检查外表。行驶中碰撞或剐蹭三元催化转换器会导致三元催化转换器载体破裂而失效。

4）常见故障及原因

三元催化转换器常见故障现象、可能原因及维修方法见表6-2。

三元催化转化器常见故障现象、可能原因及维修方法　　表6-2

常见故障	可能出现的现象	可能的故障原因	维修方法
堵塞	发动机动力下降，加速不良	使用了不正确的燃油或机油	更换
破损	排气泄漏，排放超标	排气管道受到碰撞，内部陶瓷基体受到损坏	更换
内部失效	排放超标	催化剂失效	更换

以下其他故障也会导致三元催化转换器损坏：

（1）发动机控制系统控制失灵，如车辆在减速模式、断油模式时，发动机没有正确执行关闭燃油喷射，导致高温损坏。

（2）发动机控制部件发生故障，如发生喷油嘴关闭不严等，最终会导致高温损坏。

（3）缺火故障也会损坏三元催化转换器。如果监测到会损害三元催化转换器的缺火故障，ECM会以每秒1次的频率闪烁发动机故障指示灯（仪表上MIL等）。

5）数据流和故障码检测

（1）OBD-Ⅱ要求对三元催化转换器执行很多性能的监测，这主要由ECM通过对后氧传感器的信号监测来完成。

（2）可以使用诊断仪查看三元催化转换器数据流，以及观察前后氧传感器的信号、三元催化转换器的储氧能力等。

（3）如果三元催化转换器性能下降，可能会设置 DTC P0420（催化转换系统效率过低）等故障码。读取到故障码后，应该按照维修手册相关步骤维修。

3. 三元催化转换器故障检测与维修

1）泄漏检测

排气泄漏可能会对三元催化转换器的诊断产生不良影响。范围较小的泄漏会使周围氧气进入排气系统中。根据具体的泄漏位置以及泄漏量的不同，排气泄漏可能会使转换性能较差的三元催化转换器通过测试，还可能导致错误地将转换性能良好的三元催化转换器判断为故障部件，或者阻止诊断测试运行。着车状态下，可用湿抹布堵住排气管出口处，观察整个排气管是否有漏气处。

2）轻敲检测

用一个橡胶锤轻轻地敲击三元催化转换器，如果三元催化转换器内部有断裂或异物，在敲击三元催化转换器时，三元催化转换器会发出"哗啦"声。如果出现这种现象，就需要更换三元催化转换器。

3）非原厂配件检测

非原厂配件与原厂的三元催化转换器性能不同，可能导致 ECM 判断错误，并设置错误诊断故障码。三元催化转换器的常见故障有堵塞、破损和内部失效三种。

图 6-11　J-35314-A 排气背压表

4）排气背压测试

正常情况下，排气系统有很低的背压，如果三元催化转换器堵塞，则排气阻力显著增加。在检测排气系统背压时应该注意以下事项：

（1）需要拆下氧传感器。

（2）将排气系统背压表安装到氧传感器孔内。

（3）分别检测三元催化转换器前后背压值并进行比较，分析堵塞情况。

（4）拆下氧传感器后可能会设置故障码。在完成检测操作后，务必清除所有故障码。

J-35314-A 排气背压表如图 6-11 所示。

5)用真空表测试排气背压

发动机温度正常,接好真空表,突然开大节气门,此时进气系统与大气相通,真空表表针应该迅速回零;如果此时不能回到零,说明排气系统有堵塞情况。表针离零位越远,堵塞越严重。造成进气歧管真空度下降的原因是:发动机在较高转速下运行时,如果排气系统产生堵塞现象,汽缸内的废气就不能畅通地排出,进而使得本应排出的废气滞留在缸内,在下一个工作循环的进气行程中,缸内的残余废气导致新鲜空气的吸入量减小,使本应在进气歧管中形成的较大真空度下降。如果排气系统堵塞现象十分严重,那么发动机的加速和高速行驶性能都会大幅下降。

6)温度测试

一个已经达到起燃温度并且工作正常的三元催化转换器,其出口温度应该比进口温度高10%左右。例如:进口温度为450℃,其10%为45℃,也就是说,这个三元催化转换器的出口温度至少要超过495℃。假如三元催化转换器不工作,则其进口温度要比出口温度高。三元催化转换器温度测试示意图如图6-12所示。

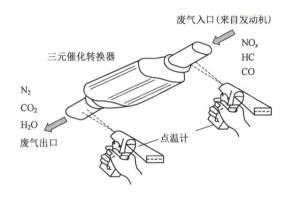

图6-12 三元催化转换器温度测试示意图

7)诊断仪检测

使用诊断仪查看三元催化转换器数据流,以及观察前后氧传感器的信号,分析三元催化转换器的储氧能力。氧传感器的信号可监测三元催化转化器的工作情况。如果这两个氧传感器信号相同,说明三元催化转换器工作不正常,仪表板上的故障指示灯(MIL)将会点亮。

8)效率测试

测试之前,应充分预热三元催化转换器。将五气分析仪的探头插入排气管中,断开点火开关,然后短暂转动钥匙,使发动机在起动机的带动下转动但不着车,同时深踩加速踏板,观察尾气分析仪上的读数。当 CO_2 浓度的读数超过 11% 时说明三元催化转换器完好。如果在这一过程中 HC 浓度读数超过 1500×10^{-6} 尾气分析仪便停止运转,说明三元催化转换器没有工作。

值得注意的是,效率测试不能连续重复做两次以上,在两次测试之间必须起动一次发动机。如果发现三元催化转换器已经损坏,就要更换。

9) 氧存储量测试

完好的三元催化转换器可以存储氧气。测试时,如果三元催化转换器装备了二次空气喷射系统,则必须关闭此功能。利用尾气分析仪,在三元催化转换器预热后,保持发动机以 2000r/min 的转速运转,观察尾气分析仪的读数。若 O_2 的读数在 0.5%~1% 之间,则表明三元催化转换器正在消耗 O_2。需要注意,当 CO 读数开始下降时,读取 O_2 读数。如果三元催化转换器未通过这项测试,表明三元催化转换器工作不良或根本不工作。

10) 内窥镜检测法

当三元催化转换器出现故障时,拆下前氧传感器或后氧传感器,用内窥镜观察三元催化转换器内部堵塞后的情况,根据检查结果,对其进行维修。

三、颗粒捕集器的结构原理及维修

发动机在运行中产生一定量的颗粒物并随尾气排放(在冷起动、急加速等工况更多,主要是炭颗粒),对环境大气造成污染。为了减少尾气排放,并使排放达到国六标准,排气系统安装了颗粒捕集器,用于过滤排气系统中的颗粒物,降低颗粒物排放量。

1. 颗粒捕集器的结构组成

颗粒捕集器通常采用紧密耦合布置方式,即与三元催化转换器集成为一个总成(位于三元催化转换器下游),有时也将两者统称"四元催化转换器",如图 6-13 所示。

颗粒捕集器及相关部件主要包括颗粒捕集器滤芯(含三元催化转换器的净化装置总成)、压差传感器和排气温度传感器(2 个)。

1) 颗粒捕集器滤芯

颗粒捕集器滤芯为微孔结构,孔道的两端仅有一侧开放,与三元催化转换器共同构成尾气净化装置。颗粒捕集器滤芯的主要特点如下:

(1) 颗粒捕集器滤芯应具有较高的过滤效率、较低的排气阻力和良好的热稳定性,常用材料有堇青石、碳化硅等。

（2）某些颗粒捕集器滤芯孔壁带有贵金属涂层，有利于降低颗粒物燃点，提高再生效率。

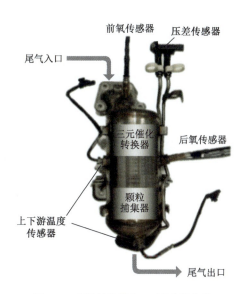

图 6-13　颗粒捕集器和三元催化转换器

2）压差传感器

压差传感器监测颗粒捕集器上、下游压力差，用于计算碳载量；判断颗粒捕集器性能状态，如堵塞、缺失等。压差传感器通过两根采样软管，分别检测颗粒捕集器上、下游的排气压力；三线传感器内置测压单元和电子芯片，输出数字信号。

3）排气温度传感器

上游排气温度传感器用于判断颗粒捕集器再生温度条件和控制排气温度，促使颗粒捕集器高效再生；下游排气温度传感器用于反馈颗粒捕集器再生燃烧后的温度，实现系列精确控制。排气温度传感器均为两线正温度系数热敏电阻传感器，其电阻值随温度的升高而增大，如图 6-14 所示。

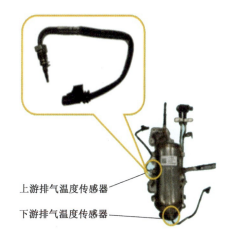

图 6-14　排气温度传感器

2. 颗粒捕集器的工作原理

排放的尾气经过颗粒捕集器时，未燃烧的炭颗粒被吸附在滤芯孔壁上，从而实现过滤的目的。颗粒捕集器最高可过滤掉99%的炭颗粒，但长时间使用后，会导致发动机排气背压增加，从而影响发动机动力性和燃油经济性。因此，ECM需要适时计算碳载量，并清除颗粒捕集器中累积的炭颗粒，即颗粒捕集器再生，以降低负面影响，从而实现循环使用。颗粒捕集器工作原理如图6-15所示。

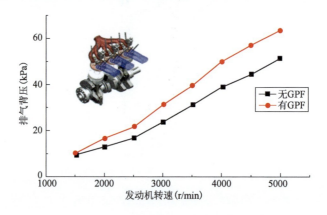

图6-15 颗粒捕集器工作原理示意图

1) 计算碳载量

碳载量是指颗粒捕集器滤芯中炭颗粒的累积量，它是颗粒捕集器再生运行的关键参考指标。碳载量难以直接测量，排放控制系统通过以下两种方法进行计算：

(1) 压差计算法。由于碳载量的变化能够导致颗粒捕集器上、下游的排气压差发生相应变化，可以通过安装压差传感器，监测压差信号来计算碳载量。

(2) 数模计算法。通过发动机起动次数、运行时间和冷却液温度等信息，依据数学模型可以计算出颗粒捕集器碳载量。

2) 颗粒捕集器再生

系统清除炭颗粒使颗粒捕集器滤芯恢复过滤性能的过程称为"再生"，其基本原理是通过提升尾气的氧含量和温度，促进滤芯中的炭颗粒氧化燃烧。发动机的颗粒捕集器有三种再生方式：被动再生、主动再生和维修再生。

(1) 被动再生。ECM不介入控制，炭颗粒在一定工况下可自行燃烧实现再生，如在较高车速松抬加速踏板滑行时。

(2) 主动再生。碳载量累积到一定阈值，ECM通过降低混合气浓度和延迟点火等控制来提高颗粒捕集器中的氧含量和温度,促进炭颗粒燃烧再生。

(3)维修再生。碳载量累积到维修再生阈值(高于主动再生)时,系统会设置故障码并点亮发动机故障灯,车辆需进入维修站通过诊断仪触发再生。

3. 数据流分析及维护对策

碳载量数据是反映颗粒捕集器滤芯堵塞程度的重要参数,采用百分比表示,维修人员在维护车辆时应关注此项数据,并采取相应维护对策。需要注意的是,在低温环境中使用,尤其是在零下 20℃ 以下时,每次冷起动时最高会有 30% 的碳载量增量,如果车辆的行驶时间和距离较短不能激活主动再生,可能在约 30 天时导致发动机故障灯点亮。碳载量维修标准及步骤见表 6-3。

碳载量维修标准及步骤　　　　　　　　表 6-3

碳载量数据	仪表信息提示	发动机故障灯	再生方式	维修站对策
<300%	无提示	不点亮	被动或主动再生	—
≥300%	低配仪表:code55;高配仪表:尾气过滤系统清洁中,请继续行驶	不点亮	主动再生	提醒用户按一定条件驾驶车辆,直至自行完成主动再生
≥500%	低配仪表:code55;高配仪表:尾气过滤装置清洁中,继续行驶	点亮	主动再生、维修再生	检测车辆确定维修方案:启动维修再生或更换部件

1)诊断再生

进行车辆维护时,维修人员应主动查看碳载量数据,当数据接近或已达到 300% 时,需要及时提醒用户按以下条件操作车辆,自行完成主动再生:

(1)不低于 60km/h 的行驶速度。

(2)持续驾驶不少于 15min。

若仪表显示颗粒捕集器再生提示信息,当系统判断再生完成后提示信息会自动消失。对于碳载量已达到 300% 的车辆,若用户无法满足以上驾驶条件,将造成碳载量继续增加,最终导致颗粒捕集器堵塞。

2)维修再生

当车辆出现以下任一情况时,需要执行维修再生:

(1) 碳载量数据已达到500%。

(2) 更换ECM模块或重新编程。

(3) 车辆设置的颗粒捕集器相关故障码诊断程序中要求执行维修再生,如DTC P2463(炭载过量)等。如果仅刷新了ECM的标定而非重新编程,ECM内会保留颗粒捕集器相关学习值而无须执行维修再生;在重新编程之前读取碳载量数据,如果小于300%,编程后也无须执行维修再生。

3) 启用

仅能使用诊断仪启动维修再生功能,维修再生完成后,还应查看相关数据流以确认再生是否成功。

车辆需要满足的主要启用条件为:发动机舱盖已经打开、发动机已经起动、变速器处于空挡、油箱中燃油量多于10L、冷却液温度高于50℃、加速踏板未被踩下、发动机转速在600~3300r/min之间。需要注意的是,当满足以上条件,且颗粒捕集器内部温度高于580℃、过量空气系数大于1.022时,颗粒捕集器系统才启用颗粒捕集器再生。此外,维修再生所需时间最长可达50min以上,且发动机转速将自动提升至3000r/min左右,发动机舱和尾气的温度较高,必须执行如下操作以保障安全运行:在车间外通风的地方进行操作;打开发动机舱盖清理易燃物和油渍;使用电风扇对着机舱吹风,辅助降温;附近放置灭火设施,以备应急使用;附近有危险应急人员负责看管。

采用人为提升发动机转速并原地运行发动机对颗粒捕集器进行再生,其效果十分有限,因此,这种方法不可替代维修再生。

4) 终止

使用诊断仪可终止维修再生程序,如果发生以下任一情况,维修再生将自动终止:发动机熄火、制动踏板被踩下、加速踏板被踩下、车速大于3km/h、颗粒捕集器温度大于900℃、冷却液温度低于50℃或高于120℃、油箱剩余燃油量少于5L、车速超出要求的范围等。

如果连续执行维修再生,两次操作之间至少间隔30min以上,否则程序无法激活;维修再生异常终止后,发动机可能保持较高转速大约30min,然后降至正常读数;关于维修再生的终止,不同车型可能存在差异,详见对应车型的维修手册。

4. 颗粒捕集器的维修

(1) 故障码查看。发动机控制系统对颗粒捕集器相关传感器、颗粒捕集器碳载量和滤芯性能等均有严格的监测和判断,能够设置对应的故障码,这是售后维修

第六章　发动机排放控制系统的维修

诊断的重要参考,表 6-4 列举了部分与颗粒捕集器相关的故障码及其含义和维修方法。

颗粒捕集器故障码及其含义和维修方法　　　　表 6-4

故　障　码	基 本 含 义	维 修 方 法
P2452、P2454 等	压差传感器信号性能	检查传感器线路或替换传感器
P2463、P24A4	颗粒捕集器炭载过量	执行维修再生,若两个故障码同时出现,则更换颗粒捕集器
P2260	颗粒捕集器过滤恶化	按维修手册更换颗粒捕集器

应严格按照不同故障码的具体诊断程序展开维修,解决对应故障点,避免盲目更换颗粒捕集器总成。

(2)在拆卸颗粒捕集器总成时,建议先拆下总成上的两个氧传感器、两个排气温度传感器并确认压差传感器采样管路已断开;避免颗粒捕集器总成、线路、管路和传感器在拆装过程中受损变形;颗粒捕集器总成上、下方的两个接口垫圈均不可重复使用,否则可能引起排气泄漏。

(3)与颗粒捕集器相关的重置/学习操作有两项:

① 当更换了新的颗粒捕集器总成后,为了清除 ECM 中存在的碳载量累计值,应使用诊断仪执行碳载量重置归零。

② 当更换了新的压差传感器后,为清除 ECM 中保存的原压差学习值,应使用诊断仪执行重置,然后将车辆交由用户正常驾驶,ECM 将自行完成传感器的学习校准。

第三节　发动机排放控制机内净化装置故障维修

一、燃油蒸发排放控制系统故障维修

1. 燃油蒸发排放控制系统自我测试

常规燃油蒸发排放控制(EVAP)系统与增强型 EVAP 系统的工作原理基本相同,但增强型 EVAP 系统除了具备吹洗功能外,还增加了系统自我测试功能,包括 4 个泄漏测试功能:吹洗电磁阀泄漏测试、严重泄漏/堵塞测试、炭罐通风堵塞测试和轻微泄漏测试。

1)吹洗电磁阀泄漏测试

如果吹洗电磁阀密封不当,燃油蒸气可能在非期望的时刻进入发动机,导致动

力性能减弱。发动机运行时,ECM指令如下部件动作以封闭系统展开测试:吹洗电磁阀断电,关闭吹洗通道;通风电磁阀通电,关闭新鲜空气入口;吹洗泵启用。ECM通过机油压力传感器检测系统压力是否变化,如果油箱内压力降低,说明吹洗电磁阀可能密封不严,ECM将设置相应的DTC。

2)严重泄漏/堵塞测试

如果EVAP系统严重泄漏或堵塞,将不能正常地从炭罐中吹洗燃油蒸气,导致环境污染。在特定的条件下,ECM指令如下部件动作以建立真空展开测试:吹洗电磁阀通电,开启吹洗通道;通风电磁阀通电,关闭新鲜空气入口。ECM通过油箱压力传感器检测真空度是否变化,如果真空度没有如预期地增加,说明系统可能存在严重泄漏、吹洗通道堵塞或电磁阀卡在闭合位置,ECM将设置相应的DTC。

3)炭罐通风堵塞测试

如果炭罐通风管路堵塞,将不能正常地从炭罐中吹洗燃油蒸气。在特定的条件下,ECM指令如下部件动作以建立真空展开测试:吹洗电磁阀通电,开启吹洗通道;通风电磁阀断电,断开新鲜空气入口。ECM通过机油压力传感器检测系统真空度是否变化,如果真空度增加过快,说明炭罐的通风管路可能堵塞,ECM将设置相应的DTC。

4)轻微泄漏测试

如果系统轻微泄漏,会导致燃油蒸气缓慢排放到大气中。发动机熄火且点火开关关闭,ECM指令如下部件动作以封闭系统建立真空展开测试:吹洗电磁阀断电,关闭吹洗通道;通风电磁阀通电,关闭新鲜空气入口。正常情况下停车后油箱内的温度和压力应先升高再降低。ECM通过传感器检测压力变化特点,如果压力变化异常,说明炭罐的系统管路可能有轻微泄漏,ECM可检测到最小轻微的泄漏点。此测试时间可能长达40min,在执行寄生电流测试时需注意此功能的影响。

2. EVAP系统维修

EVAP系统具有部件多、管路长、密封要求高等特点,在执行系统外部维修检查时,需要关注以下要点:管路是否破损、弯折、变形、松脱;炭罐是否破损、开裂、松动;加油口盖是否密封良好;通风电磁阀前部的滤网是否堵塞。EVAP系统管路及炭罐安装位置如图6-16所示。

1)诊断仪驱动检测

可以主动利用诊断仪的驱动检测功能对系统部件进行驱动控制,同时通过分析数据流来对系统进行检测。

图 6-16　EVAP 管路及炭罐安装位置

（1）吹洗功能检测。发动机运行时，利用诊断仪控制 EVAP 系统吹洗电磁阀动作，随着占空比指令的增加，油箱压力传感器的压力应有所降低。

（2）通风功能检测。利用诊断仪控制 EVAP 通风电磁阀为不通风状态，在发动机运行且非吹洗状态下，机油压力传感器的压力值应有小幅增加。因为此时 EVAP 系统为一个完整的密封状态，若压力值没有增加，则说明系统存在泄漏的可能。

（3）系统密封检测。在执行系统净化/密封检测时，指令吹洗电磁阀动作，机油压力传感器的压力值应有明显降低。若降低速度较慢或完全不降低，则说明 EVAP 系统存在泄漏点，应进一步检测相关部件。

2）EVAP 系统泄漏测试

若 EVAP 系统软管泄漏，则系统会设置故障码或点亮发动机故障灯。在执行系统泄漏检测时，可以使用专用的 EVAP 系统泄漏测试仪（GE-41413-A 和 GE-41413-B，如图 6-17 所示）。此测试仪有如下特点：

（1）可以向封闭的系统内充入氮气建立起压力。

（2）通过观察压力表的变化检测系统是否有泄漏。

（3）可以检测到很细微的泄漏。

（4）配合烟雾发生器可以定位泄漏点。

二、废气再循环系统故障维修

1. 废气再循环系统常见故障

废气再循环（EGR）系统废气再循环量过高会导致动力下降，而循环量过低或不循环,则会导致爆燃、发动机过热、排放不达标、自我测试不通过等现象。OBD-Ⅱ要求 EGR 系统能够持续监测异常低和异常高的废气再循环流量故障,并监测电气元件的开路、短路或阀芯卡滞等现象。因此使用诊断仪可能会检测到以下故障码:

(1) DTC P0402 00(废气再循环流量过大);
(2) DTC P042E(废气再循环阀卡滞在常开位置);
(3) DTC P0490 72(废气再循环位置未读入——执行器卡在打开位置);
(4) DTC P0409(废气再循环位置传感器性能故障);
(5) DTC P040F(废气再循环温度传感器 1、2 不匹配);
(6) DTC P041B 29(废气再循环温度传感器 1 信号无效)。

图 6-17　EVAP 系统泄漏测试仪

2. EGR 系统或部件检测维修

在执行 EGR 系统或部件深入检查时,应关注以下事项:EGR 阀至进气歧管之间的管路是否有破损、弯折变形、内部堵塞;EGR 阀处是否有结焦、积炭、碎屑或损坏,否则会导致 EGR 阀卡滞在关闭或打开位置;进气歧管绝对压力传感器处是否有泄漏或堵塞(与 EGR 运行及测试有关)。

1) 使用诊断仪分析数据流

可以使用诊断仪查看 EGR 系统数据流,以分析系统运行状态。打开点火开关,观察 EGR 阀位置传感器参数,读数应在 0~4% 之间;发动机运行时,查看 EGR 期望值和实际值之间的差异;查看 EGR 冷却器出口温度传感器和发动机冷却液温度传感器的差值,应在 3℃ 左右。

2)使用诊断仪驱动功能检测 EGR 系统

用故障诊断仪驱动 EGR 阀在 0~40% 之间动作时,确认故障诊断仪指令的 EGR 位置和 EGR 位置传感器参数差异保持在 3% 以内;当发出移动阀芯的指令后,实际位置在最初时,可能会有所波动,因此,在读取读数之前,等待 1~2s,使数据参数稳定下来;当 EGR 电磁阀实际位置与期望位置的数值相差较大时,说明 EGR 阀可能存在卡滞,需要对 EGR 阀性能进一步检查。

3)参考 MAP 的压力检测 EGR

废气再循环流量与进气歧管绝对压力(MAP)的改变量具有一定的相关性,如图 6-18 所示。EGR 电磁阀打开则会增加歧管的压力。关闭 EGR 电磁阀,阀门将会减少歧管压力。若 EGR 电磁阀打开时 MAP 数值变化的响应较慢或不变,则 EGR 阀芯可能存在卡滞,应进一步检查 EGR 电磁阀等。

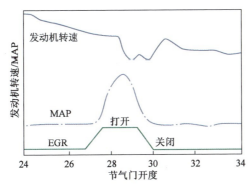

图 6-18　EGR 与 MAP 信号波形图对比

4)使用万用表测试

可以使用万用表对 EGR 系统部件进行检测:使用万用表电阻挡检测排气温度传感器的电阻值或 EGR 电磁阀线圈的电阻值,并与标准值对比来确认其是否正常;使用电压挡检测位置传感器信号线上的电压值,根据传感器的类型与对应标准值对比,来确认其是否正常。

三、曲轴箱强制通风系统故障维修

1. 曲轴箱强制通风系统控制

对于不同车型,曲轴箱强制通风(PCV)阀体结构可能存在一些差异。有些发动机为了避免怠速不稳,其 PCV 阀在怠速下并不开启,这是通过 PCV 内部变截面设计实现的。

1）怠速工况

怠速系统控制与发动机工况相关。发动机在怠速工况下，进气歧管内真空度较大，此时曲轴箱通风控制路线如图 6-19 所示。

图 6-19　怠速工况下曲轴箱通风控制路线

2）大负荷工况

大负荷工况下，进气歧管内的真空度较小，但涡轮增压吸气侧真空度较大，此时曲轴箱通风控制路线如图 6-20 所示。

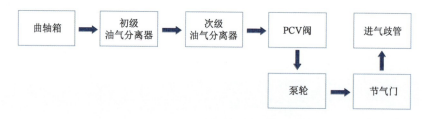

图 6-20　大负荷工况下曲轴箱通风控制路线

3）大量窜气情况

当发动机发生故障，产生大量窜气时，曲轴箱内的废气压力较大，此时曲轴箱通风控制路线如图 6-21 所示。

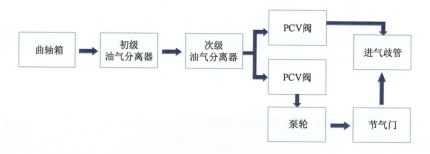

图 6-21　大量窜气时曲轴箱通风控制路线

当曲轴箱内有真空时，会吸入新鲜空气，以免曲轴箱真空度过大，同时带走曲轴箱窜气，此时的新鲜空气补偿路线如图 6-22 所示。

第六章　发动机排放控制系统的维修

图 6-22　曲轴箱通风新鲜空气补偿线路

2. 曲轴箱强制通风控制系统常见故障检查与维修

PCV 系统最常见故障是阀件或软管发生堵塞或泄漏，发生故障时会导致阀件或软管不通畅，引起如下状况：发动机怠速不稳、失速或怠速转速过低、曲轴箱压力异常、发动机油封处有机油泄漏、发动机机油消耗过大、机油进入空气滤清器或进气管、发动机内出现大量油泥等。

1）PCV 系统初步检查

PCV 系统的软管和接头较多，为确保系统的连通性和密封性，在检查时应注意以下事项：

（1）软管是否扭结变形、淤积堵塞或破损泄漏；

（2）软管内是否有积油、积水或结冰；

（3）软管接头是否连接正确、是否安装紧固；

（4）软管接头处密封圈是否缺失、损坏；

（5）机油尺是否安装到位、是否良好；

（6）机油加注口盖是否安装到位，密封圈是否完好。

2）PCV 阀检测维修

如果 PCV 阀的位置便于维修，可以采用以下方法进行检查维修（其他止回阀也可以参考）：在发动机怠速状态下，用手指或钳子轻轻夹住真空软管，倾听 PCV 阀的声音，并重复几次，如图 6-23 所示。

每次夹紧软管时，PCV 阀应会发出一声"咔嗒"声。如果没有"咔嗒"声，则需检查 PCV 阀是否开裂或损坏。若阀体损坏，则需更换 PCV 阀。若 PCV 阀没有开裂或损坏，可向 PCV 阀中吹入空气。空气通过时应有很大阻力，若阻力过小，则需更换 PCV 阀。

图 6-23　压缩空气检测 PCV 阀

四、二次空气喷射系统故障维修

1. 二次空气喷射系统的维修

二次空气喷射阀如图 6-24 所示(二次空气进气阀 N112,进气管下积炭,以大众车系为例),其维修步骤为:

(1) 检查故障存储器。

(2) 进行执行元件自诊断。

(3) 检查真空管路及软管是否密封良好。检查过程中,不可阻塞或弯折真空管。

(4) 用专用工具 V.A.G 1390 检查组合阀。

(5) 用常规方法检查导线连接是否完好。

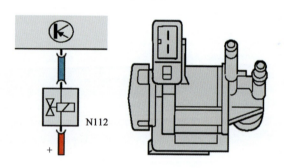

图 6-24 二次空气喷射阀示意图

2. 二次空气组合阀的维修

拔下二次空气进气阀 N112 上的真空罐,将其接到 V.A.G 1390 上,拆下二次空气电动机上的压力软管,按图 6-25 中箭头方向向内吹气,组合阀应关闭;操纵手动真空泵,组合阀应打开。否则,需更换组合阀。特别要注意,检查过程中不可使用压缩空气。

3. 二次空气泵及电动机的维修

二次空气泵及继电器端子图如图 6-26 所示。

1) 维修条件

(1) 故障存储器无故障码。

(2) 二次空气喷射系统熔断丝正常。

(3)二次空气喷射系统进气软管未堵塞或折叠。

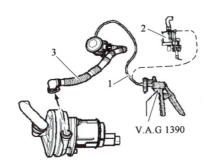

图6-25 二次空气组合阀维修示意图
1-真空罐;2-二次空气进气阀;3-压力软管

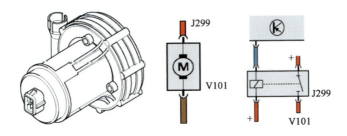

图6-26 二次空气泵及继电器端子图

2)维修过程
(1)拆下二次空气泵上的压力软管。
(2)进行执行元件自诊断,启动二次空气继电器。
(3)二次空气泵应间歇工作,出风口出风。
(4)电动机工作,不出风,则应更换二次空气泵。
(5)电动机不间歇工作,应检查二次空气泵功能。

五、排放控制系统维修结果验证

一旦完成对排放控制系统的维修,应对维修车辆进行重新测试,并将结果与没有通过测试时的初次测试结果相比较。应该看到测试结果有所改善,改善的程度越高,维修效果越好。

有些废气分析仪可以获得维修前后的排放测试结果,就像用诊断仪获得的冻结数据帧一样。废气分析仪将对两个冻结数据帧进行比较,然后用百分数显示出测得排放值的实际变化情况。利用该功能,维修人员可以确定排放效果是否已经改善,以及改善程度如何。将废气分析仪与个人计算机(PC)和设备制造厂家设计的专用软件连接也可以获得这种功能。无论使用上述哪一种方法都能检测维修效果。

表6-5给出了四气体尾气分析仪测量的排放值与不同空燃比之间的关系。本表能帮助维修人员理解由于空燃比不同造成排放变化情况的不同。应用本表还能帮助维修人员找到一些尾气测量值组合不正常的原因。

四尾气分析仪测试排放值与不同空燃比之间的关系　　　　　表6-5

空燃比	发动机工况	尾气排放			
		HC	CO	CO_2	O_2
在所有转速混合气均极浓:空燃比低于10:1	急速	250×10^{-6}	3%	7%~9%	0.2%
	离开急速	275×10^{-6}	3%	7%~9%	0.2%
	巡航(常速)	300×10^{-6}	3%	7%~9%	0.2%
存在的其他故障	冒黑烟或有SO_2臭味,燃油经济性差,发动机喘振或断续工作,发动机熄火,急速不稳,发动机不能升温至正常工作温度,连续开环工作				
可能的故障原因	(1)MAP传感器电压过高、真空泄漏或电气故障; (2)喷油器漏油; (3)燃油压力过高; (4)发动机冷却液温度控制开关卡滞在打开的位置或发动机连续在很低温度下工作				
空燃比	发动机工况	尾气排放			
		HC	CO	CO_2	O_2
仅在低速时混合气过浓:空燃比10:1~12:1	急速	150×10^{-6}	1.5%	7%~9%	0.5%
	离开急速	150×10^{-6}	1.5%	7%~9%	0.5%
	巡航(常速)	100×10^{-6}	1.0%	11%~13%	1.0%
存在的其他故障	燃油经济性差,喘振和断续工作,冒黑烟且火花塞积炭,急速不稳,活性炭罐内燃油饱和,清污电磁阀损坏				
可能的故障原因	(1)MAP传感器电压过高、真空泄漏或电气故障; (2)喷油器漏油; (3)发动机燃油供给系统汽油泄漏或污染; (4)曲轴箱窜气较严重; (5)燃油压力过高; (6)发动机冷却液温度控制开关卡滞在打开的位置或发动机连续在很低温度下工作				

第六章　发动机排放控制系统的维修

续上表

空　燃　比	发动机工况	尾气排放			
		HC	CO	CO_2	O_2
在所有转速时混合气均过稀:空燃比大于16:1	急速	200×10^{-6}	0.5%	7%~9%	4%~5%
	离开急速	205×10^{-6}	0.5%	7%~9%	4%~5%
	巡航(常速)	250×10^{-6}	1.0%	7%~9%	4%~5%
存在的其他故障	急速不稳,高速缺火,过热,喘振,断续工作,常速时出现爆燃				
可能的故障原因	(1)断续出现的点火故障引起缺火; (2)喷油器堵塞; (3)燃油压力过低; (4)真空泄漏; (5)汽缸密封性差,压缩压力过低; (6)点火正时不正确; (7)发动机冷却液温度控制开关卡滞在关闭的位置或发动机连续在很高温度下工作				

空　燃　比	发动机工况	尾气排放			
		HC	CO	CO_2	O_2
在高速时混合气过稀:空燃比大于16:1	急速	100×10^{-6}	2.5%	7%~9%	2%~3%
	离开急速	80×10^{-6}	1.0%	7%~9%	2%~3%
	巡航(常速)	50×10^{-6}	0.8%	7%~9%	2%~3%
存在的其他故障	急速不稳,缺火,喘振,断续工作				
可能的故障原因	(1)断续出现的点火故障引起缺火; (2)喷油器堵塞; (3)燃油压力过低; (4)真空泄漏				

空　燃　比	发动机工况	尾气排放			
		HC	CO	CO_2	O_2
空燃比正常,为11.3:1~15:1,但发动机不能完全升温	急速	100×10^{-6}	0.3%	10%~12%	2.5%
	离开急速	80×10^{-6}	0.3%	10%~12%	2.5%
	巡航(常速)	50×10^{-6}	0.3%	10%~12%	2.5%
存在的其他故障	发动机冷态排放检测不合格,三元催化转换器不升温				

表6-6列出了发动机故障对尾气排放的影响。仔细研究此表将帮助维修人员理解由于发动机故障不同造成排放变化情况的不同。应用此表还可以帮助维修人

员找到一些尾气测量值组合不正常的原因。

发动机故障对尾气排放的影响　　　　　表6-6

发动机故障原因		对尾气排放的影响				
		HC	CO	CO_2	O_2	NO_x
发动机故障	混合气浓度高	中度增加	大幅增加	有所下降	有所下降	中度下降
	混合气浓度低	中度增加	大幅下降	有所下降	有所增加	中度增加
	混合气浓度过低	大幅增加	大幅下降	有所下降	大幅增加	大幅增加
	发动机缺火	大幅增加	有所下降	有所下降	中度增加	中度下降
	提前点火	有所增加	无变化或略有下降	无变化	无变化	大幅增加
	推迟点火	有所下降	无变化或略有增加	无变化	无变化	大幅下降
	点火过迟	有所增加	无变化	中度下降	无变化	有所增加
	缸压过低	中度增加	有所下降	有所下降	有所增加	中度下降
	排气泄漏	有所下降	有所下降	有所下降	有所增加	无变化
	进/排气凸轮轴磨损	无变化或有所下降	有所下降	有所下降	无变化或有所下降	无变化或有所下降
	发动机一般磨损	有所下降	有所下降	有所下降	有所下降	无变化或有所下降
	二次空气喷射有故障	有所增加	大幅增加中度下降	中度增加	中度下降	无变化
	EGR 泄漏	有所增加	无变化	无变化或有所下降	无变化	无变化或有所下降

第七章 柴油机排放控制机内净化技术及维修

第七章
柴油机排放控制机内净化技术及维修

第一节 柴油发动机排放控制系统的工作原理

一、柴油发动机排放控制原理

柴油发动机燃烧时,由于其是过量空气燃烧,燃烧速率很快,因此柴油机排出的废气污染物主要成分是 NO_x、CO、HC 和炭烟。废气污染物浓度取决于柴油机的运行工况和缸内燃烧状态。除了燃烧室形状和空气进气涡流(涡轮增压器、废气再循环、进气道)外,燃油喷射系统对优化燃烧和降低废气排放浓度也起着关键性的作用。

综合考虑柴油机的动力输出性能、燃油消耗和废气排放浓度,燃烧过程控制是非常重要的。发动机的性能受限于烟度排放值额定转矩点的最大烟度值和允许的最高排气温度。废气涡轮的最高进气压力决定了发动机的最大进气量。

柴油机的燃烧过程分为三个阶段:点火延迟阶段,即喷射开始至点火开始的时间;预混燃烧阶段,即燃油喷射过程中的燃烧阶段;扩散燃烧阶段,即火焰的传播燃烧阶段。

为限制燃烧噪声,需要进行点火延迟,而预喷射一定的燃油。燃烧开始后需要顺利地形成混合物,以实现降低 NO_x 的排放。以下因素对燃烧阶段有决定性的影响:燃烧室的压缩压力和压缩温度、充气的质量及气流运动、喷油提前角、喷油压力及喷油次数。

这些参数可以根据发动机参数进行调节。燃油喷射系统在燃烧过程中起着关键性的作用，因其可通过喷射时刻和喷油量的控制，决定混合气的成分和燃烧过程。除燃油喷射系统外，进气系统也起着重要作用。为了达到更严格的 NO_x 排放标准，废气再循环技术是必须要采用的技术手段。

1. 燃油喷射系统

在进气侧，混合气的形成主要受进气涡流的影响，进气涡流又受进气道的设计和燃烧室几何形状的影响。目前柴油机的进气系统多采用低涡流化设计，有利于燃油喷射控制和混合气的形成。燃油喷射系统的喷射参数有喷油时刻、喷油速率、喷油持续时间、喷油压力和喷油次数，它们对混合气的形成质量起到决定性的影响。

2. 混合气形成

为了防止形成过多浓混合气区域，柴油机必须在过量空气条件下进行燃烧。涡轮增压柴油机在满负荷时，过量空气系数在 1.5 左右。

3. 燃油喷射控制

燃油喷入燃烧室内的时刻，对混合气的形成和开始燃烧时刻起着决定的影响，同时也影响发动机的排放水平。因此，在优化发动机性能方面，喷油时间也是非常重要的优化参数。喷油时间是根据发动机的负荷、转速、进气温度及压力的不同进行调整的，结合油耗、排放要求及噪声的影响，对其进行有针对性的优化。与单体泵控制系统相比，共轨系统在喷油量、喷油压力、喷油时间及喷油次数上都有极大的调整空间。共轨通过独立的高压泵产生燃油高压压力，通过 ECU，根据发动机工况的需要调整轨压。

燃油喷射系统的燃油量取决于喷油器的喷孔流量、喷油持续时间，以及喷油压力与燃烧室压力之差。其中，喷油持续时间指喷油器开启进行喷油的时间，喷油器开启时间根据发动机的运行工况而定。

燃油喷射流量率曲线指喷油器喷入燃烧室的燃油流量随时间变化的曲线，分为凸轮轴控制式燃油喷射流量率曲线和高压共轨燃油喷射流量率曲线。

（1）凸轮轴控制式燃油喷射流量率曲线。即凸轮供油泵在整个喷油过程中喷射压力呈靴形分布，喷射压力与凸轮转速成正比。喷油开始时，喷射压力升高；喷油结束时，喷射压力快速降低到喷油器开启时的水平。凸轮供油泵的特点是：转速低、压力低、喷油量低，其流量速率呈三角形。

（2）高压共轨燃油喷射流量率曲线。高压泵产生的喷射压力与发动机的转速无关。在喷射过程中,喷油压力稳定不变。在喷油压力设定的条件下,喷油量与喷油持续时间成正比,与发动机的转速和负荷无关。喷油压力稳定,喷油时间将会缩短,喷油速度恒定且很高。然而,由于喷油速度过高,在滞燃期喷入的燃油很多,这会导致在燃烧初期燃烧速率过快,发动机噪声大。为了减小柴油机的燃烧噪声,以及加强后处理系统的热管理,高压共轨系统设计了 5 次喷射:2 次预喷射、1 次主喷射和 2 次后喷射。

预喷射减小了燃烧噪声和降低了 NO_x 排放。在燃烧阶段喷入少量的燃油,使预混合燃烧过程中燃油比例降低,不仅缩短了主喷射点火延迟的时间,且有利于降低燃烧噪声。在冷起动时,预喷射有利于柴油机的低温着火和稳定燃烧。

后喷射的主要功能是在上止点后 130°喷射燃油,这时燃油未燃烧,但由于废气具有残热而使燃油蒸发。后喷射主要用于为后处理装置提供 HC,通过在氧化催化器中进行氧化,达到 DPF 主动再生的温度。

近后喷射是在主喷射燃烧完成后进行的喷射过程,而由于燃烧过程依然进行。因此,在近后喷射中炭烟颗粒得到再次燃烧。近后喷射可使炭烟颗粒排放量减少 20%～30%,同时在 DPF 主动再生时提高 DOC 的入口温度。

4. 喷油压力

燃油喷射压力的高低决定燃油通过喷油器时燃油雾化的质量。燃油雾化是由于燃烧室内部燃油扰流口处与压缩空气湍流相互冲突形成的。因此,燃油与空气之间的相对流速越高,或压缩空气密度越高,燃油雾化度就越精细。为了保持进入燃烧室的空气质量,现代柴油机进气道设计为低涡流形式,以有效降低进气阻力,因此,进气道空气流速很低。为了提高燃油雾化质量,燃油必须在高压下进行喷射。现代柴油机燃油喷射系统可以产生 100～220MPa 的喷射压力。要获得如此高的喷射压力,且使其与发动机工况无关,只能采用高压共轨系统。

要使排放烟度降低,获得发动机理想的转矩参数曲线,必须保持相对较高的燃油喷射压力,这与满负荷下发动机转速偏低时的燃烧过程相匹配。

二、柴油发动机的燃烧特性

柴油发动机的燃烧特性曲线如图 7-1 所示。

1. 点火延迟期(滞燃期)

(1) 从喷油开始到缸内压力线与压缩线偏离的始点阶段,称为滞燃期或点火延迟期。

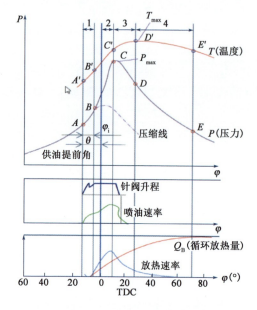

图 7-1 柴油机的燃烧特性曲线

（2）喷油时缸内温度、压力和燃料性质是影响点火延迟期长短的主要因素。在压缩行程终点，燃烧室温度达到 450～800℃，高于柴油的自燃温度（330～350℃），但不会立即点火。进行点火前的准备包括物理准备和化学准备，其中物理准备包括雾化、加热、蒸发、扩散和混合，化学准备包括裂化和点火前的氧化反应。

（3）温度或压力越高，点火延迟期越短。燃烧室形式和汽缸壁温度也会影响点火延迟期。一般点火延迟期需要 0.7～3ms。

（4）在点火延迟期内，准备好的混合气几乎同时开始燃烧。此时，应控制压力升高率，从而在消除振动的同时减少 NO_x 的生成。

（5）传统机械泵喷射柴油机很难实现多次喷射，所以初始喷油量比较多，点火延迟期内的工作相对粗暴，会出现柴油机特有的工作敲击声。

（6）在电控柴油高压共轨发动机中通过一次或两次预喷，将少量柴油喷射入缸内，较稀的混合气在点火延迟期形成引导燃烧，可以防止粗暴点火，减少 NO_x 的生成。

2. 速燃期

（1）在滞燃期内形成的混合气在速燃期同时燃烧，在活塞上止点附近接近于定容燃烧，平均压力升高率很大，放热率也大。

（2）柴油机在速燃期时，平均每度曲轴转角压力升高为 0.4～0.6MPa。对于电控柴油高压共轨发动机，在点火延期中开始进行燃油主喷射，形成燃烧与喷油的重叠，喷油常在速燃期结束。

3. 缓燃期

（1）速燃期内喷入的燃油在缓燃期燃烧，燃烧放热量较大，占总放热量的 70%～80%。一般在上止点后 20°～35°曲轴转角出现循环最高温度，达到 1600～2000℃。

第七章　柴油机排放控制机内净化技术及维修

（2）温度虽然升高，但活塞已进入下行状态，压力基本保持不变，近于定压燃烧。

4. 补燃期（后燃期）

（1）补燃期是指从温度最高到燃料燃烧结束的时期。

（2）此阶段远离上止点放热，大量的热量传给冷却系统，使排气温度升高，零件热负荷增加，导致柴油机动力性、经济性下降。

（3）在装备 DPF 的车辆中，如果计算出 DPF 碳载量超过设定限值，发动机 ECU 便会在补燃期发出 DPF 再生升温指令。喷油器会在补燃期接到燃油后喷的指令，少量柴油被喷射入汽缸，利用汽缸余热升温并在燃烧状态随排气门打开送到 DOC。这时的喷油量极少，仅几毫克。

第二节　涡轮增压器和中冷器的原理及维修

一、涡轮增压器和中冷器原理

柴油机均采用废气涡轮增压技术。其中，增压器为带旁通阀的增压器，能有效地提高低速转矩并兼顾高低速性能的优点。废气涡轮增压技术原理如图 7-2 所示。

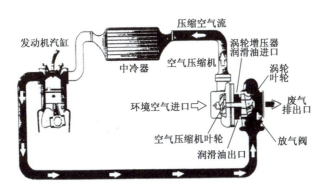

图 7-2　废气涡轮增压技术原理

增压柴油机工作时，来自柴油机排气管的废气进入涡轮，废气压力中的热能使涡轮转动，并使与涡轮同轴的空气压缩机转动。空气压缩机将空气吸入并压缩，然后通过管道进入柴油机进气管，离开涡轮的已冷却和膨胀的废气由涡轮壳引向柴油机排气系统并进入大气。进气经压缩后，提高了充入汽缸的空气密度，在燃油供给系统的良好配合下，使更多的燃料得以充分燃烧，从而提高了功率，并改善了经济性。涡轮增压器的外形及结构如图 7-3 所示，其构件图如图 7-4 所示。

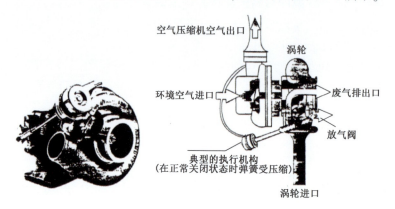

图 7-3　涡轮增压器外形及结构

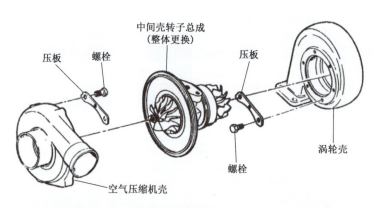

图 7-4　涡轮增压器构件图

　　增压中冷是将经压缩后的空气冷却，进一步提高空气密度，增加进气量，从而进一步提升功率，同时降低了燃烧室的温度。中冷器主要是增加了旁通阀这种控制装置。该装置经过精确校准，当它打开时，一部分废气被旁通掉，即不通过涡轮叶轮，这就限制了轴的转速，也就控制了增压压力。旁通阀使柴油机能以最大增压响应特性来产生最高增压压力，而在柴油机高转速或高负荷时，消除进气管里空气压力过大（过增压）的可能性，从而控制汽缸内的爆发压力不超过柴油机机械负荷的允许值。

第七章　柴油机排放控制机内净化技术及维修

涡轮增压器为高速运转的精密机械,不可随意拆动,出现故障后应送维修中心修理。使用时应注意以下几点:

(1) 在柴油机润滑油压力建立以前,必须使柴油机保持在怠速状态。

(2) 在柴油机停机之前,要使它的温度和转速逐步从最大值降下来。

(3) 预先润滑涡轮增压器。在更换润滑油或进行任何维修(包括放出润滑油)之后,涡轮增压器工作前需要进行预先润滑,在柴油机起动前要将曲轴盘转动几次。起动柴油机后,在进入高速运转前,须使其怠速运转一段时间,以建立起整个润滑油循环的压力。

(4) 低温起动柴油机时必须谨慎。当环境温度过低或车辆长时间不使用时会影响柴油机建立正常的润滑油压力和流量。在这种情况下,柴油机起动后必须怠速运转几分钟才能进入正常工作状态。

(5) 要避免柴油机长时间怠速运转。

1. 传统增压器

过去,柴油机中常见的增压器都是通过废气旁通阀控制增压压力的普通增压器。为了改善发动机的低速性能,必须使用更小的涡轮壳来提高低速工况时涡轮增压器的增压压力。但是这样设计后,发动机在高速工况下将带来过高的空气压力和流量,不仅产生了过高且无价值的进气量,还造成涡轮增压器引起的排气阻力增加,不利于汽缸换气,而且易导致涡轮增压器因转速过高、过热而损坏。

常见柴油机几乎都采用带有废气旁通阀的涡轮增压器。如图7-5所示,当增压压力达到设定值时,废气旁通阀引导废气从旁通阀分流,这样高转速时部分废气绕过涡轮,通过涡轮的废气流量减少,增压压力和增压器转速都得到控制。

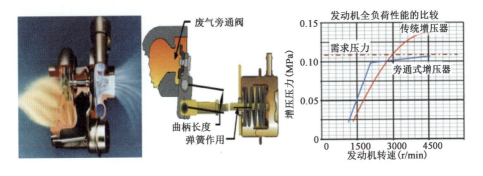

图7-5　传统涡轮增压器实物图及原理

废气旁通阀的控制方式有很多种,在传统商用柴油机上使用的是直接将增压后的空气引入增压压力控制阀,当增压压力上升到设定值时,废气旁通阀自动打开从而调节增压,保护增压器。这样的设计,既改善了增压器的低速性能,又避免了高速工况下废气通道流速不足引起的排气背压过高和增压器转速过高引起的增压器损坏。

2. 可变截面涡轮增压器

涡轮增压器相当于由废气残余压力所驱动的空气泵,发动机输出能量的 1/3 左右随废气排出,其余部分则以热能的形式消耗掉,废气本身的动能可能只有排气总能量的 20% 左右。当发动机转速低时,固定截面式涡轮增压器不但不能起到增压的作用,反而会对气流形成一定的阻力,阻碍排气流动。因此,固定截面式涡轮增压器在低转速下对发动机做功是不利的,表现为带涡轮增压器的发动机在低转速时的性能还不如自然吸气发动机,这就是所谓的"涡轮迟滞"现象。

随着轻型柴油机在乘用车和轻型货车上应用的增加,以及排放标准对柴油机有害排放物的限值越来越严格,传统增压器已经不能满足这些类型发动机的需求。由于 NO_x 排放限值更加严格,采用 EGR 路线的发动机要求增压器为实现废气再循环让路,故增压器必须同时在高速和低速工况下提供足够的 EGR 驱动压差。

如果采用放气阀式增压器,为适应排放区向低速工况延伸的要求,则需匹配更小喷口的增压器来产生低速驱动涡轮压差。由于涡轮进气道截面面积固定,发动机在高速工况运行时会导致进气流通能力不足,泵气损失大,制约汽缸的充气效率,从而导致发动机性能恶化。

要想解决这个矛盾,就必须知道一个增压器的特性参数——A/R 值。A/R 值分为涡轮 A/R 值和压气 A/R 值。A/R 值是涡轮增压器的一项重要指标,用于表现涡轮的特性。

如图 7-6 所示,这里的 A 区域是指增压器进风口对应中心点所在区域的截面面积(即可变截面技术中的"截面"),R(Radius,半径)是指进风口最窄的横切面的中心点到涡轮本体中心(轴心)的距离。以增压器进风口对应中心点所在区域的截面面积(A)除以进风口最窄的横切面的半径(R)所得到的比例值,即为A/R值。

A/R 值是会变化的,例如:$R=4mm$ 时,$A/R=12.56$;$R=5mm$ 时,$A/R=15.7$;$R=6mm$ 时,$A/R=18.84$。

A/R 值越大时,越适合低增压值涡轮使用;A/R 值越小,越适合高增压值涡轮使用。但是相对而言,A/R 值的大小变化对增压器性能的影响较小。

第七章　柴油机排放控制机内净化技术及维修

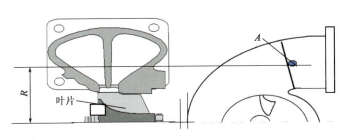

图 7-6　可变几何截面涡轮增压器原理图

A/R 值越小,即废气的流速越高,涡轮在低转速区域的增压反应越快,涡轮迟滞降低,涡轮也就能在较低的转速区域取得较高的增压压力。但同时,A/R 值小则加大了排气截留,使高转速废气流量不足。反之,A/R 值越大,涡轮的响应速度就越慢,转速低时涡轮迟滞现象就很明显,不过在转速较高时,能够更好地利用排气能量,从而获得更强的动力表现。

总而言之,A/R 值小的涡轮适用于低转速就能获得高转矩的小排量发动机,而 A/R 值大的涡轮则适用于大排量、低速时低增压、高转矩的发动机。如此,增压器与发动机之间便可到达一个能量与流量的平衡。能量与流量的平衡点就是增压器/发动机的匹配点。

由此可知,A/R 值的大小变化对增压器性能的影响相对较小。因此,为了让一部发动机的低转速特性和高转速特性都能很好地兼顾,只能通过将涡轮机的 A/R 值做成一个可变的状态,才能更好地满足应用需求。

如今,云内动力、江铃、江淮、长城等轻型柴油发动机上已经大量应用可变截面涡轮增压器(VGT),如图 7-7 所示。全顺、大通、依维柯等国产轻型客车和货车也已装备可变截面涡轮增压器,奔驰、路虎等进口柴油机上可变截面涡轮增压器已成为标配。

图 7-7　可变截面涡轮增压器剖面图

205

可变截面涡轮增压器的核心是由可调涡流截面的导流叶片形成的喷嘴环，在涡轮的外侧增加了一组可控制角度的、位置固定的导流叶片。工作时，废气会顺着导流叶片送到涡轮叶片上。柴油机电控模块（EDC）通过 VGT 叶片执行器调整导流叶片角度，控制流过涡轮叶片的气体流量和流速，从而控制涡轮的转速。

需要注意的是，VGT 只是通过改变排气入口的横截面积（A）改变涡轮的特性，涡轮的尺寸并不会发生变化。

当发动机低转速运行，排气压力较低时，通过 EDC 控制可变角度的喷口叶片，使导流叶片打开的角度较小。根据流体力学原理可知，此时导入涡轮外的空气流速会加快。此时，增大涡轮处的压强，可以更容易地推动涡轮转动，从而有效避免涡轮迟滞现象，改善发动机低转速时的响应时间和加速能力[图 7-8a)]。

随着转速的提升和排气压力的增加，叶片也逐渐增大打开的角度，在全负荷状态下，叶片则保持全开的状态，以减少排气背压，从而达到常规大涡轮的增压效果[图 7-8b)]。

改变叶片角度能够对涡轮的转速进行有效控制，既达到了低转速提升增压压力的效果，又实现了高速时对涡轮的过载保护[图 7-8c)]。

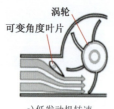
a）低发动机转速

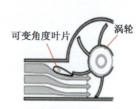
b）中等发动机转速

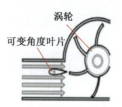
c）最高发动机转速

图 7-8 变排量涡轮增压器

可变截面涡轮增压器可根据增压压力传感器反馈的实际增压压力做闭环控制，实现基于发动机转速、负荷预控制处理，通过预控制和闭环控制计算增压器叶片的目标开度。

在最高发动机转速下，由 EDC 驱动执行器，将喷口叶片调到最大开度，从而调节喷口废气的流速。可变截面涡轮增压器叶片的最大开度位置也是出现电气故障时的默认应急位置，这可降低因增压空气压力过大而致发动机损坏的风险。

当车辆在高海拔地区行驶时，大气压力减小，使得压缩机叶轮以更快速度旋转，由此获得一致的增压空气压力。为防止涡轮机叶轮在高海拔地区出现超速运转，EDC 依据大气压力传感器信息来进一步打开叶片角度，从而保护 VGT。该功能称为 VGT 的海拔裕量。

调节可变角度叶片的方案有很多种,早期采用的方案有通过占空比控制真空电磁阀的方案,这样一来就需要发动机配置一台真空泵。后来随着微型步进电机控制技术的发展,可变截面涡轮增压器大多都采用了步进电机加位置传感器反馈的模式,使控制更加精准可靠,并且增加了执行器的位置监控功能,可用于故障判断。

3. 中冷器

增压后的空气温度有时可达 200℃,不利于汽缸充气效率的提升。于是增压后中冷技术在带增压系统的车辆中得以应用。增压后的空气经过中冷器冷却,冷却方式一般是热交换器最常规的风冷方式。

经冷却后的空气温度降低、密度提升,可增加单位体积内的空气含氧量。相对温度更低的空气进入汽缸中与燃油混合后参与燃烧,使燃烧温度降低,同时减小发动机热负荷。更小的燃烧热负荷可提升发动机的热效率和燃油经济性,同时有利于降低 NO_x 的生成量。增压后中冷技术可以使发动机功率提高约 20%,所以车辆维修中如果出现动力不足的故障时,不只要看增压压力是否正常,还需要查看中冷后的空气温度是否正常。当进气温度超过 70℃后,发动机热保护开始限制燃油喷射量,但不一定会报相关故障码,这取决于软件标定工程师如何标定故障码的设定逻辑。

如图 7-9 所示,中冷器冷却空气的同时,空气中的水分在这里也可能会冷凝成液态水,甚至还有可能因增压器漏机油,造成中冷器中出现机油。这些液态的物质会占据中冷器中有效的空间,导致中冷器的冷却效率下降,还有可能导致空气流动阻力增加。设计科学的中冷器上一般会配备一个排水阀。

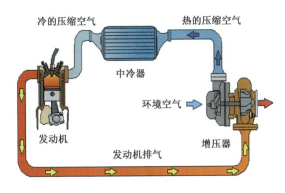

图 7-9　中冷器示意图

二、涡轮增压器的维护

1. 涡轮增压器的维护注意事项

(1) 涡轮增压器采用发动机润滑油进行润滑,润滑油必须使用 CD 级以上牌号,且须经过过滤尺寸小于 20μm 的全流式滤清器滤清。

(2) 下列情况均须预先给涡轮增压器加注 60~90mL 清洁机油(起到润滑作用),同时用手转动空气压缩机叶轮,使机油能进入中间壳:

①停机时间过长或在冬季;

②更换润滑油或维修(包括放出润滑油)之后。

(3) 发动机起动后 3~4s 内,涡轮增压器进油口油压必须达到 $0.7kg/cm^2$。

(4) 发动机负载运行时,涡轮增压器进油口处润滑油压力在最大转矩工况及以上转速时应在 $2.11~4kg/cm^2$ 范围内,怠速工况应不小于 $0.7kg/cm^2$。

(5) 润滑油进油温度应在 100℃ 以下,最高不应超过 120℃。

(6) 不要使用液体成型的密封条和密封垫片,也不能使用密封胶。

(7) 要避免发动机长时间怠速运转(最长不应超过 20min)。

(8) 严禁采用"加速—熄火—空挡滑行"的操作方法进行维护。

(9) 在发动机润滑油压力建立以前,必须使发动机保持在怠速状态(整个过程保持在 3~5min,不得超过 10min)。

(10) 发动机熄火之前,要使其温度和转速逐步从最大值降下来(整个过程保持在 3~5min,不得超过 10min,以防因轴承缺油或机件过热而导致涡轮增压器损坏)。

2. 涡轮增压器对进、排气系统的要求

(1) 对空气压缩机进口处负压最大值有如下限定:

①中型柴油机为 $3kPa(0.03kg/cm^2)$;

②重型柴油机为 $3.5kPa(0.036kg/cm^2)$。

(2) 当空气压缩机进口处负压超过 $6.5kPa(0.064kg/cm^2)$ 时,应清洁或更换空气滤清器滤芯。

(3) 涡轮出口的排气背压应不超过 $10.0kPa(0.1kg/cm^2)$,当采用排气制动时,排气背压限值可参考发动机使用说明书的规定。

(4) 涡轮进口最高温度一般应不超过 760℃。

3. 涡轮增压器拆卸与安装的注意事项

(1) 旁通阀执行器总成压力设定和校验是在厂家的专门设定/检验机构上进

行的。

（2）如图7-10所示,拆装旁通增压器总成时,切勿将装在外面的推杆等零件当作把手搬动增压器,以免影响旁通阀执行机构的灵敏度和可靠性。

图7-10　拆卸、安装涡轮增压器的注意事项

4. 涡轮增压器的日常检查

必须在发动机冷却下来后才能进行检查,检查中不能起动发动机,以免造成人员伤害。

（1）检查空气滤清器与涡轮增压器、涡轮增压器与发动机进排气管之间连接管路的密封性和紧固情况。

（2）检查涡轮增压器进回油管有无损坏或节流现象,接头处连接螺栓有无松动。

（3）检查机油品质,清洗或更换机油滤芯。

（4）检查空气滤清器并定期清洁或更换滤芯。

（5）检查发动机曲轴箱呼吸器是否通畅,保证曲轴箱压力正常。

5. 涡轮增压器的清洁方法

涡轮增压器属精密高速旋转机械,其最高转速为180000r/min,正常转速也在每分钟几万到十多万转,因此任何情况下均不得对涡轮增压器总成进行解体拆装。当涡轮增压器因沾污或积炭过多造成转子转动不灵活或柴油机性能变差时,可在不全部解体涡轮增压器的情况下进行简单的清理与清洗,具体方法如下：

（1）清除涡轮增压器表面的灰尘及油污。

（2）将涡轮增压器从柴油机上拆下,注意不得以联动推杆为把手拎起涡轮增压器。

（3）应先拆下引气管,再拆下放气阀调节装置。

（4）拆下空气压缩机壳、涡轮壳及进回油管和冷却液管连接部件。

（5）清理和清洗空气压缩机壳、涡轮壳以及两个叶轮表面。

(6)从进油口处注入适量的干净清洗剂,同时用手转动叶轮,反复进行直到转动灵活。

6. 涡轮增压器常见故障与排除

涡轮增压机常见故障原因与排除措施见表7-1。

涡轮增压器故障原因与排除措施　　　　表7-1

| 故障 | | | | | | | | 可能原因 | 排除措施 |
发动机功率不足	发动机排气冒黑烟	发动机机油消耗量过大	发动机排气冒蓝烟	涡轮增压器工作噪声过大	涡轮增压器发出周期性声响	空气压缩机侧漏油	涡轮侧漏油		
●	●	●			●			空气滤清器太脏	按照发动机制造厂商的规定更换滤芯
	●							空气压缩机进气管不通畅	视具体情况清除杂物或更换损坏的零部件
●	●							空气压缩机出口管道不通畅	视具体情况清除杂物或更换损坏的零部件
●	●							发动机进气管不通畅	参照发动机制造厂商的手册并清除杂物
				●				空气滤清器至空气压缩机间的管道漏气	视具体情况更换密封件或拧紧紧固件
●	●							空气压缩机至发动机进气管的管道漏气	视具体情况更换密封件或拧紧紧固件
●	●	●						发动机进气管与汽缸盖接合面漏气	参照发动机制造厂商的手册并视具体情况更换垫片或拧紧紧固件
●	●	●				●		发动机排气管不通畅	参照发动机制造厂商的手册并清除杂物
●	●					●		消声器或其后的排气管不通畅	视具体情况清除杂物或更换次品

第七章　柴油机排放控制机内净化技术及维修

续上表

故障								可能原因	排除措施
发动机功率不足	发动机排气冒黑烟	发动机机油消耗量过大	发动机排气冒蓝烟	涡轮增压器工作噪声过大	涡轮增压器发出周期性声响	空气压缩机侧漏油	涡轮侧漏油		
•	•			•		•		发动机排气管与汽缸盖接合面漏气	参照发动机制造厂商的手册并视具体情况更换垫片或拧紧紧固件
•				•		•		涡轮进口与发动机排气管的连接处漏气	视具体情况更换垫片或拧紧紧固件
				•				涡轮排气管道漏气	参照发动机制造厂商的手册并排除漏气现象
		•	•				•	涡轮增压器回油管不通畅	视具体情况清除杂物或更换排气管
		•	•				•	发动机曲轴箱呼吸器不通畅	参照发动机制造厂商的手册并清除杂物
		•	•				•	涡轮增压器中间壳积污或结焦	视具体情况更换机油和机油滤清器、大修或更换涡轮增压器
•								喷油泵或喷油器调整不正确	参照发动机制造厂商的手册并视具体情况更换或调整有关部件
•	•							发动机点火正时不正确	参照发动机制造厂商的手册并更换磨损的零件
•	•	•		•				发动机活塞环或缸套磨损导致窜气	参照发动机制造厂商的手册并视具体情况修理发动机
•	•	•		•				发动机内部问题(气门、活塞)	参照发动机制造厂商的手册并视具体情况修理发动机

续上表

故障							可能原因	排除措施
发动机功率不足	发动机排气冒黑烟	发动机机油消耗量过大	发动机排气冒蓝烟	涡轮增压器工作噪声过大	涡轮增压器发出周期性声响	空气压缩机侧漏油	涡轮侧漏油		
●	●	●	●	●	●	●		空气压缩机叶轮或扩压器叶片积污	清洁叶轮、叶片,查找并消除空气未过滤的原因,更换机油或机油滤清器
●	●	●	●	●	●	●	●	涡轮增压器损坏	查找并消除造成损坏的原因,视具体情况大修或更换涡轮增压器

三、涡轮增压器故障诊断

涡轮增压器故障诊断方法见表7-2。

涡轮增压器故障诊断方法　　　　　　　　　　表7-2

缺　油	有　噪　声	动力不足
是否所有的出口都被密封?	在连接部件上是否有泄漏(如进气孔或排气口)?	在连接部件上是否有泄漏,如进气孔或排气口?
空气入口是否被外界物质堵住了?	涡轮是否与其他部件产生摩擦?	控制器是否损坏?
剩余压力在规定范围内吗?	是否有持续的噪声?	空气滤芯上是否有脏物?
连接软管是否被密封?	是否有软管连接松动?	轴和轮是否被锁死?
P1压力是否正确?	空气压缩机叶轮是否有损伤?	涡轮外部是否有损伤?
空气滤芯是否有清洁?	涡轮叶片是否有损伤?	是否有异常的轴承磨损?
回油口是否有障碍物影响回油?	轴和轮是否被锁死?	
涡轮外部是否有损伤?	涡轮外部是否有损伤?	
是否有异常的轴承磨损?	是否有异常的轴承磨损?	

涡轮增压器漏油是一种常见的故障现象,如果能及时发现并排除故障原因,可避免涡轮增压器失效。以下情况会导致涡轮增压器漏油:

(1)发动机空气滤清器或进气管路阻塞,导致进气负压过大。
(2)涡轮增压器回油管撞弯或损坏,导致回油节流。
(3)中间体油腔内积炭,导致回油不畅。
(4)空气压缩机壳出气口到发动机进气管之间的连接管路漏气。
(5)涡轮壳进气口与排气管出气口的连接处漏气。
(6)发动机怠速时间过长。
(7)曲轴箱内机油压力或油位过高,曲轴箱通风管堵塞。
(8)发动机下窜气过大。

涡轮增压器漏油故障诊断流程如图 7-11 所示。

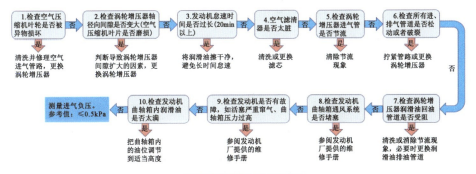

a)空气压缩机端漏油诊断流程

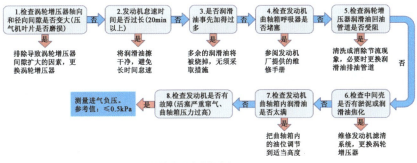

b)涡轮端漏油诊断流程

图 7-11　涡轮增压器漏油故障诊断流程

四、中冷器的维修

柴油机都装有中冷器。从涡轮增压器空气压缩机出来的空气不直接进入柴油机的进气管,而是用管路将增压空气引至安装在柴油机散热器前面的空气冷却式中冷器。在这里,压缩空气经过冷却,其密度进一步提高,有利于提高柴油机的性能,中冷器的布置如图 7-12 所示。增压空气在中冷器扁管中通过,扁管外表面有起散热作用的板翅。中冷器的主要故障是漏气,漏气将使柴油机功率降低,涡轮增压器增压压力下降,并使排气温度升高。应对漏气的中冷器进行焊补。裂缝漏气常发生在扁管与板翅、箱体与集气室焊缝及箱体等处。检查的最好办法是对中冷器加压至 207kPa,涂肥皂水以找出漏气的准确部位。

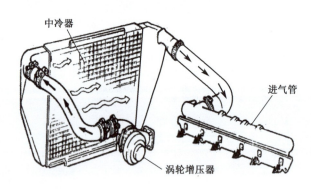

图 7-12 中冷器布置图

第三节 废气再循环系统的原理及维修

一、废气再循环技术原理

NO_x 容易在高温、高压、富氧的环境中产生,是发动机正常工作时的产物。发动机的工作性能越好,产生 NO_x 的机会就越大。常见柴油机的压缩比一般在16:1~22:1之间,不同柴油机的汽缸压缩压力一般都在 2.2~3.8MPa 之间,是汽油机缸压的两倍左右,所以满足了高压的条件。为了防止炭烟的生成,柴油机又扩大了汽缸的充气量,于是形成了富氧环境。因此,为了减少柴油发动机 NO_x 的生成量,必须

第七章　柴油机排放控制机内净化技术及维修

要降低发动机的工作温度和压力。

废气再循环（Exhaust Gas Recirculation，EGR）是将一部分燃烧之后排出汽缸的废气从排气管引入进气管与新鲜空气充量混合后，再进入汽缸参与燃烧，人为增加新鲜空气充量中的废气量，以降低发动机的燃烧温度和爆发压力，从而消除 NO_x 在汽缸中的生成条件，降低发动机的 NO_x 原始排放。

如果引入汽缸内参与燃烧的废气过多，势必会导致汽缸内混合气缺氧燃烧，从而引起颗粒物排放增加，但如果引入汽缸中参与燃烧的废气过少，又达不到降低 NO_x 排放生成的目的。因此，柴油机引入废气再循环降低 NO_x 排放和增加新鲜空气减少炭烟排放永远是相对矛盾的。

为了在这两个矛盾事件中间寻找到一个平衡点，有必要对新鲜空气流量和再循环流量进行精确监控，从而调制出适当比例的混合气体。由此可知，对进入发动机新鲜空气的计量不只是为了准确控制柴油的喷射量，防止炭烟的生成，同样也可以用于对废气再循环量的监控。由于进气歧管上的进气压力传感器可以监控进入汽缸的总进气量，因此空气流量计量装置或废气流量计量装置可以任选其一进行装配，通过简单的数学运算，即可获知准确的废气与新鲜空气的比例，并判断其是否处于正常的控制状态。

为了准确分析总进气量、新鲜空气进入量和废气再循环量，必须对进气歧管上的进气压力传感器进行监控。在柴油机维修行业中，多数维修人员习惯将位于增压器之后的管道压力传感器称为增压压力传感器，但因为这个传感器通常临近发动机的进气歧管总成，所以也称歧管压力传感器。通常对于歧管压力传感器的监控有两个手段：一是将发动机运行前待机状态时的进气压力与大气压力进行比较，从而判断大气环境中进气压力传感器是否存在信号偏移；二是通过发动机计算机只读存储器（EEPROM）中的发动机运行模型数据，可以查出发动机在各种负荷且机械部件正常状态下的进气歧管压力参数，用这个参数来与进气歧管压力传感器反馈的数据进行比较，就可以判断进气歧管压力传感器的压力值是否与当前负荷状态吻合，从而判断传感器数据是否存在偏移。但是，这个压力受到增压后气体温度的影响，所以需要加入气体温度信息，对分析数据进行修正。

二、废气再循环系统的组成

以国三发动机 EDC16C39 为例，其安装的废气再循环（EGR）阀是由真空泵、真空电磁阀串联实现的电控 EGR 控制。这种 EGR 阀自身只是一个真空伺服装置，需要利用真空源的动力来工作。为此，本身没有安装节气门的柴油发动机也需要在发电机或汽缸盖上增设一个真空泵。如图 7-13 所示，将真空源引入控制电磁阀的 C 端，电磁阀的 A 端是一只与大气相通的过滤网，B 端与 EGR 阀的真空伺服装置接口相连。

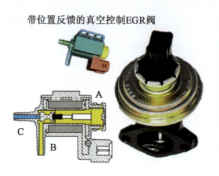

图 7-13　EGR 阀

当 ECU 控制电磁阀通电时，阀芯吸到后座上，关闭通往 A 端（与大气相通）的通道，同时打开 C 端与 B 端的通道，EGR 阀真空伺服装置内的空气被抽走，在大气压力的作用下，伺服装置内外侧形成了气压差，于是克服伺服装置内弹簧作用力，EGR 阀被打开。

当电磁阀断电后，真空电磁阀内部阀芯在弹簧作用力下复位，堵住 C 端通道，并同时打开 B 端与 A 端的通路，于是环境空气通过 A 端的滤网进入阀内，再经过 B 端进入 EGR 阀的真空伺服装置内，使伺服装置内外与大气相通。于是，伺服装置在弹簧作用力下复位，废气通道关闭。

这种设计中，除了会发生 EGR 阀阀座因积炭卡滞导致关闭不严的情况外，还存在真空源损坏、真空电磁阀滤网被污染堵塞、控制线路故障等导致 EGR 阀失效的情况。

在早期国三发动机上，为了节约成本，系统监控部件被取消，导致 EGR 失效也无法被监测到。因此，这样的系统中，EGR 阀常常被人为堵住，不再工作。国三排放标准的长城、江铃等乘用车的发动机即是如此。这种系统中，虽然 EGR 阀损坏，导致排放超标，但是由于系统无法对其进行监控，所以无法提示驾驶员对车辆进行维修。

进入国四排放阶段后，要求 OBD 监控严格执行的项目越来越多。于是，满足国四排放标准的乘用车和轻型商用柴油车的 EGR 装置上增加了 EGR 位置反馈监控功能(图7-14)。部分车辆上还在已具备空气流量传感器的基础上增加了进气歧管压力传感器,实现了对空气成分的间接监控。同时为了节约车辆生产成本,取消了真空泵,改真空伺服型 EGR 阀为电机直接驱动型 EGR 阀,并且在驱动电机上增加了位置传感器,用于监控 EGR 阀的动作。虽然总体成本变化不大,但部件的可靠性得到提高,OBD 监控能力大大提升。

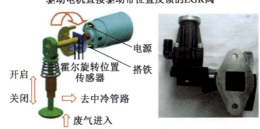

图7-14　反馈 EGR 阀

反馈 EGR 阀利用步进电机正反转动,经齿轮转动后带动曲柄连杆机构,将旋转运动转换为直线运动,从而推动阀门开关。同时在阀门机构中,装有一个霍尔旋转位置传感器实时监测阀门开度,以向控制器进行反馈。该传感器具有响应速度快、控制精度高、控制简单的优点。

从排气歧管经过 EGR 阀引入进气歧管的废气温度较高,引入进气管路后直接降低了混合气的浓度及新鲜空气量,同时增大了发动机的热负荷,这样的状况不利于发动机的功率输出和降低废气排放。于是在国四排放标准阶段后期开始出现了 EGR 阀冷却器,如图7-15 所示。从汽缸中排出的废气,经管路直接引入接入发动机冷却液的 EGR 阀冷却器,冷却后的废气再由 EGR 阀控制引入进气管道。如此设计的好处在于废气冷却后浓度增大、温度降低,EGR 阀工作在相对较低的温度下,寿命可大大延长。但与此同时,该设计也带来了一个新问题,那就是带有大量炭颗粒的废气被引入冷却器的管道中,会导致冷却器废气通道堵塞,使得 EGR 阀控制出现误差,甚至失效。

开环控制的 EGR 系统:在国三和国四阶段,EGR 阀的工作都是基于试验确定典型工况,达到排放要求的最佳 EGR 率,形成一个控制脉谱。这种方法简单,目前应用较为普遍,但其准确性依赖于各种工况下脉谱图的精确制取,且响应速度较慢。

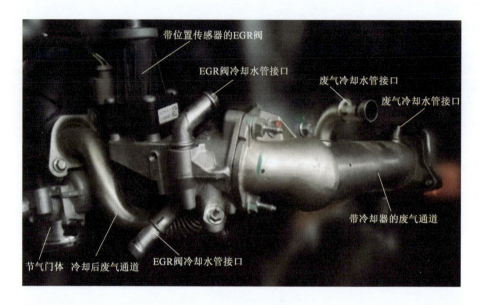

图 7-15　EGR 阀冷却器实物图

闭环控制的 EGR 系统：该系统是基于氧传感器测量排气中的氧含量，实现"过量空气系数"闭环控制的 EGR 系统。过量空气系数受 EGR 率的影响较大，可作为 EGR 闭环控制的反馈信号。闭环控制可以实时根据工况的变化自动调整 EGR 量，使 EGR 效果达到最佳。在避免炭烟生成的同时，尽量减少 NO_x 的生成量。闭环控制的 EGR 系统（重汽 MC13）结构如图 7-16 所示。

虽然国家排放标准中国第六阶段分为国六 a 阶段和国六 b 阶段，让厂家和市场都有一个过渡期。但对主机厂来说，几乎都没有针对国六 a 阶段排放标准的产品，而是直接根据国六 b 阶段的排放标准研发产品。所以从 2020 年开始，不少地方市场上销售的重型商用柴油机均采用国六 b 阶段排放标准。

在国三到国五阶段，EGR 装置都被配置在轻型货车和乘用车上，几乎没有出现在国产的重型商用车上。到了国六 b 阶段，由于排放标准要求炭颗粒排放限值进一步严格，并且增加了对颗粒物数量的监测，同时 NO_x 排放限值也更加严格，原有国五排放标准的方案已无法满足法规的要求。于是，以前只出现在汽油发动机、乘用车柴油发动机和轻型商用车柴油发动机上的 EGR 装置，除个别供应商的个别车型以外（如康明斯的重型货车发动机），多数重型商用柴油发动机都已标配。

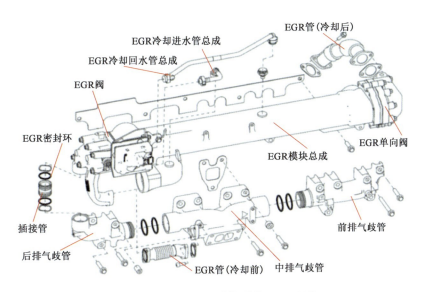

图 7-16　闭环控制的 EGR 系统(重汽 MC13)结构图

随着重型商用车装备 EGR 装置,原有的空气计量手段也必须进行改进。因为原有的空气计量方案中只装备有进气歧管上的压力传感器,该传感器只能计量汽缸总进气量,无法分析新鲜空气与废气的比例。因此,在新型国六 b 排放标准的柴油车辆上可以见到几种不同的空气计量方案被采用。

(1)方案 1:在空气滤清器之后、涡轮增压器之前安装热膜式空气质量流量传感器(用于测量新鲜空气质量),在涡轮增压器之后安装节气门体(调节进气歧管压力),进气歧管上安装进气温度/压力传感器(利用发动机转速和空气密度法测量总进气量),EGR 装置配备位置(行程)传感器(用于反馈监控执行情况)。总进气量与新鲜空气进气量的差值即为废气再循环量。然后,用发动机计算机只读存储器(EEPROM)中的模型分析废气再循环开度下进入汽缸的废气量,将其与通过传感器算法检测到的废气循环量进行比较,判断其是否存在误差。

这种方案被大量应用于轻型货车及乘用车柴油发动机上,多布置测量精度高的热膜式空气质量流量传感器。

这种方案是利用电加热厚膜,通过分析测量点空气带走厚膜上的热量值来测量空气流质量。而在重型商用车的空气滤清器后面、远离增压器吸气口的位置,为了减小气流阻力,管道设计得较粗,不便于布置直径相对较小的热膜式空气质量流量传感器。涡轮增压器之后的管道虽然达到了布置热膜式空气质量流量传感器的尺寸要求,但这个位置的空气温度较高,已不适宜使用热膜式空气质量流量传感器来测量空气流的质量。

在废气再循环控制中,节气门(TBI)的作用是调节进气管道的压力,否则如果废气压力低于增压冷却后的进气管道压力,则无法实现废气再循环。通过节气门调节进气压力与废气压力之差,即可调节进入汽缸的废气量。

(2)方案2:如图7-17所示,在涡轮增压器之后的热空气通道中安装根据皮托静压管原理制作的空气流量传感器(PFM)或根据虹吸效应原理制作的空气流量传感器(TFI4,用于测量新鲜空气流量),在空气流量传感器之后安装节气门体(调节进气歧管与废气再循环压差),在进气歧管上安装歧管压力传感器(测量总进气量)。EGR阀设置在热端,经冷却器冷却后进入进气歧管,并且带有废气再循环温度(TEGR)监控。新鲜空气与废气流量测量原理与方案1相同。

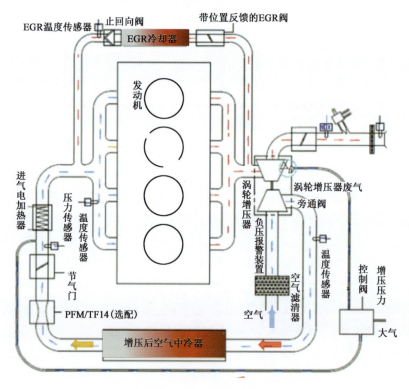

图7-17 方案2工作原理

第七章　柴油机排放控制机内净化技术及维修

这种布置方案与方案1最大的差别就在于空气流量监测元件的工作原理不同和信号传输方式不同。在轻型柴油机上，多数是使用热膜式空气质量流量传感器，这种传感器输出的空气质量信号为频率调制信号，空气温度信号为占空比信号，这两个信号都是直接经电缆传送到发动机计算机的端口。而在重型商用车上的空气流量监测元件则无须热膜传感器类加热部件，所以其测量精度不受增压后相对较高的空气温度的影响。

(3) 方案3：进气路径中未使用空气流量传感器单独计量新鲜空气，而在节气门后的进气歧管上安装进气歧管压力传感器（监测总进气量），在EGR路径上安装TFI4空气流量传感器监测废气再循环量。在这样的系统结构中，歧管压力传感器监测到的总进气量减去TFI4反馈的废气流量即为新鲜空气流量。

三、废气再循环系统的维修

EGR系统维修流程如下：
(1) 检查故障代码。
(2) 检查EGR系统机械组件，如排气喉管、EGR阀门、EGR冷却器、发动机机件等。
(3) 检查电路系统，如进气流量传感器、进气压力传感器、温度传感器、废气压力传感器等，观察在车辆行驶时上述传感器的数值变化是否正常。
(4) 通过诊断仪看数据流。先起动发动机，待冷却液温度达到70℃，然后读取各个发动机温度传感器是否异常；再将空气流量传感器在EGR阀关闭和开启状态下的读数进行对比。

1. EGR自学习

如图7-18所示，EGR自学习操作流程如下：
(1) 进入整车标定功能界面。
(2) 进入参数调整界面。
(3) 点击读取EGR值。
(4) 点击复位。
(5) 点击自学习。

2. EGR自学习及故障监控

(1) 清洁及验证。当发动机熄火后，为了确认EGR的控制精度，EGR会首先进行清洁操作,防止 EGR 阀积炭卡滞。发动机电控模块会发出指令控制 EGR 以最大开度的方式打开一次(打开开度为 105%),以及关闭一次(打开关闭开度为 -5%)。理论上,EGR 阀的最大开度只有 100%,给出 105% 开度是因为给到最大的压力,即给到最大的电机电流,让 EGR 阀开度达到最大,防止阀内的积炭、油泥影响 EGR 阀的正常开闭,同时验证确认 EGR 的开度值是否在合理的范围内、是否与预期最大开度吻合。该过程相当于用大力拉开一下,使 EGR 阀完全打开。

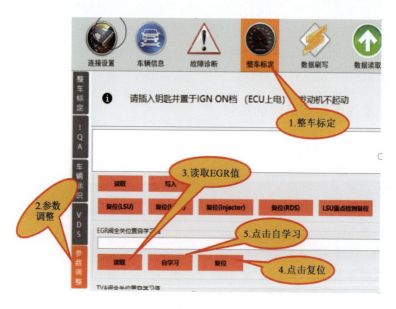

图 7-18　EGR 自学习操作流程

(2)自学习。在清洁和验证的同时,EGR 自学习键打开和关闭各五次。EGR 阀第一次打开和第一次关闭属于清洁状态,这时不会记录 EGR 阀位置信号电压值;后面的四次打开和关闭开始记录 EGR 阀位置信号电压值。

(3)停止学习。自学习结束后开始计算电压值。发动机控制系统(EMS)将后面四次记录的 EGR 打开、关闭的最大/最小电压值通过其 EGR 特性曲线固化的算法计算出一个平均电压值(即为自学习后的一个平均电压值),最后通过 EGR 位置传感器反馈给 EMS 控制单元保存。

(4)柔性关闭。EGR 在自学习时一般是打开和关闭五次。为了防止 EGR 阀快速打开和关闭对 EGR 阀造成过大的冲击力,这里设定了一个柔性关闭状态。EGR 在最后一次打开和关闭时,并不是直接向电机提供最大的电流,而是先给出一定值,以减缓对阀座的冲击。

(5) EGR 位置传感器反馈。PID 控制实时反馈 EGR 位置信号给 EMS 的 EGR 控制系统。

(6) 摩擦补偿。由于 EGR 阀长时间工作易累积炭烟、油泥等,阀门开启速度较慢,这时就需要通过加大 EGR 电机控制电流来给予一定补偿,从而加快阀门开启速度。

(7) EGR 阀开度限制。标定 EGR 阀的开度限制范围,一般在 0~100%。

(8) 部件驱动。对提供 EGR 的供电、频率等部件进行驱动控制,并且同时对 EGR 进行故障诊断,判断 EGR 电机或位置信号是否正常。

(9) EGR 电机的监控。监控 EGR 电机的状态(如通过电流状态监控电机的温度是否过高等)。

(10) 停止检测。当 EGR 阀出现卡滞等情况时,为防止驱动部件损坏,EGR 控制模块会停止对 EGR 自学习的检测。

EGR 与电子节流阀(TVA)自学习的相关故障码如下。

P2108-F0:TVA 全关位置的自学习值偏移超出限值;

P0404-F0:EGR 阀全关位置的自学习值超出限值。

第四节　曲轴箱强制通风系统的原理及维修

一、曲轴箱强制通风系统结构原理

内燃机工作时,总会有一小部分汽缸内高压气体从缸内泄漏出来,目前的检测标准中,汽缸的漏气率最大许可值为 10%。从压缩行程开始到做功行程结束期间,缸内处于高压状态,在活塞环开口间隙和活塞与缸壁的密封面处会存在少量的泄漏。这些泄漏的气体有压缩行程初期的新鲜空气、未燃烧的空气燃油混合气、燃烧过程空气燃油混合气和废气。

如图 7-19 所示,如果曲轴箱处于密封状态,会导致曲轴箱内压过大,致使各密封件处泄漏机油和气体冲出产生啸叫声,甚至使密封件损坏,时间久了会导致机油被污染引起机油过早失效。如果曲轴箱处于开放状态也只是解决了曲轴箱内压过高的问题,无法解决机油被废气污染的问题。废气携带的悬浮颗粒将增加发动机的 PM 排放量。

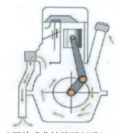
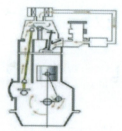

a) 开放式曲轴箱强制通风　　　　b) 闭式曲轴箱强制通风

图 7-19　曲轴箱强制通风系统

《重型柴油车污染物排放限值及测量方法(中国第六阶段)》(GB 17691—2018)第 6.3 条和第 6.5 条中明确说明了对于闭式曲轴箱和开放式曲轴箱的要求。对于开放式曲轴箱的发动机,曲轴箱放气与尾气排放一起进行测试,总限值不得超过规定限值。对于闭式曲轴箱的发动机,曲轴箱内的任何气体不允许排入大气中。

由于汽缸中不可避免会存在气体泄漏,在开放式曲轴箱强制通风系统中,这些泄漏出来的气体也属于国六排放标准监测和限制的内容。因此,国六发动机不再使用开放式曲轴箱强制通风系统。

闭式曲轴箱强制通风系统通过将汽缸漏出的气体引入汽缸燃烧,可以减少以下有害物质直接排到大气环境中污染大气:除甲烷以外的所有可挥发性的碳氢化合物(NMHC),总烃(THC),甲烷(CH_4)。

这些气体除对人体存在伤害外,还能产生光化学反应,形成温室效应,导致地球变暖。通过曲轴箱强制通风系统将曲轴箱排出气体强制吸入进气道参与燃烧,可直接减少以上有害气体的排放。

曲轴箱强制通风不只能解决废气对环境的污染问题,还能解决曲轴箱内机油被污染的问题,从而使机油的长效使用成为可能。如图 7-20 所示,由于现在的柴油机使用了强制通风装置,多数重型商用车机油的更换期已由 4 万 km 提升至 10 万 km。

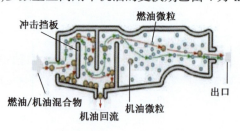

图 7-20　曲轴箱强制通风解决环境污染问题原理

第七章 柴油机排放控制机内净化技术及维修

如果曲轴箱强制通风装置中的油气分离不到位,曲轴箱内污染物将通过强制循环管路被引入涡轮增压器前端,对涡轮增压器和燃烧系统及后处理系统造成不良影响。

国六排放限值规定油气分离器分离效率应大于 95%,保证发动机在运转过程中保持良好密封状态(不发生渗漏),曲轴箱内压力要保持一定范围负压。其中,主动式油气分离器有电动、高压机油驱动两种方案来提供正常的曲轴箱负压。

曲轴箱强制通风系统的目的与汽油机相同,即防止曲轴箱中气体直接排入大气。曲轴箱中气体是由发动机汽缸的窜气和发动机机油中的沸腾气体(由发动机机油受热蒸发导致)组成的。发动机汽缸窜气是指气体通过活塞环进入发动机的曲轴箱。这两种气体都需要清除或限制,因为它们会影响发动机的排放。

图 7-21 是重汽曲轴箱强制通风系统的工作原理图。曲轴箱中的废气经油气分离器分离之后,分离出来的机油回流到润滑系统;分离出来的废气被送入空气滤清器之后、涡轮增压器之前的进气管路。在这段管路上安装有曲轴箱压力传感器,用来监测系统是否存在异常。只要发动机处于运行状态,这段管路上的压力就应保持在 10~30kPa。当发动机转速超过 800r/min 时,系统确认油气分离器出现气管断开故障,显示故障码 P3106。

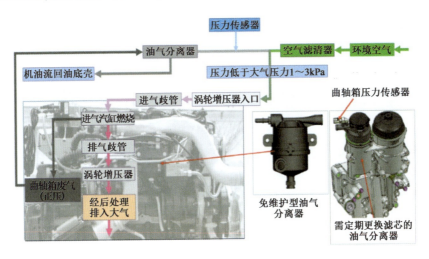

图 7-21 重汽曲轴箱强制通风系统的工作原理图

二、曲轴箱强制通风系统的检查和维修

(1)高音调噪声:检查油气分离器盖上的孔是否堵塞。

(2)外部机油泄漏:检查曲轴箱强制通风管或软管是否堵塞或扭结,曲轴箱强制通风管或软管是否损坏或安装不当,曲轴箱压力是否过高。

(3)急速转速过高:检查曲轴箱强制通风管或软管是否泄漏(损坏)。

(4)机油消耗过多:检查油气分离器盖上的孔是否堵塞。

(5)急速不良:检查曲轴箱强制通风管或软管是否堵塞或扭结,曲轴箱强制通风管或软管是否泄漏(损坏),真空软管是否磨损或安装错误。

(6)发动机内出现油泥:检查曲轴箱强制通风管或软管是否阻塞或扭结,发动机失速或急速;

(7)转速过低:检查曲轴箱强制通风管、软管是否堵塞或扭结,曲轴箱强制通风管或软管是否泄漏或损坏。

第五节 高压共轨喷射系统工作原理及维修

一、高压共轨喷射系统工作原理

高压共轨喷射系统利用较大容积的共轨腔将油泵输出的高压燃油蓄积起来,并消除燃油中的压力波动,然后再输送给每个喷油器,通过控制喷油器上的电磁阀实现喷射的开始和终止。

高压共轨喷射系统主要由电控单元、高压油泵、蓄压器(共轨管)、电控喷油器以及各种传感器等组成。低压燃油泵将燃油输入高压油泵,高压油泵将燃油加压送入高压油轨(蓄压器),高压油轨中的压力由电控单元根据油轨压力传感器测量的油轨压力以及需要进行调节。高压油轨内的燃油经过高压油管,根据机器的运行状态,由电控单元确定合适的喷油定时和喷油持续期,由电液控制的电子喷油器将燃油喷入汽缸。

高压共轨喷射系统的特点是:喷油压力的产生不依赖于发动机转速与系统喷油量,可根据发动机不同的工况灵活控制喷射压力和喷油量,从而实现低转速高喷射压力,达到低速高转矩、低排放及优化燃油经济性的目的;通过电子控制单元计算出理想的喷油量和喷油时间,再由喷油器精确地喷射,甚至多次喷射;拥有更高

第七章 柴油机排放控制机内净化技术及维修

的系统压力、更好的排放性能和更低的燃油消耗。

二、高压共轨喷射系统的维修

1. 安全提示

在对柴油机及其总成进行检修作业时,有许多安全提示必须加以注意。

出于安全方面的考虑,只能由经过培训和指导的专业人员,在具有相应装备和经过授权的专业维修厂对汽车及其部件进行修理和维护。在进行作业时,必须注意遵守现行的有关劳动保护和环境保护的法律规定、事故防范条例、技术规范和标准及制造商的说明。机床、装备和工具必须在遵守技术文件和制造商的操作说明,确保安全的状况下,按照规定进行使用。必要的个人劳保用品,例如护目镜、保护服等,必须符合要求,适用于应用目的并且按照规定穿戴。在进行修理、维护时,只允许使用制造商准许用于该汽车或者车型的备用部件、配件、润滑剂和辅助材料。拆卸下来的旧零件和废旧润滑剂,应在遵守现行清理规定和环保规定的情况下加以清理。

在应用测试和检测仪器时,务必要注意制造商技术资料中的说明,特别是安全说明。

(1) 所有测试和检测仪器必须适用于使用目的并且经过认证准予使用。

(2) 测试和检测仪器及其安全装置必须明显处在安全可靠的状态下。

(3) 必须有相应的安全和许可标识。

(4) 只准由指定人员使用测试和检测仪器进行工作。

(5) 使用绝缘检测设备时务必小心。这是由于在检测仪器的测量输出端、试样和工作环境中可能会出现危险电压。

2. 燃油系统检修的清洁度要求

现代柴油燃油系统由高精度的零件组成,在检修燃油系统过程中一定要保持高度的清洁性。直径大于 0.005mm 的脏物即可使部件失灵,并导致发动机损伤。

1) 操作燃油系统前

在操作燃油系统前,一定要遵循如下措施:

(1) 燃油系统必须封闭。目测检视发动机是否有密封不良及损坏或燃油泄漏情况。

(2)操作燃油系统前,发动机一定要保持干燥并且清洁。

(3)在使用蒸气清洁发动机及发动机舱时,电气部件及其插头连接要封闭起来。

(4)不能将蒸气直接喷向电器部件。

(5)用压缩空气干燥燃油系统时,必须将其封闭。

(6)将发动机舱内可能引起脏物脱落的部位(如倾斜的驾驶室),用新的干净的覆盖膜盖起来。

(7)操作前清洁工作场地,尽可能做到无尘,避免由于磨削及焊接工作、制动器维修工作、起动发动机、起动通风及供暖设备、起动制动及功率试验台产生空气运动,进而扬起灰尘。

(8)只能穿着干净的工作服操作燃油系统。

(9)在燃油系统中,只能使用不带绒毛的抹布。

(10)在操作前清洁操作工具。只能使用没有损伤的工具(如镀铬层无开裂)。

(11)对拆卸下来部件的维修,只能在特定的工作场所内进行。

2)检修燃油系统时

在对打开的燃油系统操作期间,必须遵循如下措施:

(1)不能用使用过的清洁或试验液进行清洁。

(2)不能用压缩空气进行清洁。需使用合适的抽吸装置(工业吸尘器)将松脱的脏物(比如油漆碎片和绝缘材料)清除掉。

(3)在拆装组件时,不允许使用布、纸板或者木材等材料。因为这些材料的物体颗粒及纤维会分离出来。

(4)在拆卸完毕后,马上用干净、合适的密封盖将组件开口封闭。

(5)各个燃油系统组件的密封盖,可以参照备件清单订货。

(6)密封盖应总保持一定量的库存(放在合适的分类箱中)。

(7)将密封盖以原包装储存在无尘及防污环境中,并且在一次性使用后,作为废弃物处理。

(8)将部件小心地保存在一个清洁、封闭的容器中。

(9)新零件只有在使用前,才可以直接从原包装中取出。

(10)如果拆下的零件需要发送,一定要用新零件的原包装。

带高压泵 CPN2.2/CP3.3 的共轨保护密封盖如图 7-22 所示。

3.共轨系统的维修

通过正确的诊断方法找到共轨系统的故障点后,需要停机等待压力降下来,在保证拆卸部位清洁的基础上,使用相应的专用工具拆卸故障的共轨部件,共轨喷油器拆卸如图7-23、图7-24所示。拔出故障的喷油器之后,需要检查共轨喷油器安装部位的情况,以及是否有损坏和严重的积炭,如图7-25、图7-26所示。

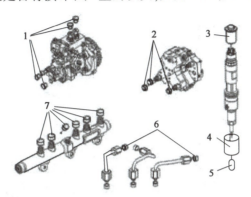

图7-22 共轨保护密封盖

1-共轨泵CPN2.2的管接头;2-共轨泵CP3.3的管接头;3-共轨喷油器的电器接头;4-内部高压及回油管接头;5-孔式喷嘴;6-高压油管;7-轨

图7-23 松动故障共轨喷油器

图7-24 拔出故障共轨喷油器

图7-25 封堵缸盖上油嘴孔图

图7-26 使用钢丝刷清洁喷油器

核心柴油共轨部件通过主机厂或专业厂家授权的柴油系统服务中心或服务站来进行维修。合格的维修才能保证产品的性能，从而满足排放法规的要求。

共轨系统核心部件是共轨喷油器。共轨喷油器非常精密，为了满足市场需求，如博世这样的公司向市场提出新件、原厂交换件和授权合格维修件三种解决方案。

对于共轨喷油器的授权合格维修，在博世公司内部称为三阶段维修方案，如图7-27所示，所需的场地、台架和专用工具要求分别如图7-28、图7-29所示。

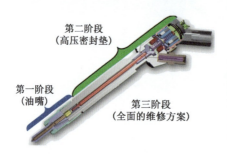

图7-27 博世共轨喷油器三阶段维修方案

图7-28 场地和台架的要求

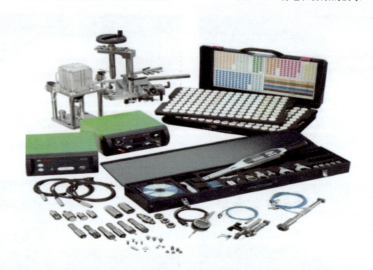

图7-29 专用工具要求

维修时对车间的温度、湿度和测量工具有严格的要求，需要等到共轨喷油器、维修工具、需要更换的零件以及车间的温度一致并且稳定后才可以维修，如图7-30～图7-33所示。

第七章 柴油机排放控制机内净化技术及维修

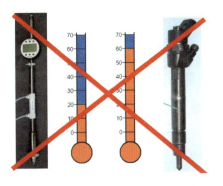

图 7-30 共轨喷油器维修时的温度要求

图 7-31 共轨喷油器维修时的测量工具要求

图 7-32 共轨喷油器维修时的测量工具

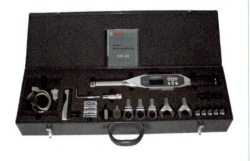

图 7-33 共轨喷油器维修时的安装力矩控制工具

只有经过正规培训授权的维修站,才能够合格维修共轨系统部件。没有该方面资质授权的服务站,可以使用新件或原厂交换件,通过学习更换服务相关知识来解决因共轨系统的故障而导致的排放超标问题。

共轨喷油器维修流程如图 7-34 所示。

每一步的组装、测量、校准都有相关的支持帮助文件,如图 7-35 所示。每一步的组装测量校准基本上都包含两个部分:①测量工具的校准;②指出测量部分所对应的喷油器类型,以及该车辆需要使用的标准量规适配器等。

测量结果进入软件中,软件自动计算出所需要的对应调整垫片来调整,如图 7-36 所示。

共轨喷油器在更换掉磨损的零部件,如阀组件、油嘴等,按照正确流程组装后,需要装上试验台检测。如博世的 DCI700,按照该喷油器匹配柴油发动机的特性来进行性能检查。测试共轨喷油器的电磁阀性能、密封性能,全负荷点、排放点、急速点、预喷射点等各点的喷油量和回油量,以及生成新的油量修正码 IQA。只有通过试验台终检的共轨喷油器,才被认可为维修合格。共轨喷油器试验台及测试项目分别如图 7-37、图 7-38 所示。

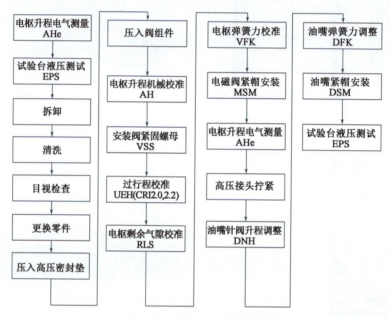

图 7-34 共轨喷油器维修流程

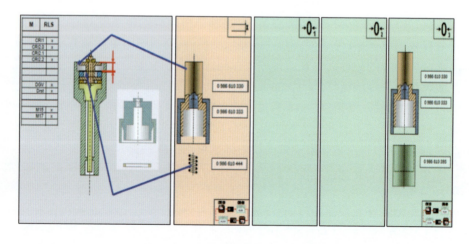

图 7-35 共轨喷油器安装支持文件示意

第七章　柴油机排放控制机内净化技术及维修

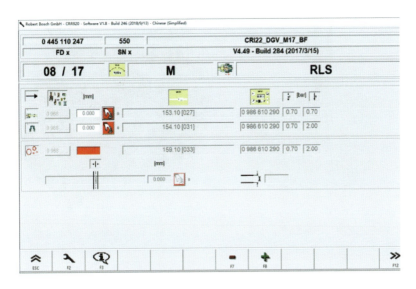

图 7-36　共轨喷油器维修调整软件计算界面

图 7-37　DCI700 共轨喷油器试验台

图 7-38　共轨喷油器测试项目

维修合格的共轨喷油器配装新的合适的铜垫片和 O 形圈，使用防护套隔绝外界的污染。安装前需要使用机油湿润 O 形圈，与汽缸盖保持垂直，轻轻地放入安装腔。根据主机厂维修手册的安装步骤和要求力矩，将共轨喷油器安装到汽缸盖中，如图 7-39、图 7-40 所示。

233

图 7-39　外置式共轨喷油器的安装

图 7-40　内置式共轨喷油器的安装

4. 维修共轨泵

维修共轨泵要有专门的工作台和维修工具，需要遵循正确的维修指导文件按照流程对共轨泵进行外部清洗、解体、内部清洗、磨损件更换，按照正确力矩进行组装，并使用合适的试验台进行维修检查（图 7-41）。不建议通过直接更换共轨泵的零部件来解决问题。若共轨泵出现问题，内部会有磨损的颗粒物，将对以后的使用造成隐患。

图 7-41　工作台及维修装用工具

1）单体泵安装

（1）从包装箱中取出共轨泵时，要手持正确的部位，不要用手接触易损部件（如高、低压接头和油量控制单元）。

第七章 柴油机排放控制机内净化技术及维修

(2)在需要安装相应的连接之前不允许取下保护帽(油量控制单元、高低压以及回油接头、轴端等)。

2)安装共轨高压泵

(1)将高压泵的紧固螺钉拧紧,拧紧力矩为25N·m。

(2)将高压泵齿轮安装到高压泵上。

(3)拧紧高压泵齿轮的紧固螺母,拧紧力矩为70N·m。

(4)安装高压油管,拧紧力矩为22N·m。

(5)装上燃油计量单元的插塞连接器。

(6)连接蓄电池的负极接线。

(7)油泵不允许干运转,运转之前必须充入柴油,并对燃油系统排气。

(8)读取和清除故障码。

(9)起动发动机。

(10)检查燃油系统的密封性。

(11)在顺利排除故障和/或修理之后,清除故障码,进行试车,并且重新读取故障码。

三、高压喷射技术

从1997年博世第一代共轨技术开始应用到2018年的资料显示,博世共轨系统的高压燃油喷射压力已从最初的135MPa提升到了270MPa。更高的燃油喷射压力可以使燃油喷射响应更快速,使多次喷射变得更轻松。博世共轨技术的发展历程如图7-42所示。

为了使系统油压响应更快,在已具有常开型燃油计量阀(FMU)的燃油系统中,共轨管路上增加了燃油压力控制阀(DRV)。

在起动工况下和急加速超车工况下,发动机电控模块(ECM)控制FMU常开,使尽可能多的低压燃油进入高压油泵,同时控制DRV在目标压力所需的电流。如此控制,燃油泵进入全负荷状态工作,可以快速提升燃油压力。由于DRV预先设置在目标油压下,当燃油压力上升到目标油压时,DRV开始泄油,从而使燃油压力维持目标值。

当松开加速踏板进入倒拖工况时,发动机ECM向FMU施加大电流,驱动控制FMU进入关闭状态,并同时向DRV施加特定电流,使燃油压力快速降至目标值。

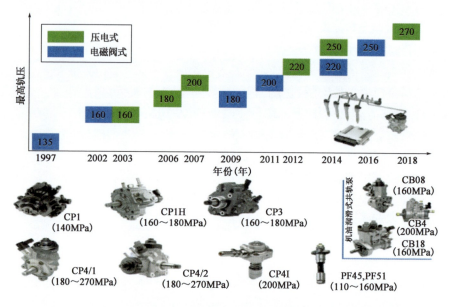

图 7-42 博世共轨技术的发展历程

当发动机运行在稳定工况时,ECM 控制 DRV 进入全关状态,同时控制 FMU 到目标电流。此时燃油系统运行在未配置 DRV 的系统状态,如图 7-43 所示。

(一)喷油嘴优化技术

为了降低发动机污染物排放,设计中要求汽缸每个工作循环中实现多次燃油喷射来满足系统工作的需求。正确的单次或多次预喷,使汽缸内燃烧压力上升平稳,可减少 NO_x 的生成量。良好的主喷响应使发动机动力更强劲,炭烟排放更少。根据机外后处理系统的需求,通过适当的后喷为 DPF 提供再生所需要的燃油,对 DPF 成功再生更有利。

博世的电磁阀式共轨喷油器已可实现每工作循环进行 3~8 次喷射,压电式喷油器可在每工作循环实现 5~10 次喷射,为满足排放标准要求进行系统喷射优化创造了良好条件,使发动机工作噪声更低,缸内燃烧更优化,有害污染物的排放控制得更低。

博世 CRI1-18 型喷油器在 CRI2-16 型喷油器的基础上进行了一系列改进,对回油接头设计优化,实现快速插拔。此外,还优化了球阀设计,使有效寿命提升到 30 万 km,完全满足国五排放标准的系统需求。

第七章 柴油机排放控制机内净化技术及维修

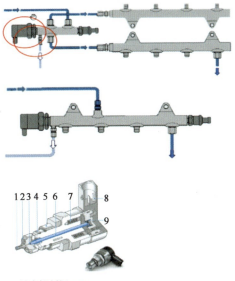

图 7-43　发动机计算机控制燃油压力控制阀

1-3μm 不锈钢过滤网；2-高压油道密封面；3-球阀；4-回油道密封环；5-DRV 阀体；6-衔铁轴针；7-电磁线圈；8-引线插头；9-预紧弹簧

博世 CRI1-20 型喷油器如图 7-44 所示。工作压力最高可达 200MPa，最多可实现每工作循环 8 次喷射，满足国六排放标准。

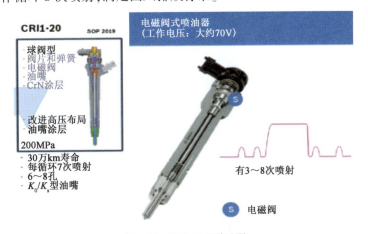

图 7-44　CRI1-20 型喷油器

237

图 7-45 所示的博世 CRI3 型喷油器为没有电磁线圈的压电喷油器,可用于压力为 200~270MPa 的燃油系统中,每工作循环最多可以实现 10 次喷射,主要用于乘用车和轻型商用车辆。其最长寿命可达 40 万 km,满足国六排放标准。

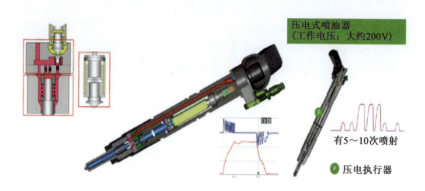

图 7-45　博世 CRI3 型喷油器

（二）延迟喷射技术

正常情况下,柴油机是在压缩行程中活塞接近上止点时,借助喷油设备将燃油在高压下以雾状喷入燃烧室,以便与空气形成可燃混合气。

油滴着火需要满足两个条件：

(1) 混合气的温度要高于着火临界温度(>500℃)。

(2) 混合气的浓度要适当,即混合气的浓度要在着火界限之内。

由柴油机的燃烧特性可知,在电控共轨柴油发动机中,推迟燃油主喷的喷油正时是降低柴油机 NO_x 排放浓度的有效措施,它是一种以牺牲动力来降低有害物排放的手段。在冷起动阶段,系统也有推迟燃油主喷的策略,不过这时是为了通过旁通阀打开,使再循环的废气不经冷却直接引入汽缸参与工作,这样可以缩短发动机起动升温时间。

为了满足 DPF 的正常再生需求,在配备 DPF 的乘用车及轻型商用车辆中,都会设置主喷延迟和燃油后喷射的控制策略。换句话说,只要在具有柴油机氧化催化器(DOC)和颗粒捕集器(DPF)的车辆中,必然应用延迟喷射技术来提升 DOC 入口及 DOC 本体的温度。因为这样的设置方案是实现 DPF 再生成本最低、可靠性最高的手段。

第八章　柴油机排放控制后处理技术及维修

柴油机排放控制后处理技术及维修

　　柴油机排放性能主要取决于柴油和润滑油品质、油路、工况等。一般情况下，柴油车的车主很少对车辆进行维护，车况较差，尾气排放超标较多。柴油机的主要污染物是颗粒物（PM）和氮氧化物（NO_x）。颗粒物的主要来源是不洁净的柴油和机油；NO_x产生条件主要是高温、高压和富氧。控制排放污染物的系统分为机内和机外系统，统称排放后处理系统。

　　随着排放法规的日益严格，仅依靠燃烧系统的优化已经不能满足法规的要求。在排气系统中对尾气进行净化处理成为必需的措施，这为后处理技术的应用创造了条件。当前，后处理技术已在世界上得到广泛应用。

　　2020年，国内多个城市已只许可国六b排放标准的商用柴油车登记注册。国六b排放标准的颗粒物排放限值降到0.01g/（kW·h），甚至增加了对细微颗粒排放数量PN的监测，要求低于$6×10^{11}$/（kW·h）；NO_x排放限值也降到了更加苛刻的0.46g/（kW·h）。这给主机厂带来了巨大的考验，单独在原有的任何一种净化技术方案上进行性能提升都难以满足要求，于是几乎所有主机厂的研发工程师们都将已使用的排放后处理技术综合应用并进行提升，仅有个别厂家还在一个方向深耕细作，寻求出路。

　　相对于汽油发动机来说，柴油发动机尾气排放中含有更多的PM、NO_x和二氧化硫（SO_2），以及相对较少的碳氢化合物（HC）和一氧化碳（CO）。为了减少这些有害的污染物排放，目前后处理技术主要是通过柴油机颗粒捕集器（DPF）吸附颗粒物,通过柴油机氧化催化器(DOC)氧化 HC 和 CO 以及少部分 PM,通过选择催化还原装置(SCR)还原 NO_x,部分轻型柴油机也采用氮氧化物储存催化转换器(NSC)吸附还原 NO_x 和 SO_2。

第一节　氧化型后处理系统技术及维修

一、柴油机氧化催化器技术及维修

1. 氧化催化器的结构及工作原理

柴油机氧化催化器(Diesel Oxidation Converter,DOC)主要通过催化氧化的方法,减少柴油机排气中的 CO 和 HC 排放;同时也可以通过氧化颗粒中的可溶性有机物(Soluble Organic Fraction,SOF),在一定程度上减少颗粒物的排放。

DOC 以铂(Pt)、钯(Pd)等贵金属作为催化剂,以整体蜂窝陶瓷作为催化剂载体(图 8-1),对 CO 和 HC 的转化效率分别可达 90% 和 70%,还可减轻柴油机排气的臭味,同时对颗粒物中 SOF 组分的去除率高达 90%,从而使 PM 排放量减少 40%~50%。DOC 最佳工作温度在 200℃和 400℃之间。

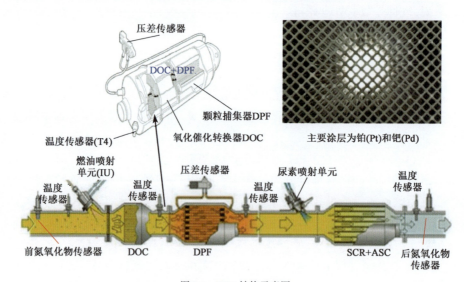

图 8-1　DOC 结构示意图

第八章　柴油机排放控制后处理技术及维修

DOC 组成结构主要包括壳体、衬垫（减振层）、载体和催化剂涂层四个部分。

壳体通常为不锈钢材料,防止高温氧化脱落。衬垫通常为陶瓷材料,隔热性、抗冲击性、密封性和高低温冲击性优于金属网。载体材料主要有蜂窝陶瓷载体和金属载体两种。涂层加注催化剂（Pt、Pd）把 CO、HC 和 PM 中的 SOF 成分氧化成 CO_2 和 H_2O。

DOC 一般多为陶瓷载体的通流式催化转换器,陶瓷载体表面有效成分是贵金属 Pt 或 Pd。DOC 的主要作用是降低 PM 中的 SOF 成分。依据该成分在 PM 中的含量不同,DOC 可以降低 5%～30% 的颗粒排放量。DOC 能够同时减少 HC、CO 和 PM 排放,因此,常在发动机上与 EGR 配合使用,用来全面改善柴油发动机的排放水平。DOC 具有优异的氧化性能,多用在选择性催化还原装置（SCR）中,用来促进尿素的水解反应和防止氨（NH_3）的泄漏。DOC 可以将部分 NO 氧化为 NO_2,为接下来的 SCR 或 DPF 再生反应做准备。DOC 存在的问题主要是高温老化和催化转换器中毒：高温老化是由于贵金属在高温高热情况下产生了烧结,导致其催化剂活性点减少、性能下降；催化转换器中毒是因为排气中的硫酸盐、颗粒等成分覆盖在载体表面活性点,导致了催化性能下降。DOC 高温高热老化是不可逆的,催化剂中毒以后可能部分恢复活性。燃油中的含硫量过高,会使得废气流过 DOC 时硫酸盐成分的增加,可能会导致 PM 排放量的增加,因此,DOC 必须与低硫柴油一起使用。如果单独使用 DOC,会造成 NO_x 中 NO_2 比例的增加,NO_2 的毒性是 NO 毒性的 4 倍。降低柴油中硫的含量,通常需要改变载体的材料和构成,也能够提高 DOC 的抗硫老化性能。加多一层无贵金属负载的 SO_2 阻隔层的方法,在不影响 HC 和 CO 转化率的情况下,也能够降低 DOC 中硫酸盐的生成量,提高催化剂的抗硫中毒能力。

发动机排出的废气首先要经过 DOC 进行氧化反应,然后才送到 DPF。DOC 的功能重点是氧化催化反应,利用其表面涂覆的 Pt 作为催化剂促进氧化反应,帮助 DOC 降低燃料的起燃温度,降低排放物中可溶性有机物（SOF）的含量,从而降低 PM 的排放,同时也进行 HC 和 CO 的氧化。在尾气中富含 HC 状态时,Pd 被氧化形成一氧化钯（PdO）或氢氧化钯[$Pd(OH)_2$]用于存储氧。DPF 再生时,PdO 或 $Pd(OH)_2$ 都是催化剂,帮助再生并释放出氧,氧化反应中使废气里的 NO 会转化为 NO_2,NO_2 作为催化剂可以降低 DPF 中炭烟燃烧温度。如果车辆设计有独立的碳氢喷射装置（博世公司称之为 Departronic DPM,其他公司称之为 HCI）用以辅助 DPF 进行炭颗粒再生,则会在 DOC 之前布置 HCI 或 DPM 的燃油喷射单元,如图 8-2 所示。

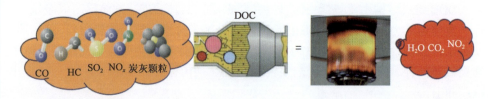

图 8-2　DOC 装置中的氧化反应

氧化 HC 和 CO 的氧化反应：$CO + O_2^- \to CO_2$；$HC + O_2^- \to CO_2 + H_2O$　（$T > 200℃$）

部分可溶性有机物（SOF）的氧化反应：$SOF + O_2^- \to CO_2 + H_2O$

将 NO 氧化生成 NO_2 的氧化反应：$NO + O_2^- \to NO_2$

生成硫酸盐的氧化反应：$SO + O_2^- \to SO_3$　（$T > 400℃$）

其中，T 为反应温度。

在被动再生过程中，DOC 的氧化反应使气流温度上升，为下游的部分 POC 或 DPF 提供再生所需要的温度。

当主动再生需要被激活时，发动机内后喷的燃油在 DOC 中催化剂 Pt 的作用下燃烧升温，即使系统装备有 DPM 装置，也需要由机内后喷预热 DOC 后才进行碳氢喷射。燃料在 DOC 中燃烧，废气温度升到 600℃ 左右，将 DPF 中的炭烟颗粒气化，实现主动再生。

通常在 DOC 前后会安装温度传感器帮助控制单元监控其工作状态，以便实现高温保护，同时，温度状态也是用于判断可否实现 DPF 再生的指标。

在 DOC 中使部分 NO 转化成 NO_2，NO_2 中氮元素化合价为 +4，有很强的氧化性，强到可以用作火箭燃料中的氧化剂。O_2 和 NO_2 进入 DPF 后，其氧化反应释放大量热量使炭颗粒更好地氧化。HC 的氧化同时放出热量，可促进后面 DPF 的被动再生。

2. DOC 的维修

OBD 对 DOC 的运行状态进行监控：

(1) 发动机电脑（EDC）通过前排气温度传感器（T4）和后排气温度传感器（T5）进行温度安全监控。

(2) T4 监测 DOC 上游气流温度。

(3) T5 监测 DOC 下游、DPF 上游气流温度。

(4) 发动机冷却液温度和环境温度传感器信号作为监前、后排放温度传感器信号是否合理的依据。

第八章　柴油机排放控制后处理技术及维修

当发动机冷却液温度>60℃后，EDC会对比DOC上、下游排气温度信息和其他传感器信息，当发现T4和T5的温度值出现误差超过5min即设定相关故障码。

那为何是在大于60℃开始监控呢？在EDC的软件算法中，设定发动机运转过程中，以冷却液温度达到60℃作为触发起点，监测持续运行5min后的DOC上、下游排气温度是否合理。EDC的中央处理器依据环境温度、发动机转速、喷油量等信息，可在电脑中查到DOC上、下游排气温度的正常范围。用这个查询结果与DOC上、下游排气温度传感器(T4/T5)的反馈值进行对比，即可满足作出正确判断的条件。

EDC结合其他传感器及T4和T5的输入和输出信号状态，判断T4和T5信号的合理性，确定是否存在线路搭铁短路、对正极短路、导线断路等情况。

可以通过判断DOC前后是否存在排气温度高于650℃的情况，做出限制DPF再生、限制燃油后喷和限制喷油延迟等行动，以防止烧坏DPF。

如果监测到排气温度<200℃，则限制DPF再生要求。因为DOC上游温度过低时，HC进入DOC无法被催化剂氧化，无法实现对DPF的加热。

另外，如DOC蜂窝状载体内壁表面被硫酸盐覆盖，即使DOC的前排气温度正常(>200℃)，但因缸内后喷或排气管喷射的HC无法与DOC内壁表面的催化剂发生反应，导致T5无法上升到正常值，最终再生也会失败，这就是俗称的"硫中毒"。因此，采用了DOC和DPF后处理系统的车辆应使用低硫燃油和低硫、低灰粉机油。发动机管理系统对DOC前后排气温度合理性的监控很重要，是保障DPF再生的重要依据，是保护DOC和DPF不会因高温导致损坏的重要手段。后处理系统的监控分布如图8-3所示。

燃油中若含硫量过高，会导致废气流过DOC时硫酸盐成分的增加，减少尾气与催化剂之间的接触，降低DOC的催化转化效率，可能会导致颗粒的排放量的增加。因此，柴油机氧化催化器(DOC)必须与低硫柴油一起使用。

二、柴油机颗粒捕集器技术及维修

1. 柴油机颗粒捕集器的结构和工作原理

柴油机颗粒捕集器(Diesel Particle Filter，DPF)是一种壁流式全封闭型颗粒物过滤器，依靠交替封堵载体进、出口，强迫气流通过多孔壁面实现对颗粒物的捕集。在重型货车和牵引车上，DPF是方形箱式结构(如潍柴、重汽和解放的重型商用车)或U形结构(如康明斯);在中型货车、轻型货车上,DPF为一字形筒式串联型结构;轿车、SUV上一般采用分离式筒式结构,如图8-4所示。

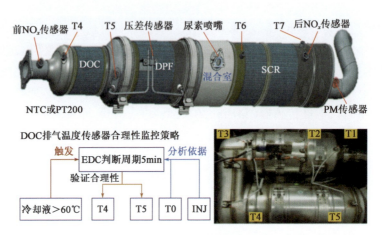

图8-3 后处理系统的监控分布图

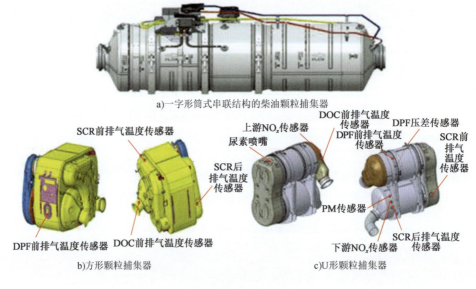

a)一字形筒式串联结构的柴油颗粒捕集器

b)方形颗粒捕集器　　　　c)U形颗粒捕集器

图8-4 颗粒捕集器的类型

DPF载体为堇青石、碳化硅或钛酸铝制成,是壁流式全封闭型颗粒物过滤器,其交替封堵载体的多孔壁面实现对颗粒物的捕集,内部结构如图8-5所示,DPF可对排气中的大微粒(直径>5μm)通过惯性沉淀或线性拦截的方式进行捕集,对直径<100nm 的小微粒,通过扩散沉淀方式进行捕集(图 8-6)。这使得 DPF 的 PM 捕集效率高达 95% 以上,对 PN 的捕集效率达 99%,可较好地满足国六排放标准对颗粒物排放的要求。DPF 的工作循环分为捕集和再生两个阶段。

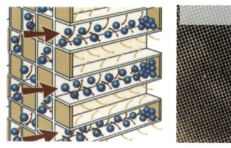

图 8-5　颗粒捕集器内部结构

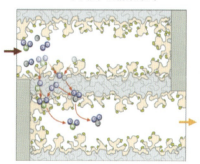

图 8-6　颗粒捕集器的捕集方式

为了增大过滤面积,DPF 的孔道被设计成入口侧大、出气侧小的形状。DPF 捕集阶段就是起到过滤器的作用,将排气中的颗粒物收集在 DPF 中。再生阶段是通过将 DPF 的入口温度提高到颗粒物可燃烧的温度,完成 DPF 的再生。根据 DPF 材料的差异,其性能有所不同。

DPF 分为两种类型:一种是不带催化涂层的 DPF,以碳化硅为原料的壁流式蜂窝状陶瓷过滤器。陶瓷体为多孔结构空间,在颗粒物捕集方面能满足国四和国五阶段的排放标准要求。另一种是带催化涂层的 DPF,又分为不带涂层的颗粒捕集器(cDPF)和带涂层的颗粒捕集器(sDPF)两类。

(1) cDPF 是以碳化硅原料的壁流式蜂窝状陶瓷为载体,并以高硬度、高熔点的三氧化二铝(Al_2O_3)和氧化铈(CeO_2)作为复合物质涂层,然后再将贵金属 Pt 和 Pd 催化剂在蒸气状态下沉积在高强度的复合物质表面。覆在微粒过滤器上的三氧化二铝和氧化铈可以降低炭烟微粒的燃点,并加速与氧的热反应速度。贵金属 Pd 用于储氧,为再生环节提供更多的氧原子。与 sDPF 比,cDPF 具有更强的氧化反应能力,但不具备 NO_x 转化还原反应的能力。

(2) sDPF 在以壁流式颗粒捕集器为载体的基础上,内壁涂覆贵金属 Pt 和 Rh 催化剂涂层。与 cDPF 比,sDPF 具有 NO_x 转化还原反应的能力。

2. DPF 再生

DPF 就像一个可以清洁后重复使用的口罩。随着运行时间的增加,大量的颗粒物堆积并堵塞 DPF,造成排气背压增加。从增压器的检修手册中可以看到,增压器的排气口背压要小于 10kPa,如果排气背压高于 10kPa,增压器的性能就开始下降。当排气背压上升到 16~20kPa 后,会进一步影响发动机汽缸的换气,形成的残余废气在汽缸中影响新鲜空气进入,从而影响发动机动力性和经济性。严重时会导致发动机无力甚至无法起动。

将这些收集到的炭烟颗粒通过排气加热的方式烧掉,或借助人工和机械的手段,在不影响 DPF 性能的前提下清除掉的过程就叫作再生。再生后,DPF 又会在一定时间内保持通畅,不会影响发动机性能。

再生是通过 DOC 的催化反应,将尾气中的 CO、NO、HC 转化为 CO_2、NO_2、H_2O,同时 DOC 起到起燃功能,提高排气温度,当 DPF 载体中的温度达到 550℃时,积攒在 DPF 中的炭烟颗粒开始被烧毁,达到清除积炭、循环使用的目的。DPF 再生的关键性问题是降低平衡点温度(最佳再生温度),该温度状态下颗粒物形成和氧化的速度相等,此时背压恒定,系统处于平衡状态。平衡点温度与废气流速、颗粒成分、氮氧化物含量、含硫浓度、炭烟形成、发动机参数和燃料参数有关。通常情况下,DPF 分为被动再生和主动再生两类,但因实际主动再生也有可能存在无法再生成功的情况,所以又有了服务再生的概念,如图 8-7 所示。

1) 被动再生(Passive Regeneration)

只要车辆在行驶过程中,被动再生就一直在进行或处于等待排气温度达到起燃点的过程中。被动再生无须发动机管理系统干预、不需要驾驶员进行额外的操作。只是由于不同行驶工况的排气温度不同,被动再生的效率不同。

第八章　柴油机排放控制后处理技术及维修

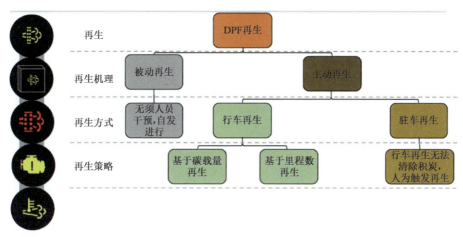

a)博世后处理技术云内、全柴DPF再生策略

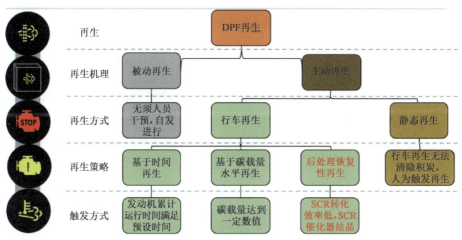

b)康明斯后处理技术DPF再生策略

图8-7　颗粒捕集器再生策略

在由 DOC 和 cDPF 组成的后处理系统中,当车辆行驶过程中排气温度达到 200℃以后,CO 和 HC 几乎全部被氧化成 CO_2 和 H_2O,而 NO 被氧化成 NO_2。在 DOC 中的氧化反应提升了排气温度,并携带着被氧化的 NO_2 一起进入 cDPF 中,高温的废气使颗粒物直接氧化;NO_2 进入 cDPF 中成了催化剂,对捕集器内的颗粒物有很强的氧化能力($C + 2NO_2 \rightarrow CO_2 + 2NO$),帮助炭颗粒氧化发热,烧毁炭颗粒。

247

在 DOC 和 cDPF 组成的颗粒物再生系统中,再生温度范围为 250~450℃,再生对排气中 NO_x/PM 比例要求大于 20:1。

在 DOC 和 sDPF 组成的颗粒物再生系统中,由于催化涂层的作用,再生条件变得宽松,在较低的排气温度和排气中较低的 NO_x/PM 比例下也能再生,再生温度范围为 180~300℃。

由于被动再生需要发动机原始排放废气温度达到 200℃ 左右,而且整个被动再生过程中 DOC 下游的排气温度很难达到 550℃,所以再生能力较低。因为低速、低温、短途行驶的车辆排放的废气温度低、NO_x 生成量少、炭颗粒排放量又比高温、长途行驶的车辆高出很多,所以被动再生对城市道路短途、低速、低温环境使用的车辆几乎没有多大作用。因为郊区道路高速、长途行驶的车辆,废气排放温度高、NO_x 生成量高、炭烟量相对较少,所以被动再生对长途、高速行驶过程中的车辆十分有效,如图 8-8 所示。

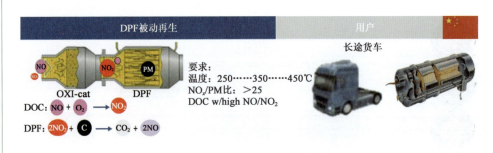

图 8-8 DPF 的被动再生

2) 主动再生(Active Regeneration)

由于柴油机在很多实际工况中处于低负荷状态,排气温度低,被动再生受到一定的限制。当被动再生长时间无法正常进行时,DPF 积累的炭烟颗粒越来越多,会导致 DPF 逐渐堵塞,于是 DPF 前后的压力差就会增大。发动机控制单元根据安装在 DPF 上的压差传感器监测到这一变化,于是指令激发主动再生请求。

主动再生是指通过发动机控制单元干预,以适当方式为系统提供可送到排气系统继续燃烧的燃料,使进入 DPF 的废气温度升高,并点燃炭烟颗粒。主动再生的热源分为发动机内部提供热源和发动机外部提供热源。

发动机内部热源主要是通过发动机控制单元根据指令控制共轨喷油器执行主喷延迟来实现。这样,一部分燃料在活塞上止点后以较大角度喷入汽缸,在缸内与高温废气进行充分混合后,通过排气送到 DOC,在催化剂的作用下燃烧升温,高温废气再进入 DPF 内点燃炭烟颗粒。这种方案是乘用车、轻型货车等的常用方案。

发动机外部热源是一套专门为 DPF 再生而设计的系统。在这样的系统中，一部分来自油箱的燃油被低压泵加压后送到 DOC 前面的喷油器，被直接低压喷射到排气管内，与高温废气混合。然后，这些燃油与高温废气一起进入 DOC 内，燃烧升温到 600℃ 左右。这样的方案在部分轻型客车和轻型货车上得到使用，是重型商用车的主要方案。轻型客车的应用实例如江铃特顺的 HCI 喷射装置，重型商用车如重汽、潍柴等公司都有选用博世的 DPM 喷射方案。

主动再生过程与被动再生过程中的化学反应相同，只是燃料的来源不同而已。在 DOC 中，HC 与 O_2 反应生成 H_2O 和 CO_2，同时产生热能；NO 与 O_2 反应生成 NO_2，形成 DPF 中的第三种催化剂。携带 O_2、NO_2，温度达到 600℃ 左右的高热废气进入 DPF 中，NO_2 与 sDPF 中原有的催化剂铂一起与炭颗粒产生缺氧状态下的氧化反应，NO_2 中的 O 被夺走形成 NO 气体，C 与 O 结合形成 CO_2 气体。

主动再生的反应温度为 550~650℃，反应剧烈、效果明显，但耗费燃料，适用于轻型货车、非道路用工程机械、农用车、大型客车和重型货车，如图 8-9 所示。

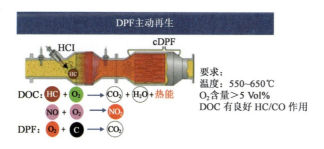

图 8-9　DPF 主动再生

主动再生已成为国六排放标准阶段必备的后处理技术。为了方便车主自行操作实现主动再生，有些厂家在车上装备了主动再生开关。为了防止车辆在加油站或其他有火灾隐患的地方自动进行再生，这些车型的仪表板上还增加了一个禁止再生开关。同时，仪表中也增加了相关的指示灯，用以提醒驾驶员，如五十铃、康明斯、德国曼等。图 8-10 展示的是德国曼 TGX 500HP 牵引车的再生请求开关、禁止再生开关、再生指示灯（黄色或红色）。

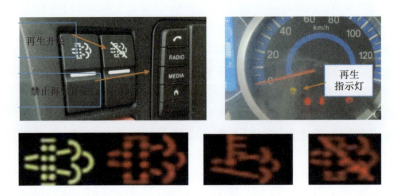

图 8-10　DPF 再生指示开关、指示灯

3) 博世系统配备 DPM 装置的 DPF 主动再生

早期的重型商用车是通过优化发动机缸内燃烧,尽量使废气排放中的颗粒物减少到符合国家当时的排放标准要求。而这种工作策略必然会导致废气排放中的氮氧化物含量超标,所以在发动机的排气系统中装备选择性催化还原装置(SCR)来对氮氧化物进行还原处理,使排放达标。但是到了国六排放标准阶段,新的排放标准对 PM/PN 有更严格的要求,原有的方案已无法满足新的排放标准。于是,满足国六排放标准的重型商用车已开始装备 DPF。重型商用车的 DPF 再生所需的燃料比轻型车多了不少,如果全都从发动机缸内后喷获得,则电磁阀喷油器实现起来比较困难,所以博世为重型商用车的 DPF 再生提供了一套独立的柴油喷射装置。

在重型柴油车上的 DPF 再生方案是先通过缸内燃油后喷提升 DOC 的温度,然后再通过排气管前段的 DPM(在潍柴称为 DPM,在重汽称为 HCI)喷射来达到 DPF 再生所需要温度(600℃左右),使炭颗粒氧化。

博世为重型商用车提供的 DPM 系统的主要部件有:

(1) 燃油计量单元(Fuel-Metering Unit,MU);

(2) 燃油喷射单元(Fuel-Injection Unit,IU)。

博世的 DPM 系统适用于 4.0 ~ 18.0L 排量的发动机机型,相对压力为 400 ~ 800kPa。DPM 系统是将输油泵、精滤器之后的柴油引入计量单元(MU)。由于燃油喷射单元(IU)是直接安装在排气管上的,能承受的最大温度 <230℃,需要水冷却。其喷雾雾化直径约为 100μm,小喷射流量为 176g/min(400bar) ~ 371g/min(800bar),大喷射流量为 306g/min(400bar) ~ 681g/min(800bar)。

第八章 柴油机排放控制后处理技术及维修

如图 8-11 所示,燃油计量单元(MU)的主要功能是根据发动机控制单元的指令,将适量的燃油供给燃油喷射单元(IU),并根据发动机控制单元的指令实现燃油喷射单元的自清洁。燃油计量单元(MU)有两个油路接口,一进一出,还有四个电气接口。燃油从进油口进入之后,先经过切断阀(SV),然后被送到上游温度/压力传感器,再经过计量阀(DDV),最后经过下游压力传感器之后流出。IU 是一只机械阀,压力达到 260kPa 就会自动打开,将管路中的燃油喷到排气管中参与反应。即使不需要对 DPF 进行主动再生控制,发动机控制单元也会在发动机运行一定时间后控制计量阀将燃油喷射阀打开一下,喷射出长时间在里面的燃油,防止喷射阀中燃油炭化、喷射阀黏结。

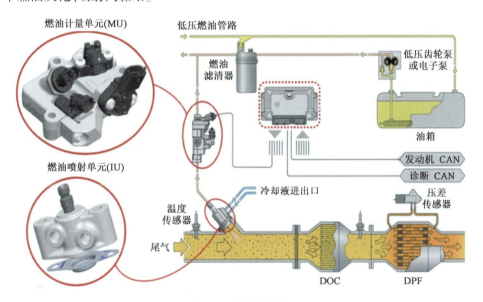

图 8-11 喷油控制单元

IU 下面的密封垫片是一次性的,只要更换或维修喷射阀,就需要更换新的密封垫片,否则易导致安装面漏油或漏气。

切断阀的主要功能是切断或开启燃油的供给通道,以防止系统或管路漏油。发动机控制单元以占空比方式对其进行控制,工作时电压是 24V;ECU 通过对低端以占空比方式控制其搭铁,从而实现对油路的控制。控制低端开路状态时,ECU 内部会提供一个 3.5V 自检测电压。如果 ECU 监测到该处电压为 3.5V,则报切断阀开路故障码;如果 ECU 监测到该端口电压为 0V,则报搭铁短路故障码,线圈电阻为 3.1~3.5Ω。

上游温度/压力传感器有两个用途:检测燃油压力作为再生流量计算的输入值,决定了计量阀(DDV)的开度;检测温度用于在不同油温下对喷油的需求量进行修正,因为柴油的温度不同时,其黏度不同,同样的开度,流量也存在较大的差异。上游压力传感器的零点电压是 0.6~0.75V,即上游压力为 0V 时传感器的压力输出信号线电压为 0.6~0.75V,温度传感器是负温度系数的热敏电阻,输出值呈线性变化。喷油装置的控制元件如图 8-12 所示。

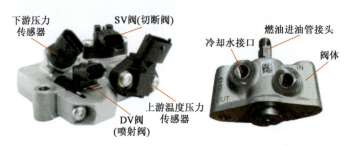

图 8-12 喷油装置的控制元件

计量阀的线圈电阻值为 15.15~16.75Ω。ECU 基于需求的再生流量以及燃油压力和燃油确定相应的计量阀开度。通过控制计量阀的高端占空比信号来控制计量阀的开闭。

如图 8-13 所示,下游压力传感器用于系统的故障监测,例如 IU 如果存在泄漏,则下游压力传感器就会监测到压力低于 260kPa,系统就会报出相关故障码。下游压力传感器的 3 个针脚分别是 5.0V 参考电源、搭铁线和信号线。信号线的零点电压是 0.42~0.58V。

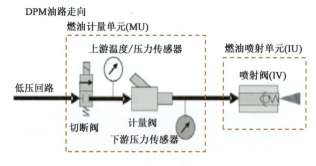

图 8-13 压力传感器框图

DPF 主动再生最重要的限制条件是 DPF 的进口温度,当进口温度高于 600℃时,DPF 主动再生就会进行。DPM 系统的作用就是使 DPF 的进口温度达到 600℃以上。

第八章　柴油机排放控制后处理技术及维修

DPF 技术路线的主动再生温度提升过程分为以下几个阶段。

第一阶段：主要是提升 DOC 前端的温度。当需要进行主动再生时，温度传感器检测 DOC 前端温度。当 DOC 前端温度 < 350℃时，发动机通过缸内措施（节气门开度减小、延迟喷油提前角）提升尾气排气温度达到 350℃左右，以充分激活 DOC 的转换效率。

第二阶段：主要是提升进入 DPF 的废气温度。当检测到排气温度 > 400℃时，DPM 系统在 DOC 上游喷射燃油。喷射的燃油在尾管内和尾气充分混合以达到混合均匀的分布状态，混合状态的燃油在 DOC 尾部燃烧，将尾气温度加热到 600℃左右，DPF 捕集的颗粒物在高温下燃烧气化。

第三阶段：主要是保持 DPF 中的温度在 600℃左右，不高于 650℃，所以是恒温阶段。当温度下降到 550℃时，恢复 DPM 的柴油喷射；当温度达到 600℃时停止 DPM 的柴油喷射，由于燃烧升温延迟，DPF 的温度会继续上升，但不会超过 650℃。

第四阶段：当再生过程中，压差传感器检测到碳载量下降、压差下降到 < 3kPa 时，会阻止任何形式的多余燃油进入排气系统，防止 DPF 的温度上升。但发动机仍然会保持一段时间高速运转，这样可以利用排气流帮助 DPF 散热、降温。温度降下来之后，发动机转速会回落到怠速转速。

图 8-14 为 DPF 主动再生温度提升过程。

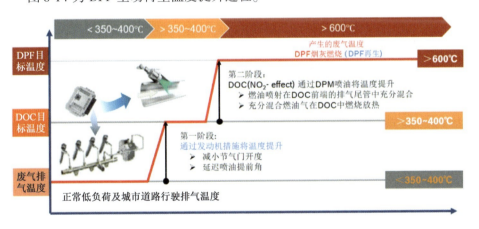

图 8-14　DPF 主动再生温度提升过程

4）服务再生（Service Regeneration）

无论车辆行驶环境和使用的油品有多好，总有些情况下颗粒物在 DPF 中无法通过被动再生或主动再生清除。

253

常见的无法通过主动再生清灰的原因有：

(1) 燃料中的添加剂或杂质燃烧形成的灰粉造成 DPF 堵塞；

(2) 机油中的添加剂和杂质燃烧形成的灰粉造成 DPF 堵塞；

(3) 从进气道进入汽缸内的灰尘经燃烧排出的灰粉造成 DPF 堵塞。

以上几类燃烧后形成的灰粉是不可燃物质，进入 DPF 后形成的堵塞都无法通过主动再生来清灰、排堵。

另外，城市短途行驶的车辆以及在低温、高原山地环境使用的车辆，大多会因为排气温度过低，无法在正常行驶中完成被动再生，再加上长时间未执行主动再生，于是当系统监测到碳载量超过一定限值后，出于保护部件的考虑，管理系统会禁止主动再生的执行。

例如：在实践中经常遇到一些装备博世 EDC17C81 系统的轻型货车或商务车的 DPF 故障灯点亮，到服务站来维修时，诊断仪读到的碳载量已经超过 100g。而厂家标定的软件中，只要碳载量超过 30g 后，DPF 再生就被锁定，禁止维修人员直接通过诊断仪指令 DPF 进行再生。这是因为标定工程师认为，如果碳载量过高，进行再生的过程时间过长、DPF 温度过高，易烧坏 DPF 的载体。这个时候就需要维修人员把 DPF 拆下来进行服务再生。

出于安全考虑，诊断仪的再生界面提示中要求只要碳载量超过 22g，就需要先清灰再进行再生。其实对 DPF 清灰后进行再生也是无法成功的，因为发动机 ECU 的再生功能已被锁定。这时可以通过点击诊断仪再生界面中的"DPF 再生锁定复位按钮"来解除锁定，然后再点击"DPF 再生激活"，即可进行 DPF 再生，参见图 8-15 展示的博世 KT710D 柴油车型通用诊断仪中的 DPF 再生操作页面。

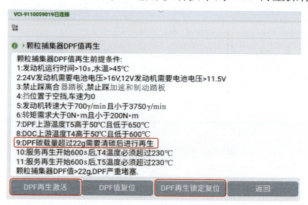

图 8-15　博世 KT710D 柴油车型通用诊断仪中的 DPF 再生操作页面

第八章 柴油机排放控制后处理技术及维修

诊断仪读取数据流界面中看到的炭烟测量质量小于 22g,可以直接通过诊断仪激活 DPF 主动再生功能来实现 DPF 再生。当质量超过 22g 不多时,先通过"DPF 再生锁定解除"操作,再点"DPF 再生激活"按钮,也能成功进行主动再生。不过一定要注意的是,当诊断仪读到的数据流中"炭烟测量质量"大于 40g 时,应先清灰再进行再生,否则易因长时间再生温度过高损坏 DPF,或发动机长时间高速运转产生故障。

当存在 DPF 堵塞的故障码,而 DPF 已损坏时,维修作业更换新的 DPF 后,需要执行 DPF 值复位,无须再生即可正常运行。如果只更换 DPF,不执行复位,则车辆会在故障模式下运行,出现故障灯点亮、发动机无力限制发动机输出转矩的情况。

注意,如果废气中含有硫化物气体,则这些硫化物气体会在 DOC 中反应生成硫酸盐类物质,覆盖在其内层表面。随着硫酸盐的增多、覆盖面的增大,DOC 将渐渐失效。DOC 中毒后无法完成氧化催化反应,再生过程中进入 DPF 的废气无法升高到需要的温度,导致被动再生和主动再生都失败。即使把 DPF 拆下来单独给 DPF 清灰,也是"治标不治本",很快又会出现 DPF 堵塞的情况。

如果在 DPF 再生过程中,排气管排出的废气存在臭鸡蛋味,则说明 DOC 或 DPF 中存在较多的硫酸盐。这是因为柴油或机油中的硫进入汽缸中参与燃烧,燃烧后形成的硫化物气体会在 DOC 中与催化剂反应,形成硫酸盐。在对 DPF 进行再生的过程中反应温度大于 600℃ 时,硫化物与 HC 和 CO 进行贫氧反应,生成硫化羰(COS)与硫化氢(H_2S)气体和无色、有烂萝卜味的二硫化碳(CS_2)液体,其中两种低浓度气体都有臭鸡蛋气味。DOC 表层低密度的硫酸盐可以在 DPF 再生过程中脱硫还原其性能,但如果积累的硫酸盐过多,则无法通过再生还原 DOC 和 DPF 性能,这就是所谓的严重硫中毒,只能更换新的 DOC 和 DPF,或使用专业手段除硫。

有些重型商用车的 DPF 堵塞后,在车上再生也无法恢复正常,如硫酸盐中毒、严重积炭堵塞、燃烧机油形成的堵塞等。这样的 DPF 也不是必须要报废,还可以修复,这时需要高温炉进行辅助清灰。高温再生炉清灰的方案一般是先目视检查是否存在机械损伤,如果有明显破裂损坏、高温烧蚀等情况就更换 DPF,如果无机械损伤就先测量重量,然后吹灰,再高温加热,接着再次吹灰,最后再检测。检测内容因设备不同而不同:有的设备只能进行最容易实现的重量检测,对比前后重量的差异,判断清除了多少灰粉;还有的设备除了可以称重外,还可以测量 DPF 的流动阻力,判断新旧 DPF 流动阻力大小的差异。使用透光度测量法也可判断堵塞情况。

目前市场上有使用专用清洗液清洗 DPF 的,效果也算明显。但应注意清洗液不能对 DPF 贵金属存在腐蚀性。不建议采用草酸清洗方式清灰,草酸可损坏 cDPF 和 sDPF 的涂层,导致 DPF 的功能失效。

被动再生、主动再生和服务再生的区别:

(1)被动再生不需要发动机管理系统干预,且只要发动机在运行,被动再生就一直在进行,而主动再生需要管理系统干预。

(2)被动再生更多的是利用发动机排气的余热和催化剂的作用进行,是 NO_2 与炭烟在过滤载体表面发生低温燃烧反应的一种再生方式。与主动再生相比,被动再生需要的温度相对较低。

(3)主动再生需要 ECU 干预发动机的排气热管理,也需要更多外部热源进行再生。

(4)服务再生是在被动再生和主动再生都无法解决 DPF 背压上升的情况下,借助人工和机械的手段,在不影响 DPF 性能的前提下,消除 DPF 堵塞的手段。

OBD 对 DPF 再生监测:"炭灰负载"和"温度安全"。DPF 的炭灰负载始终由发动机控制单元通过计算过滤器"流动阻力"进行监控。在测量流动阻力时,需要将颗粒过滤器前的"废气流量"与 DPF 前、后的压差进行比例计算,如表 8-1 所示。

发动机控制单元运算与计算废气排放信息的依据　　表 8-1

模型值	m22	m31	m32	mEGR Ds	T31	TEGR Us	TEGR Ds	O2　P31
输入值	P22、T21	m22、mInj	m31、mEGR	m21、m22	T22	T31	T31	O2、m22、mEGR、mInj

废气流量,从上表中可以获知:

总排气量(m32) = 发动机排气量(m31) – 废气再循环量(mEGR)

= 总进气量(m22) + 喷油量(mInj) – 废气再循环量(mEGR)

废气的质量流量等于进气道中的空气总质量流量(m22)加喷油量(mInj)减废气再循环量(mEGR)。废气的体积与相应的温度有关,而这一温度由 DPF 前(T4)和后(T5)温度传感器测得。

DPF 前和后的温度传感器信号、空气质量流量传感器信号以及废气压力传感器信号构成不可分割的单元,用以确定 DPF 负载情况。此外,这些信号也被用于部件保护,以保护 DPF 免受过高废气温度的影响。

第八章 柴油机排放控制后处理技术及维修

DPF 废气流动阻力:使用压差传感器来监测 DPF 前后的压力差,通过压力差来判断废气流动阻力,如图 8-16 所示。

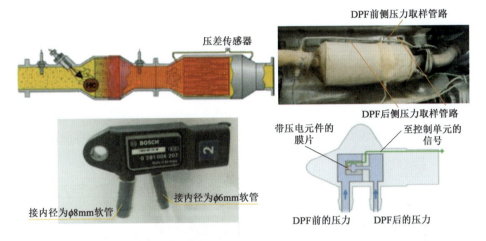

图 8-16　DPF 压差传感器

如果废气压差传感器的信号失效,仪表上的故障指示灯会点亮。发动机 ECU 根据行驶的里程或运行小时数周期性地对 DPF 进行再生。由于无法判断这种再生的可靠性,所以在设定的周期数之后,组合仪表上首先是 DPF 的指示灯亮起,然后是预热时间闪烁指示灯亮起,通过这种方式提醒驾驶员驾车前往维修站。

DPF 的负载情况可以通过车载诊断、测量和信息系统中的测量值"颗粒负载系数"读取,如图 8-17 所示。

图 8-17　DPF 数据流

DPF 炭烟捕捉累积的过程分为 4 个阶段(图 8-18):

257

(1) 捕集过程的初期，DPF 载体壁面没有颗粒物的累积，因此排气流经 DPF，首先会在载体的微小孔隙中被捕集，该阶段为"深床捕集阶段"。

(2) 过渡阶段初期，随着载体微小空隙被颗粒物填满，无法继续进行深床捕集，将开始向炭烟层捕集发展。

(3) 过渡阶段中期，颗粒物开始在空隙附近聚集并向周围扩展，在局部位置形成炭烟层。

(4) 当 DPF 载体壁面累积的颗粒物形成滤饼，将通道壁面全部覆盖住时，进入"炭烟层捕集阶段"。

炭烟累积过程就是由深床捕集阶段向炭烟层捕集阶段发展的过程。

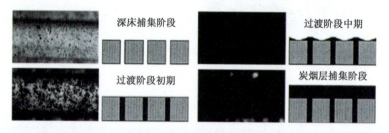

图 8-18　DPF 捕集器捕集阶段

因为发动机原始排放的 PM 并不能被测量，DPF 积累的炭烟都是采用模型值来计算的。DPF 的累计炭烟量最初常由车辆行驶里程、发动机运行时间、固定排气背压限值等决定。但是在国六排放标准中主要采用 DPF 排气背压模型和炭烟累计模型来计算炭烟的负载量。

DPF 加载和再生过程中，除了对颗粒物的物理捕集，内部还会发生一系列化学反应，影响碳载量。DPF 碳载量的变化，主要包括三部分：

(1) 对尾气中颗粒物的捕集，使得碳载量增加；

(2) NO_2 对颗粒物的氧化，使得碳载量减小；

(3) O_2 对颗粒物的氧化，使得碳载量减小。

背压碳载量模型：排气流过 DPF 的体积流量与形成压力损失成为碳载量模拟计算的依据(实验模拟计算)，如图 8-19 所示。

碳载量一定，排气体积流量与 DPF 压降呈线性关系，不同碳载量只是斜率的差异。基于 DPF 压差与排气体积流量之间的线性关系，提出了流动阻力的概念，定义 DPF 流动阻力为 R(在部分厂家数据流中有显示)。发动机控制单元根据流动阻力确定炭灰的负载情况。

第八章 柴油机排放控制后处理技术及维修

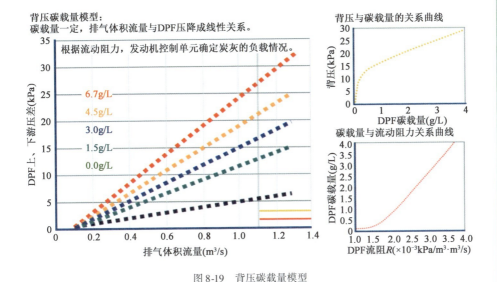

图 8-19 背压碳载量模型

第二节 氮氧化物储存催化转换器技术及维修

一、氮氧化物储存催化转换器技术

在 N1 类车型的有些配置方案中使用了氮氧化物储存催化转换器（NO_x Storage Catalyst，NSC）。NSC 与 DOC 在相同情况下，都封装在涡轮增压器之后、DPF 之前的排气管路中，同样为陶瓷或金属材料制成的蜂窝状直通型载体。

不同之处在于，DOC 的贵重催化剂是金属 Pt 和 Pd，所以称为二元催化转换器。而 NSC 内壁表面催化剂的涂层是贵重金属 Pt、Rh、Ba 和普通金属材料涂层铝（Al），所以又称四元催化转换器。贵重金属 Ba 可以帮助催化转换器在柴油机富氧模式中存储氮氧化物，还能在 DPF 被动再生末期的高温较浓混合气模式中进行氮氧化物还原和硫化物还原。

这种模式的催化转换器在国六排放标准阶段已大量应用于轻型货车、SUV 及旅行车。

既然 NSC 可以去除 NO_x，为什么还需要加装 SCR 呢？

由图 8-20 中的蓝色线段可知，从 NSC 随温度变化的曲线来看，在 T1 温度下，

259

NO_x 的转化效率已经可以达到很高，NSC 在排气温度为 250～300℃ 区间转化效率最高。当发动机排气温度超过 350℃ 后，转化效率就明显下降，而且持续高温会加速催化转换器的老化。

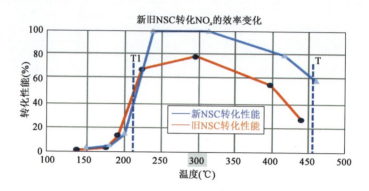

图 8-20　存储式催化转换器（NSC）随温度变化的曲线

从图 8-20 中的红色线段可以看出，随着系统老化或者是排气温度的变化，平均转化效率基本只能稳定在 60% 以下，还不足以满足国六排放标准要求，所以这里依旧需要通过选择性催化还原装置（SCR）来还原剩余的 NO_x。对于轻型货车来说，排放控制系统配置 NSC 是减少 SCR 中尿素消耗量的一种手段。对于小排量、小功率的柴油乘用车发动机来说，通过配置 EGR、SCR 和 DPF 的组合，已能满足国六排放标准的基本要求。所以在轻型货车和排量为 3.0L 左右的小型客车中通常还是在其下游配备 SCR 来保障尾气排放能达到国六排放标准。

在配备 NSC 的工作环境中，必须要有混合气浓度变化，并且这一变化还需要有监控。因为 NSC 在不同废气氧浓度和不同排气温度下实现不同的功能，所以要使 NSC 能正常工作，必须使用空燃比传感器来监控排气中 O_2 的浓度和排气温度。

1）氮氧化物存储

催化转换器内部温度为 250～450℃，当稀燃模式 $\lambda > 1$ 时，在贵金属 Pt 催化剂的作用下进行氧化反应。

富氧高温环境中的氧化反应，使碳酸钡（$BaCO_3$）中的碳被氧化，夺走了 NO_x 中的 O_2，从而生成硝酸钡 $[Ba(NO_3)_2]$ 和 CO_2，于是存储了氮氧化物。同时 $BaCO_3$ 与 SO_2 的化学反应将硫化物转化成硫酸钡（$BaSO_4$）进行存储。

NSC 的存储能力有限，一定时间之后必须通过再生来清空存储空间。储存周期的长度与原排出的 NO_x 含量与硫化物(SO_x)的含量直接相关,周期为 30 ~ 3000s。氮氧化物传感器测量废气中的 NO_x 浓度,从而将 NSC 的当前负载水平传送到发动机控制单元,如图 8-21 所示。

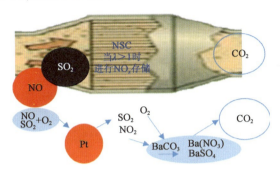

图 8-21 NSC 储存 NO_x

2)氮氧化物还原转化(DeNO_x)

NO_x 持续存储一段时间后,当 $Ba(NO_3)_2$ 存储量达到上限时,会使尾气中排出的 NO_x 增加到一定限值,并被氮氧化物传感器监测到,EDC 就令系统进入再生模式。

在此阶段,发动机控制单元控制发动机进入短暂浓混合气模式($\lambda<1$),通过喷油器后喷,形成不完全燃烧,生成 HC 或 CO,形成缺氧($\lambda<1$)的燃烧环境。在贵重金属涂层 Pt 和 Rh 的主导下,缺氧环境的氧化反应夺走 $Ba(NO_3)_2$ 中的 O_2,还原生成 $BaCO_3$、CO_2 和 N_2。

发动机控制单元通过氮氧化物传感器,监测废气中的 NO_x 含量。当废气中的 O_2 含量增加,且 NO_x 的含量低于标定限值时,表明 NO_x 还原过程完成。

整个 NO_x 储存和再生过程中力求保持催化转换器温度在 250 ~ 450℃。即使是新的 NSC,在超过 450℃ 时,存储性能也会降到 60% 以下。如果 NSC 的温度超过 850℃,就可能在短时间内造成永久性损坏。

3)硫化物还原转化 DeSO_x

SO_x 的化学性质与 NO_x 相似,但是 $BaSO_4$ 的热稳定性高于 $Ba(NO_3)_2$,所以在 NO_x 的还原反应温度中无法还原 $BaSO_4$。

$BaSO_4$ 脱硫的转化一般发生在 DPF 颗粒物再生结束后,还原反应需要在大于 600℃ 的高温、缺氧的环境,趁着再生的高温将硫化物还原,一般持续 5min 左右。与 $Ba(NO_3)_2$ 的再生不同,$BaSO_4$ 含量少,所以不需要很高的再生频率。

在这个过程中,$BaSO_4$ 在 Pt 和 Rh 的催化作用下,与 CO 进行反应,生成有臭鸡

蛋气味的 COS 与 H_2S，还有 CS_2、$BaCO_3$。

目前 I 站或 M 站使用的柴油机尾气排放检测手段，在对柴油机的自由加速法和加载减速法测试中，未要求测量 HC 和 CO 的排放量。主要原因是在上检测线时，发动机都处于热机状态，这种状态下柴油机几乎不会产生 HC 和 CO。

从图 8-22 中可以看出，燃油中的硫含量直接影响 NSC 对氮氧化物的储存能力。所以国六排放标准柴油机要求使用的燃油含硫量应小于 10×10^{-6}。

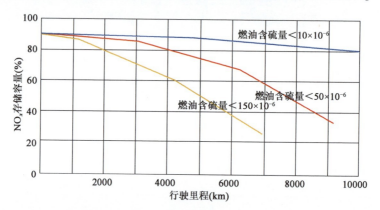

图 8-22　燃油含硫量对 NSC 装置的 NO_x 存储能力的影响

二、氮氧化物储存催化转换器维修

1. OBD 对 NSC 装置的监控

NSC 储存氮氧化物（NO_x）是在催化转换器内部温度为 250～450℃ 区间的稀燃模式（$\lambda>1$）时进行，氮氧化物（NO_x）的还原又必须要在浓混合气模式（$\lambda<1$）时才能执行，除硫功能需要在大于 600℃ 的高温、缺氧的环境中才能执行。因此，配备 NSC 装置的系统中有必要装备空燃比传感器监控排气中的含氧量，同时装备温度传感器监控其温度状态。不过这不能作为判断系统是否装备 NSC 的依据，因为国六排放标准中 EGR 系统也同样要求使用空燃比传感器反馈的信息来修正废气再循环率。

在实际应用中，常见的装备是使用上游温度传感器、下游温度传感器、空燃比传感器、氮氧化物传感器构成 NSC 的监控调控系统（图 8-23）：

(1) 上游温度传感器用于监测发动机排气歧管排出废气的温度；

(2) 下游温度传感器用于监测经过催化转换器后排出废气的温度；

(3)空燃比传感器监测排气歧管排出废气的含氧量;

(4)下游的氮氧化物传感器监测经过催化转换器后废气的氮氧化物浓度。

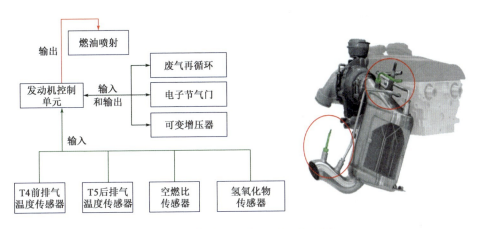

图8-23 存储催化转换器(NSC)的监控流程

2. OBD对NSC装置的监控逻辑

(1)存储NO_x和SO_x,需要低浓度的混合气($\lambda > 1$)。

(2)氮氧化物储存和还原温度为250~450℃,大于450℃后,存储能力已低于60%。

(3)SO_2还原温度为650℃左右。

(4)发动机控制单元根据氮氧化物传感器的反馈信号,确定是需要执行NO_x存储还是还原。如果需要储存NO_x,则通过控制减少喷油量来实现空燃比偏低的混合气($\lambda > 1$)。对于柴油机来说,正常工作时都是在低浓度混合气状态下。

(5)如果需要还原NO_x,发动机控制单元令可变截面增压器(VGT)保持在固定的低增压状态,然后适当关闭节气门(TVA),使进气阻力增加,再适当开启EGR,使进入汽缸的新鲜空气减少、废气增加,于是实现了混合气增浓的调节,使空燃比变小($\lambda < 1$)。根据空燃比传感器的反馈,调整汽缸排出的废气中CO占比在2%~3%即可,可以很容易实现这种调节。

(6)根据氮氧化物传感器的反馈,系统可在存储和再生之间自由切换。存储和还原间隔周期是否合理是判断催化转换器是否损坏的依据,当系统频繁再生,就表明NSC已失去储存能力。存储和还原的间隔期一般为300~3000s。

第三节　还原型后处理系统技术及维修

选择性催化还原转化装置（Selective Catalytic Reduction Converter, SCR）是安装在发动机排气系统中，将排气中有毒的 NO_x 通过选择性还原反应转化为无毒的 N_2 和 H_2O，以降低 NO_x 排放量的催化转换器。其主要子部件包括尿素罐、尿素泵、尿素喷嘴、管路、SCR 催化转换装置［也被称作排气处理器（Exhaust Gas Processor）］和 ASC 氨泄漏装置。

SCR 是将尿素水溶液喷入 SCR 催化转换装置（EGP）中，在这里与尾气中的 NO_x 反应，从而消除尾气中的 NO_x，使发动机排放的废气达到法规要求。

一、选择性催化还原装置概述

SCR 的载体是直流式蜂窝状陶瓷体，SCR 的喷嘴安装在催化转换装置之前一段距离的排气管路上。浓度为 32.5% 的尿素水溶液喷到这里后，与温度在 220℃ 左右的废气混合，尿素水溶液在高温作用下，水解反应生成氨气。因为氨气是有毒的气体，如果在 SCR 的 EGP 不能完全与氮氧化合物反应，排到大气中就会造成二次污染，所以在国六排放标准的重型商用车中要求在 SCR 的 EGP 最后一段中必须装备氨逃逸催化器。SCR 及其中的化学反应如图 8-24 所示。

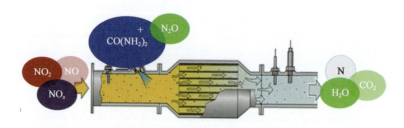

$CO(NH_2)_2 + H_2O \rightarrow CO_2 + 2NH_3$（高温下水解）
$4NH_3 + 4NO + O_2 \rightarrow 4N_2 + 6H_2O$（>200℃ 催化还原反应）
$4NH_3 + 2NO_2 + O_2 \rightarrow 3N_2 + 6H_2O$（>200℃ 催化还原反应）
$2NH_3 + NO + NO_2 \rightarrow 2N_2 + 3H_2O$（>200℃ 催化还原反应）

图 8-24　SCR 及其中的化学反应

从图 8-24 中的 4 组反应方程式中可以看出,尿素 $CO(NH_2)_2$ 和 H_2O 在高温条件下水解为 CO_2 和 NH_3。在反应装置温度高于 200℃ 的环境中,NO_2、NO、NH_3 与 O_2 发生催化还原反应,生成无毒无害的 N_2 和 H_2O。催化转换器在载体温度达到 200℃ 时,转化效率约为 10%;载体温度达到 250℃ 时,转化效率上升到接近 50%;载体温度达到 300℃ 时,转化效率上升到接近 80%;载体温度达到 350℃ 时,转化效率达到顶峰,为 95% 左右;然后随着温度的上升,转化效率开始回落,载体温度上升到 500℃ 时,转化效率回落到 80%;载体温度上升到 600℃ 时,转化效率降到 40% 左右。

氨逃逸催化器(Ammonia Slip Catalyst, ASC)与 SCR 集成在同一空间,被设置在 SCR 后端(图 8-25)。ASC 的载体与 SCR 的载体都是直流式蜂窝状陶瓷,气化沉积于其表面的氧化铝涂层更适宜对 SCR 中多余的或逃逸的 NH_3 进行还原应用,并且同时还应具有氮氧化物催化还原的功能。

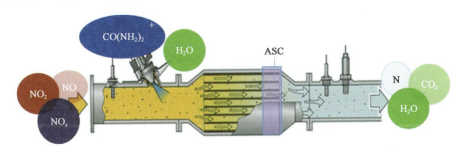

氧化铝涂层的催化作用将过量的 NH_3 氧化为 N_2、N_2O、NO_x: $NH_3+O_2 \rightarrow N_2+N_2O+NO_x$

图 8-25 氨逃逸催化器 ASC

对于 SCR 的维修来说,主要关注尿素溶液比例是否准确、尿素系统是否正常喷射、EGP 能否正常反应。尿素溶液浓度容易检查,尿素系统是否能正常喷射也易于测试,但整个系统中最昂贵的 EGP,却最不容易判断是否能正常反应。

通常来说,只要车辆行驶里程数比较多,其 EGP 或多或少存在由于柴油机排出的炭烟颗粒物和机油燃烧后形成的灰粉造成的堵塞问题。含硫量高、含铅、含抗爆剂锰、油质差、胶质多的柴油,容易形成金属沉积物,使 SCR 的 EGP 烧结堵塞;EGP 只有硫和磷中毒是可逆的,其他如破碎、铅中毒、高温失活等问题都是不可逆的,属于永久性失效,只能更换新 EGP 才能继续净化尾气。几种常见的 EGP 载体性能对比见表 8-2。

几种常见的 EGP 载体性能对比　　　　　　　表 8-2

SCR 涂层	钒(V)基	铁(Fe)基	铜(Cu)基
低温性能	好	差	好
高温性能	中等	好	中等
高温耐久性	≤580℃	<650℃	<750℃
耐硫性能	好	差	差（>500℃可脱硫）
低 NO_2 性能	好	差	好
高 NO_2 性能	差	好	中等
如果将来法规对 N_2O_4 和 NO_2 有限定	好	差	中等
NH_3 存储能力	差	中等	好

每隔一定周期对车辆维护时对 EGP 进行清洗，恢复其催化活性、还原净化能力是很重要的。由于 EGP 载体表面涂有催化剂，如铂、钯，以及稀土材料化合物，不适宜使用高酸、高碱类的清洗剂进行浸泡后再冲水，这样做对贵金属存在一定的损害，且容易出现清洗后虽然不堵，但催化反应性能下降的情况。当堵塞特别严重时，可用少量酸碱类清洗剂短时间浸泡，然后用清水冲洗，否则一律用高压水枪冲洗。安装前要完全烘干，在 EGP 中不能有残留的液态水。

判断 EGP 好坏的标准是其对尾气的净化能力，而不只是外观的好坏。EGP 降低尾气污染的能力低于 50%，即可判定为失效。

二、选择性催化还原装置的尿素喷射泵

截至 2020 年底，据不完全统计，国内量产装车的尿素喷射泵型号已经超过 46 类。其中，装机量最大的是博世的 DNOX 系列：重型商用车装备博世 DNOX2.2 最多，重型商用车及非道路移动机械装备博世 DNOX6.5 最多，国六排放标准时代的乘用车和轻型货车已开始装备博世 DNOX5.2Q 型尿素喷射泵。依米泰克系列装机量居第二位，如依米泰克（康明斯专用）、依米泰克（三立、东风、威孚力达、派格丽等）。还有很多比较优秀的供应商品牌，如凯龙、天纳克、凯德斯、艾可蓝、格兰富、威孚、西安秦泰、恒河福爱、迪耐斯通达、欧博耐尔等。除了这些供应商的产品外，不少主机厂自己也在生产尿素喷射泵，如重汽、玉柴、锡柴等。

不管其种类有多少，但总的来说尿素喷射泵只有两大类：气助式和非气助式。

图 8-26 是锡柴气助式尿素供应系统结构图。尿素压力是由打气泵提供的压缩空气来帮助建立的。这套系统的关键就在于控制压力的三联阀，SCR 管理系统通过它调节气源压力、尿素压力。尿素喷嘴由 SCR 电脑直接控制。由 SCR 管理系统控制冷却水阀对尿素罐模块进行加热和对尿素喷嘴进行冷却。

第八章 柴油机排放控制后处理技术及维修

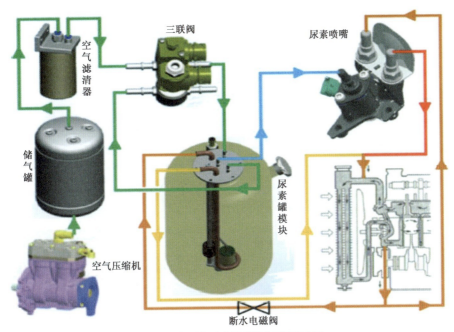

图 8-26 锡柴气助式尿素供应系统结构图

图 8-27 是博世 DNOX2.2 的尿素供应系统结构图。这是一套非气助式尿素供应系统,尿素压力的建立、尿素的喷射和尿素供应系统的温度管理都直接由发动机电脑控制。

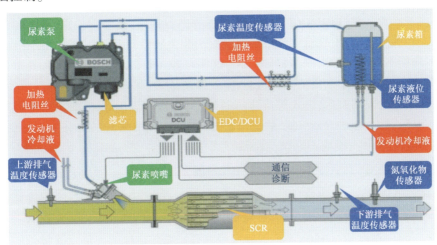

图 8-27 博世 DNOX2.2 的尿素供应系统结构图

267

本书以博世 DNOX2.2 尿素供应系统为例来分析商用车尿素喷射的工作循环（图 8-28）。几乎所有尿素供应系统的工作循环都由初始化、建压、尿素喷射、倒抽清空四个阶段组成。

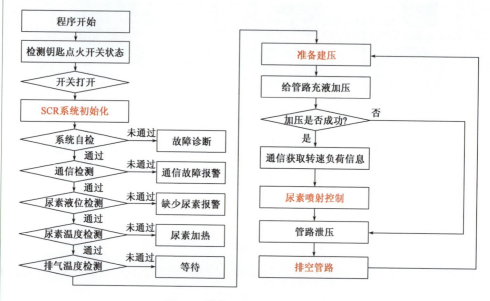

图 8-28　博世 DNX2.2 系统运行流程

1. 初始化阶段

打开点火开关、ECU/DCU 通电后，系统会进行自检，判断有无影响建压、加热等方面相关的故障，发现有电气故障时会报出相关故障码，同时点亮 MIL。这个过程中，应能听到车上发出一些"咔哒"声，这些声音一般是由加热水阀、加热继电器等部件在自检过程中发出的。完成自检后，系统进入下一阶段。

初始化阶段结束后，进入等待建压时间，只要排气温度小于 180℃（不同项目略有差异），数据流中显示 SCR 的工作状态为"压力调节未激活"，尿素泵不转，主电机占空比为 0%；喷嘴不喷射，喷嘴的占空比为 0%。

2. 建压阶段

博世 DNOX2.2 尿素供应系统的建压条件如下：

（1）无影响尿素建压的执行器、传感器、线束等故障。

（2）排气温度超过 180℃（可以通过诊断仪对建压排气温度标定修改建压起始温度）；只有一个排温传感器的车取上游排气温度来监测，如果车上有两个排气温度传感器,则取两个传感器所测得温度的平均值。

(3)发动机转速大于500r/min,由来自曲轴的反馈信号实现。

(4)系统解冻完成(可通过尿素泵温度判断),由尿素泵温度传感器(>5℃)或尿素罐温度传感器(>-5℃)来监测,若温度达标,说明解冻成功。

(5)无尿素管路(进液管、加液管、压力管)堵塞或泄漏,无喷嘴堵塞,这些是根据故障码来判断的。

建压过程(图8-29)分为以下几个步骤:

(1)建压初期,尿素泵全力工作,使尿素压力尽快从大气压力上升到600kPa左右,此阶段控制尿素泵实际值的占空比为75%。尿素泵全负荷工作的显示值也只有95%,不会显示100%。尿素回液接头的主要功能是维持尿素泵的压力,接头内部有止回阀和溢流孔,在刚开始预注时,尿素泵回液口没有尿素溶液流出来,当泵内的尿素压力达200kPa左右后,回液口开始有尿素溶液流出来。

(2)建压中期,尿素溶液压力从600kPa提升到900kPa,随着压力的提升,控制尿素泵实际值的占空比会减小。

(3)喷嘴堵塞检测。首次建压到900kPa时,喷嘴会打开两次,喷射出管路中原有的空气和较大量的尿素溶液。这时如果系统正常,则系统压力会由900kPa下降到850kPa,然后关闭检测喷射,随着尿素泵继续工作,压力回升到900kPa。如果在检测过程中压力未下降,表示喷嘴堵塞,会报出相应故障码。

(4)建压末期,当尿素压力稳定在900kPa左右时,控制占空比维持在20%左右。建压是为喷射尿素溶液做好准备。建压成功后,即使排气温度降低到建压温

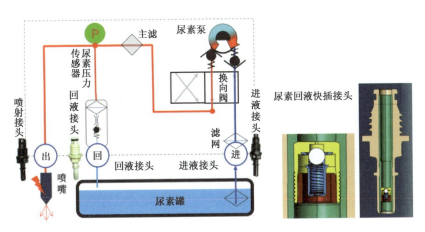

图8-29 尿素泵建压过程

度的门槛值以下，压力也会保持在900kPa，不会下降。如果建压成功之后的尿素泵工作占空比远大于22%（如33%），则说明尿素管路存在故障，如回液阀回液量过大、管路破损泄漏等会导致泄压的问题。当尿素泵电机损坏后，性能下降，会报告与尿素泵电机转速偏差相关的故障。建压过程中尿素泵回流口有尿素溶液回流到尿素罐，进液口有尿素溶液从尿素罐被抽吸进尿素泵，出液管虽有尿素溶液，但不喷射时没有尿素溶液流动。

尿素泵的温度传感器集成在尿素泵总成上，是通过尿素泵的反馈线进行温度反馈的。尿素泵温度为-20℃，并不表示尿素泵上的温度传感器损坏，该数据在尿素泵电机未工作前是无温度值反馈的，只有当电机开始工作时，才会有温度反馈。在尿素泵电机还未工作之前，尿素罐温度信号被当作尿素系统的温度信号。

如果第一次建压不成功，ECU会驱动尿素泵再运转一段时间，在若干次建压后仍旧不能建立900kPa压力时，系统会报出建压失败的故障码。

3. 尿素喷射跨段

尿素喷射阶段，排气温度达到230℃时开始喷射（系统不同，标定的起喷温度不同），喷射量由ECU根据当前排气中的氮氧化物含量而定，通过改变喷嘴控制信号的占空比来实现喷射量的控制。尿素喷嘴的占空比显示值为1%时，表示尿素喷嘴在工作。爬坡时负载增大，发动机氮氧化物排放量会更高，喷嘴的占空比最大会达到5%左右。

4. 倒抽清空阶段

倒抽清空阶段（图8-30），当点火开关关闭后，为防止管路尿素结晶堵塞，尿素泵配合换向阀工作，将管路残余尿素溶液倒抽回尿素罐。倒抽清空时长约为120s，然后系统自动停止工作。

当发动机停机以后，残留在管路和后处理部件里面的尿素结晶会造成部件堵塞或胀裂，所以需要将尿素溶液倒吸回尿素罐。发动机熄火后，不能直接断开电源总闸，必须等待倒抽完成。点火开关关闭会倒抽，出现了当前故障码后也会倒抽。只要转速从怠速降到零，ECU就认为断电，即使当时T15还有电，同样也会认为转速从怠速降到零即为断电。

倒抽时，ECU会驱动尿素喷嘴打开，尿素换向阀的控制状态由关闭状态变成打开状态，此时尿素泵工作占空比为75%。尿素压力为-20~-10kPa。倒抽清空阶段时，尿素压力传感器数值最低可达到-63kPa，但达到这个值说明喷射回路存在堵塞。尿素管中的换向阀只有在需要倒抽时才能被激活。

第八章　柴油机排放控制后处理技术及维修

特殊情况：如果出现某些 SCR 故障代码，SCR 将关闭，但首先会清空系统残余尿素溶液。

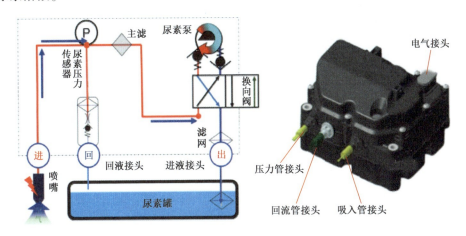

图 8-30　尿素罐倒抽清空工作流程

第四节　柴油机后处理系统故障维修案例

一、柴油机后处理系统故障原因分析

1. 后处理系统故障原因分析

柴油机后处理系统故障原因主要是堵塞。造成后处理系统堵塞的原因可分为三类，如果确认消声器堵塞，首先排查故障属于哪种类型。

（1）尿素结晶：尿素混合雾化不好导致消声器内大量的尿素结晶堵塞消声器。拆开消声器，从尿素喷嘴处开始到 SCR 入口段，观察是否有明显的大块尿素结晶堵塞。

（2）DPF 堵塞：由 DPF 积炭没有及时再生或机油灰分过多造成。拆开 DPF，检查 DPF 进口端积炭是否严重，可目测检查。

（3）进气系统堵塞：整车作业环境尘埃严重，进气过滤系统效果不佳导致堵塞。可了解车辆实际使用环境，检查增压器后排气管。

2. 尿素结晶堵塞原因分析

（1）从消声器和排气管外表面观察是否有漏气现象或结晶。

(2)拆开消声器,观察内部是否有结晶。

(3)分析是否存在漏气、内部结构损坏等问题,如混合器被腐蚀。

(4)检查尿素喷嘴安装是否符合要求。

(5)检查SCR尿素喷嘴是否存在滴漏、卡滞等现象。

(6)分析SCR前后排气温度是否合理、传感器是否接错。

3.柴油机颗粒捕集器堵塞原因分析

造成DPF堵塞的原因主要有:

(1)积炭模型不准。

(2)主动再生无法激活。

(3)再生异常。

(4)其他原因。

劣质机油和劣质柴油会对DPF产生非常大的影响,将会加快DPF堵塞。其中,劣质柴油中的硫会让DOC中毒,大大降低DPF被动再生和主动再生效率。劣质机油中有大量不可燃烧的灰分,这些灰分积累在DPF内,无法再生清除,只能通过清灰功能来处理。因此,必须使用主机厂指定的机油,以及正规石油公司生产的符合国六排放标准的柴油。

一旦遇到DPF堵塞问题,首先需要注意的是,不管积炭模型中碳载量值是多少,都禁止进行任何主动再生操作。需要将DPF拆除进行清灰处理,之后按以下步骤查找原因。

(1)观察仪表碳载量指示灯,并用诊断仪读取DPF积炭模型碳载量值,如果碳载量指示灯未点亮且诊断仪读取到的DPF碳载量也不高,但是DPF已经堵塞,则从积炭模型上查找堵塞原因。了解车辆实际使用环境、使用工况。国六排放标准车辆实际应用不多,可能标定时没有覆盖到一些特殊车型工况。排除发动机系统故障的方法是:检查发动机是否有燃油系统、进气系统、EGR等故障,检查进气流量传感器测量值是否精确。排除运行后非正常断电导致积炭模型数据不能正常保存的故障。

(2)如果仪表板上碳载量指示灯已经点亮为严重积炭状态,积炭模型碳载量值也非常高,说明DPF再生无法正常进行,首先排查是否能进入主动再生模式:

①询问了解车辆实际使用工况,了解车辆运行时T4温度能否上升到250℃以上,了解车辆使用工况(车速、负荷)、环境温度、每次行驶里程等信息。

②用诊断仪读取故障,确认是否有故障禁止再生。

第八章　柴油机排放控制后处理技术及维修

③了解驾驶员在碳载量指示灯提示激活后有没有进行过驻车再生。

④发动机起动后,用诊断仪读取 DOC 前排气温度和 DPF 前排气温度数据,检查数据是否合理,检查进气流量传感器是否合理。

⑤拆除 DPF 并清灰后,进行一次驻车再生测试,检查 T4 温度能否达到 250℃,在气温非常低的地区,部分车型由于排气管过长,驻车再生时 T4 温度无法上升,需要行车再生才可以激活。如果 T4 温度无法提高,检查排气温度传感器和进气节流阀状态。

(3)驻车再生 T4 温度提升到 250℃ 后,再生激活,观察 T5 温度,正常状态下,T5 温度应该快速上升到 (600±50)℃,如果 T5 温度偏低或波动很大,需要检查:

①HCI 系统的压力、温度、喷射、雾化情况;

②排气管是否泄漏;

③排气温度传感器状态;

④进气流量传感器状态。

如果以上检查都没有发现问题,则需要检查 DOC 是否失效。

二、柴油机后处理系统故障维修案例

1. 案例 1

故障现象:喷射测试尿素消耗量偏差过大。

故障分析:尿素理论消耗量和实际消耗量偏差过大,系统每过一段时间会进入测试状态,监测到尿素泵工作状态和喷射量不符。

故障排除:尿素喷嘴轻微堵塞、尿素喷嘴磨损,可用诊断仪主动测试工具排查。

2. 案例 2

故障现象:发动机氮氧化物排放超标。

故障分析:排气温度和废气流量在一定范围和一段时间内,通过 SCR 下游氮氧化物传感器测量到的氮氧化物和上游氮氧化物传感器测量到的氮氧化物计算出的平均转化效率低于限值。

故障排除:用诊断仪主动测试功能确认 SCR 尿素泵和尿素喷嘴状态,检查消声器内部结构有无损坏或结晶(尤其注意检查混合器部分结构),检查尿素品质,检查进气流量传感器测量精度,检查 SCR 消声器是否老化。

3. 案例 3

故障现象:尿素浓度绝对偏差超限。

故障分析：正常合规尿素溶液的尿素浓度是32.5%，尿素浓度传感器实时监控尿素溶液浓度，当浓度低于或高于标准浓度一定限值时，故障报警。

故障排除：可采用手持式尿素浓度传感器检查尿素品质。

4. 案例4

故障现象：再生后碳载量无法清零。

故障分析：一辆轻型柴油车，技术要求整车设计了电源开关，ECU电源也受整车电源开关控制。在驾驶员关掉点火开关后，如果在短时间内关掉电源开关，会导致ECU芯片供电切断，发动机无法完成运行状态下的相关动作，使当前驾驶循环内碳载量均不能正常写入系统，恢复至上一驾驶循环的碳载量。经现场确认，故障重现，碳载量无法清零，显示碳载量为上一驾驶循环累计碳载量，且ECU内碳载量清零。

故障排除：①需要将ECU电源和后处理系统电源连接蓄电池正极，保证ECU和后处理系统能够在运行状态下完成后续倒抽和写入数据的工作；②加装延时继电器，将ECU和后处理系统电源加入延时断电功能，安全起见设置延时时长为10min；③加装ECU状态指示灯，提示驾驶员ECU进入再生运行状态，当运行状态完成后，再关闭整车电源。

5. 案例5

故障现象：排放后处理装置堵塞。

故障分析：试验车辆，出现排放后处理装置积炭堵塞，经检查发现堵塞的排放后处理装置有曲轴位置传感器故障或泄压阀冲开故障。发动机燃油系统故障导致发动机排出的颗粒物和模型值完全背离，DPF的积炭模型已经无法正确反映DPF实际积炭情况。该现象是由没有进入主动再生导致的，在试验车多次出现，在产生问题的车上，都能读取到曲轴位置传感器或泄压阀冲开故障，后经过电气维修人员紧急排查，发现曲轴位置传感器信号出现了微秒级的干扰，导致ECU内部喷油控制策略短时间内被完全打乱，发动机原机排放的颗粒物量大大提高，造成DPF堵塞，在查明干扰源后加以解决。

故障排除：修复发动机故障。

6. 案例6

故障现象：一辆装有潍柴发动机的柴油车，尿素液位显示不准确且没有报出相关传感器故障。

故障分析:这种故障一般是由于尿素罐传感器与潍柴公司指定的不匹配,或者整车最近更换过尿素罐,但尿素罐内部的传感器与原车出厂前的型号不同。传感器的电器参数不同,导致数据标定不匹配,液位温度显示错误。客户更换了尿素罐,与原车尿素罐不同。整车厂配套时,自主采购尿素罐,但没有通知潍柴技术人员重新标定数据。传感器或相关线束被损坏,导致电器参数变化(这种可能性较小),但没有报出传感器相关故障。

故障排除:检查尿素罐及传感器,核实与原车尿素罐是否相同,发现尿素罐属于不同厂家;更换为与原车相同的尿素罐后,液位、温度示数正常,故障解决。

7. 案例 7

故障现象:尿素消耗量偏高。

故障分析:如果没有报故障码,说明后处理系统的线束、电器件等基本正常。可能的原因包括尿素管路泄漏、尿素泵泄漏、尿素罐泄漏等,或者尿素溶液喷嘴磨损,导致尿素溶液从喷嘴处泄漏。

故障排除:检查尿素罐、尿素泵、尿素管路等是否有尿素溶液泄漏的痕迹;如果没有尿素溶液泄漏,就起动车辆,使车辆保持较高功率运行,排气温度达到尿素泵建压的最低温度200℃,检测尿素泵压力直到稳定在900kPa左右;发动机不要熄火,保持怠速运行,将尿素喷嘴取出排气管,观察喷嘴是否有泄漏情况。因为车主添加了劣质尿素溶液,导致喷嘴磨损严重,柱塞密闭性差,有泄漏尿素溶液的现象。更换新的尿素喷嘴后,故障解决。

8. 案例 8

故障现象:故障灯、OBD 灯常亮,尿素喷射正常,没有其他相关故障。

故障分析:这两个故障是指尾气中 NO_x 浓度较大,已经超出了欧四排放标准要求。如不及时修复,就会导致发动机转矩受限。可能原因包括:发动机原始排放劣化;后处理系统上游,从增压器排出的尾气恶化;SCR 箱劣化,导致转换效率低;尿素喷射量误差大,实际喷射量比设定值少;油品不好。

故障排除:检查、判断发动机原始排放是否严重恶化,比如严重冒黑烟等;检验油品是否合格;检查尿素喷嘴是否堵塞、泄漏,导致喷射量控制不准。

检查 SCR 箱是否老化或结晶,是否被炭烟覆盖、堵塞等。此车 SCR 箱使用时间较长,内有较多结晶物,覆盖了催化剂导致转化效率低。更换新的 SCR 箱后,故障消除。

9. 案例9

故障现象：故障灯、OBD灯常亮，NO_x排放超标，尿素不能正常喷射。

故障分析：排气管温度达到建压的最低温度时，尿素泵就开始尝试建压，并检测所有尿素管路及尿素泵、喷嘴是否存在泄漏或堵塞的故障。如果长时间尿素压力达不到900kPa，就怀疑ECU有尿素泄漏，并报出此故障，后处理系统停止工作。可能原因包括：尿素管路接错，或吸液管有尿素泄漏，压力管有泄漏，尿素泵故障。

故障排除：检查吸液管是否有接错、泄漏、弯折的地方；检查压力管是否泄漏。发现压力管与尿素泵接口密封较差，有尿素泄漏，重新连接、加固后，再次试车，故障消失。

10. 案例10

故障现象：故障灯、闪码灯常亮，报出SCR催化剂上游温度传感器电压信号高于上限故障。

故障分析：上游排气温度传感器及相关线路、接插件故障，导致传感器开路。当检测到此故障时，诊断仪测得的上游排气温度为默认值。可能原因包括：上游排温传感器接插件、线路开路；传感器老化、损坏；传感器ECU大插头线路故障，导致传感器开路。

故障排除：检查上游排温传感器接插件，检查传感器线束是否正常导通，发现传感器线束由于磨损导致断开，接好后恢复正常，故障消除。

第九章　故障案例分析举例

第九章
故障案例分析举例

本章通过介绍排放控制系统或装置的故障维修案例，以及排放污染物超标的维修方法，分析了故障的现象，确定了先诊断、检测，后维修的过程，可为维修技术人员提供参考借鉴。随着排放污染物限值变得越发严格，排放超标控制越来越难。因此，要求维修技术人员不断学习、刻苦钻研。

汽油发动机排放控制系统和装置的故障案例，主要是对曲轴箱强制通风系统、废气再循环系统、燃油蒸发排放控制系统、二次空气喷射系统以及氧传感器、三元催化转换器、颗粒捕集器等装置故障的维修案例。

柴油发动机排放后处理系统或装置的故障案例，主要节选了一些传感器和部件故障维修的典型案例。

第一节　汽油发动机排放控制系统故障维修

一、排放控制子系统故障维修

（一）曲轴箱强制通风（PCV）系统与排放相关的故障维修

维修PCV系统时，不能对系统做任何改动。维修PCV系统需要仔细检查，对功能进行测试，更换有故障的零件。更换PCV阀时，应匹配零件编号，更换汽车制造商规定的正确阀门。如果阀门无法识别，应参阅制造商服务手册中列出的零件编号信息。新的PCV阀有锁定装置,是为了防止它们松动或脱落,安装时要确保阀门锁已完全开启。

1. PCV阀膜片开裂导致排放故障及发动机熄火

故障现象:一台雪佛兰科鲁兹车行驶在高速公路上时,听到发动机舱异响后,发动机熄火。再次起动发动机不成功,转动点火钥匙发动机不运转,类似发动机亏电导致无法起动。通过与车主的沟通,了解到此车平常还有烧机油、排气管冒蓝烟现象。

故障检查:将此车拖入维修站后,当起动发动机时,起动机无法带动发动机转动。测量起动电压达到10V以上,说明蓄电池电压正常。拆卸右前轮胎和饰板,摇转曲轴,顺时针和逆时针两个方向都不能成圈转动,说明曲轴连杆和配气机构有卡滞现象。拆卸火花塞,发现火花塞的中心电极旁边有很多黏性油状液体,初步怀疑是机油。为进一步确认,拆卸空气滤清器的皱纹管,看到节气门附近有许多机油,由此说明机油通过气门室罩盖膜片控制阀和曲轴箱通风管被吸到燃烧室。

故障维修:由于液体不能被压缩,导致发动机旋转、活塞上行时,连杆被顶弯,如图9-1所示,同时活塞被顶裂,如图9-2所示,造成"点火"或摇转发动机不能转动。这种情况是由于气门室罩盖膜片控制阀的膜片开裂,使得大量机油通过进气管道进入发动机燃烧室,如图9-3所示。鉴于此车发动机的机械损伤程度较严重,为其更换发动机总成,故障排除。

图9-1 顶弯的发动机连杆

图9-2 被顶裂的发动机活塞

维修总结:发动机PCV阀故障一般会导致发动机曲轴箱内的机油或机油蒸气大量流入进气道,轻则造成烧机油现象,重则导致连杆顶弯、活塞顶碎。因此,发动机日常维护显得尤为重要,做好曲轴箱通风系统的检查可以避免故障范围扩大。

图 9-3　破裂的气门室罩盖膜片

2. 空气滤清器格栅导致的尾气排放故障灯点亮

故障现象：一台雪佛兰科鲁兹车事故维修后,仪表显示发动机尾气排放灯点亮,尾气有刺激性气味。

故障检查：起动后仪表故障灯点亮,用故障诊断仪检查,提示故障代码"P0172:燃油系统调整值过浓"。

故障维修：检查燃油控制相关部件及电气插头、外观,没有损坏及虚接的地方,执行车载诊断系统检查,查看没有相关的维修通信,电脑检测有故障代码。与车主交流故障是何时、何地发生的,车主称去外地回来后故障灯就亮了。首先考虑到了油品不佳,然后清洗了油路、更换了汽油,没有效果;更换了喷油嘴、节气门总成后,故障依旧;燃油修正重新学习后,起动车辆,怠速长期调整很快达到 -25%,接着对进气系统检查,没有堵塞和漏气现象,对排气系统检查并更换三元催化转换器总成,没有效果;更换了火花塞、点火线圈,没有任何效果;通过对进、排气系统、油路系统和点火系统的检查,都没有发现问题;接着对 MAF、MAP、ECM、氧传感器进行检查,也没有发现问题;将其汽油泵与正常车互换试验,没有任何好转。这些表明故障不在汽油泵上。

维修工作陷入僵局,通过和其他维修站工作人员交流,发现有一个维修站也有两辆相同情况的故障车,一直没有解决,而且两车有个共同点:右前部发生事故以后出现的类似故障。马上对右前事故更换的零部件再进行一次检查,发现空气滤清器滤帽不是原厂件,与正常车对比发现,副厂滤帽内少一个格栅导流板,如图 9-4 所示。

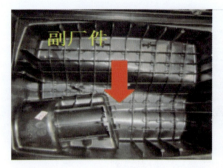 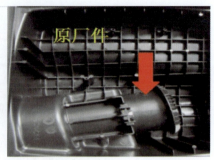

图9-4　原厂件与副厂件的对比

更换原厂空气滤清器总成后,清除故障码,对车辆进行路试,尾气排放灯再未点亮。用故障诊断仪读取发动机控制单元系统,无故障码,数据流显示短期燃油修正系数在2%左右跳动,正常,尾气也无刺激性气味。至此,判断故障彻底排除。

维修总结:空气流量传感器格栅的主要作用是让空气能够均匀进入流量传感器通道内。没有安装格栅或者格栅过脏都有可能导致空气流动时产生扰流,流量不能被准确计量。

(二) 废气再循环(EGR)系统与排放相关的故障维修

1. EGR 管路积炭导致的排放灯点亮

故障现象:车主报修仪表显示尾气排放灯亮。

故障检查:用专用故障诊断仪提取故障码为"DTC P0401",表示 EGR 流量不足。

故障码触发原理说明:发动机控制单元在监视进气歧管绝对压力(MAP)传感器信号的同时,动力系统控制模块(PCM)通过瞬时指令打开 EGR 阀,对 EGR 进行测试。当 EGR 阀打开时,动力系统控制模块应感应到进气歧管绝对压力按比例增加。如果未检测到进气歧管绝对压力按预计增加,动力系统控制模块记录差量并向故障限度水平调整内部故障计数器。当故障计数器超过故障限度时,动力系统控制模块显示"DTC P0401"故障码,完成本测试所需的测试样本数取决于检测到的流量差。动力系统控制模块通常仅允许在一个点火周期中采集一个 EGR 流量样本。为帮助确定修理方案,动力系统控制模块允许在故障诊断仪信息清除或蓄电池断开之后的第一个点火循环中取 12 个测试样本。9~12 个样本足以使动力系统控制模块确定充足的 EGR 流量,并完成 EGR 测试。

第九章　故障案例分析举例

故障维修:检查相关线束是否接触不良或损坏,维修电路图如图 9-5 所示。若线束外观正常,移动与排气再循环阀相关的线束和接头,同时观察故障诊断仪上显示的实际排气再循环位置。如果示数变化,表明该部位有故障,如图 9-6 所示。

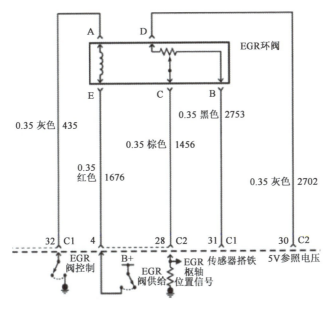

图 9-5　维修电路图

EGR开启位置(%)	MAP值(kPa)
10	57
20	63
30	70
40	76
50	81
60	85
70	90
80	90
90	90

图 9-6　维修数据值

正常车辆 EGR 开度与 MAP 的对应关系如图 9-6 所示。对比之下,故障车的 MAP 值变化很小,拆下节气门检查发现 EGR 阀与进气歧管通道被积炭堵塞。彻底清除 EGR 阀与进气歧管通道的积炭后,故障解决。

维修总结:充分了解和掌握 EGR 系统的相关原理和检测诊断方法,可以快速查明故障原因。如本案例通过读取进气歧管绝对压力数据,就能迅速判断出 EGR 系统是否正常工作。

2. EGR 电磁阀导致的发动机故障

故障现象:一款通用汽车,装有 4.3L、V6 发动机,车主报修称发动机经常出现工作不稳定、转速忽高忽低(俗称"游车")的现象。

故障检查:经维修人员检查没有发现故障码,查看数据流,除了在怠速时作用在 EGR 阀的真空度较小以外,其他部件工作都正常。这款车使用的是采用通用公司电子真空调节阀的 EGR 控制电磁阀。发动机控制单元向电磁阀发出脉冲信号,电磁阀控制 EGR 阀的真空度。

故障维修:维修人员仔细查阅维修通信记录和维修手册,了解系统的工作原理后,检查与进气歧管连接的真空管路,确定故障点为 EGR 电磁阀处的真空有泄漏,用化清剂在怠速时喷入,发动机转速明显变化,说明 EGR 电磁阀明显泄漏,需要更换 EGR 电磁阀。更换 EGR 电磁阀后试车,发动机恢复正常。

维修总结:较早车型配置的 EGR 系统是传统的电子真空控制 EGR,充分利用了进气歧管真空来源。但是系统一旦出现故障,特别是管路出现问题,就有可能导致泄漏,从而使发动机工作不正常。现在绝大多数 EGR 系统已替换成带位置传感器的电磁阀控制 EGR 系统,不需要真空管路,减少了与真空相关的故障。

(三) 氧传感器与排放相关的故障维修

1. 氧传感器故障导致排放超标

故障现象:发动机故障灯长亮,发动机排量为 3.2L,尾气有刺激性气味。

故障检查:接到此车维修工单后,维修人员首先确认工单描述的故障灯长亮现象,确认发动机故障灯确实点亮。用诊断仪查看故障记录,有故障码"P0140:加热型氧传感器电路活动性不足—缸组 1 传感器 2"以及"P2270:加热型氧传感器信号持续过稀—缸组 1 传感器 2"。查看此车维修记录,不久前更换过缸组 1 的传感器 2,当时的故障码与这次完全相同。用诊断仪的示波器功能,查看氧传感器信号的波形,如图 9-7 所示,明显看出实线部分氧传感器缸组 1 传感器 2 的图形与正常的虚线部分氧传感器缸组 2 的传感器 2 不同步,出现故障。于是用万用表根据氧传感器的电路图进行测量。

第九章 故障案例分析举例

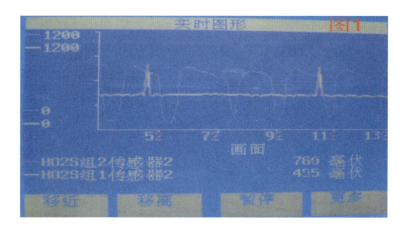

图 9-7 故障的氧传感器波形图

故障维修：用万用表根据氧传感器的电路图(图 9-8)进行测量。

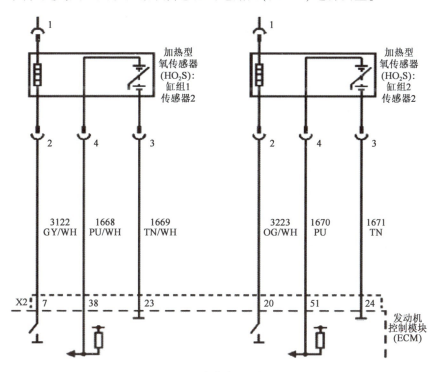

图 9-8 氧传感器电路图

首先用万用表电压挡测量加热型氧传感器(HO_2S)缸组1传感器2的1#脚，在点火开关打开时，有12V电压，说明主继电器到氧传感器熔断丝的这段没有故障。关闭点火开关，万用表电阻挡测量3#—4#之间的阻值为5Ω，正常。万用表蜂鸣挡测量HO_2S的2#—ECM的7#、HO_2S的3#—ECM的23#、HO_2S的4#—ECM的38#通断，均正常。这说明加热型氧传感器插头处到发动机控制模块插头处的线束没有故障。当断开蓄电池的搭铁线桩头，测量加热型氧传感器3#脚到控制模块搭铁电阻时，此值为∞，对比测量正常的加热氧传感器缸组2传感器2的3#脚到发动机控制模块的搭铁阻值为5Ω，这说明加热氧传感器缸组1传感器2的搭铁线在ECM内断路，须更换ECM。

为了进一步确认HO_2S缸组1传感器2的搭铁线在ECM内断路，用跨接线将HO_2S缸组1传感器2和HO_2S缸组2传感器2的搭铁线跨接，起动车辆，用诊断仪的示波器功能查看HO_2S缸组1传感器2和缸组2传感器2的波形，如图9-9所示，实线图像和虚线图像完全同步。

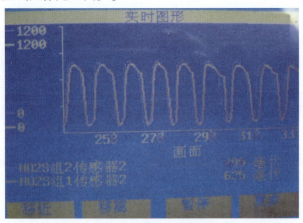

图9-9　正常氧传感器波形图

更换ECM后，恢复所有插头和线束，故障排除。

故障总结：本案例故障点为ECM故障，确定故障点需要对电路熟悉，并具有比较扎实的电路检查基本功，熟练运用检查工具，包括万用表和示波器。确定故障点后，能通过一定的方式进行验证是本案例值得学习的地方。

2.氧传感器插头插错导致的发动机抖动故障

故障现象：一款德系车辆，W12型发动机，变速器型号为09E，行驶里程为94000km，行驶或怠速运转时车里感觉有轻微的抖动现象。

第九章 故障案例分析举例

故障检查:验证故障,起动后坐在驾驶位确实能感到轻微的抖动;读取故障码,显示氧传感器故障;读取发动机控制单元 2 第 33 组氧传感器数据,显示异常;经与车主沟通,了解到之前更换过氧传感器。

故障维修:用诊断仪读取发动机数据流,显示汽缸列 1 前氧数据和后氧数据相互颠倒,使得发动机控制单元按照后氧数据进行燃油修正,导致空燃比不正确,发动机燃烧效率低。检查发现,可能两传感器插头插反,互倒两传感器插头后读取数据流显示正常,重新处理氧传感器插接件并固定线束,如图 9-10 所示。反复测试验证,再没出现任何故障,至此,故障排除。

图 9-10　氧传感器位置图与数据流

维修总结:为 W12 型发动机更换氧传感器时插头容易插错,应注意标记好。

同样地，奥迪Q7 4.2L排量汽车发动机舱处的氧传感器插头也容易插错，在维修类似发动机时应当注意。很多容易插错的插头都做了机械编码，外形一样但内部结构不同，可以从设计上避免类似情况发生。

（四）燃油蒸发排放控制系统（EVAP）与排放相关的故障维修

1. EVAP电磁阀导致发动机排放故障灯点亮

故障现象：一款通用昂科雷汽车，搭载3.6L缸内直喷发动机，仪表显示排放故障灯亮。

故障检查：故障诊断仪提取故障码为"P0496：EVAP非吹洗时流动"。

故障代码说明：本故障诊断码表示需测试是否有持续的进气歧管真空流向EVAP。令EVAP炭罐吹洗电磁阀和通风电磁阀关闭，控制模块密封EVAP。控制模块监测燃油箱压力传感器，以确定EVAP是否正在被抽真空，如图9-11所示。如果蒸发排放控制系统的真空度在预定时间内超过预定值，则设置此故障诊断码。

燃油箱压力传感器信号电压	燃油箱压力
高，约1.5V或更高	负压/真空
低，约1.5V或更低	正压

图9-11　燃油压力传感器与燃油箱压力的相对关系

故障维修：断开EVAP炭罐吹洗电磁阀电气连接器，起动发动机，使用故障诊断仪指令蒸发排放通风阀关闭，将发动机转速提高到1200~1500r/min。观察故障诊断仪"燃油箱压力传感器"参数，确认故障诊断仪"燃油箱压力传感器"参数为-3.05~+3.05Pa。

根据故障诊断仪上测试的数据流可以判断EVAP炭罐电磁阀是否损坏，如图9-12所示。更换EVAP电磁阀，清除故障码，路试后再次读取发动机系统数据，无故障码。

维修总结：对某些中高端车型，系统出现故障可以通过自诊断记录存储故障代码，且可以通过执行器动作测试和数据读取，进行人工诊断和故障点确认，这给维修工作带来了方便。

2. EVAP电磁阀导致发动机排放故障灯点亮（混合气过稀）

故障现象：一辆通用汽车，发动机排量为3.0L，发动机排放故障灯亮。

故障检查：用故障诊断仪提取故障码为"P0171：燃油调节值过稀—缸组1"和

第九章 故障案例分析举例

"P0174：燃油调节值过稀—缸组2"，诊断过程如图9-13所示。

将EVAP炭罐电磁阀插头断开

图9-12　EVAP位置图和数据流

a)拆下EVAP检查

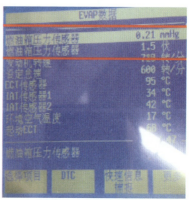
b)将EVAP堵死时的数据

图9-13　诊断过程EVAP实物图和数据流

设置故障诊断码的条件：
（1）平均长期燃油调节重量平均值大于或小于标定值。
（2）在满足"运行故障诊断码的条件"后，上述情况存在约3min。

故障维修：查看故障诊断仪数据，缸组1和缸组2长期燃油调整值均为32%，缸组1的前氧传感器信号为0.07V；缸组2的前氧传感器信号为0.09V，如图9-14所示。由此看出混合气过稀，ECM正在加浓调整。

故障诊断仪中"空气质量流量传感器"的感应数据为2.02g/s，"计算的空气流量"为3.44g/s，两者相差了1.42g/s。正常情况下实际与计算的进气量应基本保

287

持一致,直到将 EVAP 的进气管断开后数据恢复正常。由此判断 EVAP 电磁阀直通,更换 EVAP 电磁阀后故障排除,如图 9-15 所示。

参数名称	控制模块	数值	单位
短期燃油修正汽缸组 1	发动机控制模块	32	%
长期燃油修正汽缸组 1	发动机控制模块	40	%
短期燃油修正汽缸组 2	发动机控制模块	32	%
长期燃油修正汽缸组 2	发动机控制模块	40	%
HO_2S 汽缸组 1 传感器 1	发动机控制模块	0.07	V
HO_2S 汽缸组 2 传感器 1	发动机控制模块	0.09	V

图 9-14　故障数据信息:燃油修正

图 9-15　EVAP 检查发现直通

维修总结:空气流量传感器的信号,是 ECM 控制喷油量的重要参考信号。此车由于 EVAP 卡滞导致有额外的空气进入汽缸,使汽缸的充气容积变小,造成流经空气流量传感器的空气减少。空气流量传感器检测到较少的空气后,将信号传递给 ECM,ECM 指令喷油嘴减少喷油量,但实际上汽缸内的空气比实际检测的空气多,造成混合气过稀。

(五)二次空气喷射系统失效导致 HC、CO 排放超标的故障维修

二次空气喷射系统又称为 AIR,在早期的一些车型中比较常见。其作用是在一定工况下,将一定量的新鲜空气送入排气管,促使发动机排出废气中的 CO 和 HC 进一步氧化,从而降低汽车废气中有害物的排放量。起动工况下,二次空气喷射系统还可以加快三元催化转换器的升温,使发动机尽快进入空燃比闭环控制过程,从而改善发动机的工作性能。

第九章　故障案例分析举例

随着一些老旧车型的不断报废淘汰,二次空气喷射系统的故障出现频率也逐渐降低。下面对故障现象及对该系统的诊断维修进行介绍。

故障现象:一辆大众帕萨特汽车 AIR 失效,冷起动时尾气刺激性气味较重。

故障检查:检查发现,该车行驶 30 多万公里,车况较差,AIR 出现故障的频率较高,试车发现,主要有传动带或泵的轴承及轴套磨损、发出噪声、冷起动尾气刺激性气味较重等问题。

故障维修:针对该车的故障现象,决定对其进行全面检查,首先按照下列程序对系统进行检测维修。

(1)检测 AIR 的空气泵传动带的张力是否符合规定标准,发现问题及时维修或更换。

(2)AIR 的密封零部件不允许有泄漏情况发生,检查软管接头连接处是否泄漏,如果泄漏应维修或更换。

(3)检查空气泵的传动带是否出现过松现象,空气泵轮与传动带轮是否保持一条直线。

(4)检查二次空气泵的带轮是否卡滞,如果出现卡滞现象,立即维修或更换。

(5)检查二次空气泵连接的软管是否松动,视情况紧固或更换。

(6)检查压力释放阀是否失效,视情况维修或更换。

(7)检查止回阀是否正常工作,如果不正常工作,需要进行更换。

(8)对二次空气喷射系统检测,确保在开环情况下空气被送到排气歧管中。

(9)确认在闭环情况下,空气被送往三元催化转换器;在减速时,空气被送到车外。

(10)用尾气分析仪检测,确认排气管的废气中有 O_2 存在,从而证明二次空气喷射系统流畅,空气泵输出空气足够。最后,该车更换了二次空气泵和控制阀,故障排除。

维修总结:AIR 的主要作用是减少冷车时 CO 和 HC 排放量,工作频率不高,现在大多数车型已经取消,但对其工作原理的学习还是非常有必要的。

(六)可变气门正时系统与排放相关的故障维修

1. 可变气门正时调节阀故障导致的 NO_x 排放超标,加速不良

故障现象:一款德系车辆,发动机为 3.0T,仪表盘上排放故障灯亮起,加速无力,车抖动,同时高怠速时 NO_x 排放量超标。

289

故障检查：

（1）用专用诊断仪进行检测故障，为汽缸列2凸轮轴正时调节功能失效。

（2）读取数据块93组，汽缸列1为1.1，汽缸列2为1.3，数值正常。

故障维修：用基本设定功能，进行功能94组凸轮轴调节测试，发现汽缸列2的数值没有变化。

由此判断有以下几种可能。

（1）调节阀故障，但进行元件测试后发现调节阀动作正常。

（2）油路堵塞，但在拆卸调节阀时未发现有明显异常。

（3）调节器卡滞或无法调节，只能拆下来检查；在拆卸时将链条位置摆正，拆下后端盖发现，调节器位置没有对准标记位置（图9-16）。故障原因为调节器位置错开过大，堵住了油道，导致不能实现调节功能。

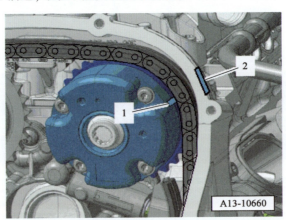

图9-16　凸轮轴与链条的正时记号

按照维修手册要求，将调节器重新安装到位后，试车加速良好，不再出现ECU系统故障码，同时测试尾气，数据显示NO_x降到正常值。

维修总结：可变气门正时系统应用到发动机上，可以在发动机不同转速、不同负荷状态下，调整节气门提前或延迟开启的角度，以满足最优的动力性、燃油经济性，同时通过对节气门正时的改变，可以有效地在发动机高转速、大负荷时改变节气门重叠角，增加缸内废气再循环率，从而达到控制NO_x排放的目的。

2. 废气阀型号错误导致的三元催化转换器失效故障

故障现象：一辆搭载2.0T发动机的大众汽车排放故障灯报警，同时车辆行驶加速不良。

故障维修：用专用诊断仪读取故障记录，有故障码"P0420 00：尾气催化净化器系统—汽缸列1 作用过低"，故障清除后行驶200km以上故障可能会再次出现。按照故障引导查询要求，对节气门油路进行清洗，对前后氧传感器进行了更换，行驶200km左右故障再次出现。询问车主得知，之前出现过发动机怠速抖动大的问题，在某修理厂更换过废气阀。拆下废气阀发现废气阀与原车同型号废气阀外观一样，但其内部通气孔孔径不同。

据此分析，由于废气阀型号不同，发动机运行时，特别是高速运行时，大量曲轴箱废气（主要为已燃废气和机油蒸汽）进入进气系统，最后废气进入汽缸，造成了"烧机油"现象。长时间如此，导致三元催化转换器中毒，效率较低，被氧传感器检测出故障，发动机控制单元报相应故障码（图9-17）。

 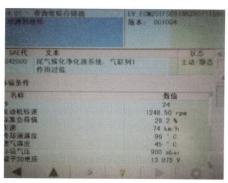

图9-17　废气阀与故障码

更换原车同型号废气阀后，故障排除。

（七）三元催化系统与排放相关故障维修

1. 三元催化转换器载体碎裂导致的排放超标故障

故障现象：一款通用车辆，发动机为V6、缸内直接喷射3.0L，装有6挡手自一体变速器；年度审验时未通过，尾气CO、HC和NO_x三项数据严重超标。

故障维修：对车辆进行试车发现，车辆行驶无力，发动机怠速抖动，有故障码显示1、3、5缸不工作。拔出机油尺查看，冒烟比较严重。根据以往经验，曲轴箱往外冒烟，说明活塞环或活塞与缸壁间隙过大。维修方法是拆卸汽缸盖，拆卸油底壳，抽出活塞连杆，进行检查。但是，由于这辆车故障现象较多，维修时维修人员要由简到难，一一检查。接下来用排气背压表测量排气背压，接上背压表，在怠速时测

291

量,背压表示数过高,说明排气背压太大,正常的标准怠速时的背压值为8.6kPa,这表明排气系统堵塞了。当拆下排气管时,发现三元催化转换器的陶瓷芯已经消失,都堵在消声器前部了,如图9-18所示。经处理后,更换三元催化转换器,再次起动,故障排除。

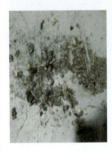 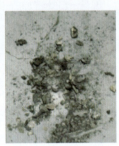  

图9-18　破碎的三元催化转换器陶瓷芯和空壳的三元催化转换器壳

维修总结:该车三元催化转换器碎裂导致尾气排放超标不难理解,但是在检查过程中出现"拔出机油尺查看,冒烟比较严重"这一现象,刚开始怀疑活塞环或汽缸磨损导致的窜气。但从排除故障结果来看,是由于三元催化转换器载体碎裂,导致后部消声器堵塞,排气背压增大,最终导致曲轴箱压力过大。所以在故障诊断检查时,应该充分检查相关部件,分析思路要缜密,避免扩大维修范围。

2. 三元催化转换器中毒引起的尾气排放超标

故障现象:一辆奔驰S500车辆,自动变速器,V形8缸,四轮驱动,行驶里程超过8万km。I站进行年检时,尾气排放不合格,显示HC超标。

故障维修:读取发动机故障码,无发动机相关故障。检测尾气排放HC量为210×10^{-6}。通过沟通了解该车维修历史发现,车辆进行过发动机积炭清洗、三元催化转换器清洗、节气门清洗,更换过MAP、冷却液温度传感器、火花塞(图9-19)、点火线圈等,故障依旧,此时已花费3万多元。

用内窥镜检查燃烧室发现,气门油封严重漏机油,该车因烧机油导致HC排放超标。同时由于长期烧机油,三元催化转换器可能发生老化中毒。更换气门油封后,烧机油问题解决。但再次用双怠速法测试尾气,HC排放量基本没有变化。更换已经中毒的三元催化转换器,问题解决,HC排放降低到正常值。

3. 三元催化转换器老化导致的HC、CO、NO_x同时排放超标

故障现象:车主反映车辆年检时环保排放性能检验不合格,报告如图9-20所示。

第九章　故障案例分析举例

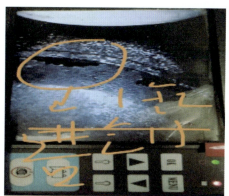

图9-19　维修过程照片记录

简易瞬态工况法							
	HC/(g/km)		CO/(g/km)		NOx/(g/km)		
实测值	3.31		33.91		3.74		
限值	<1.6		<8.0		<1.3		
稳态工况法							
	ASM5025			ASM2540			
	HC/10⁻⁶	CO/%	NO/10⁻⁶	HC/10⁻⁶	CO/%	NO/10⁻⁶	
实测值							
限值							
结果判定	□合格　√不合格						

图9-20　检测报告

293

以上报告显示，HC 排放量为 3.31g/km，CO 排放量为 33.91g/km，NO_x 排放量为 3.74g/km，三种污染物排放量均超标。

故障检查：分析以上故障现象，寻找导致尾气数据超标的原因。使用尾气分析仪测试了尾气数据，如图 9-21 所示。

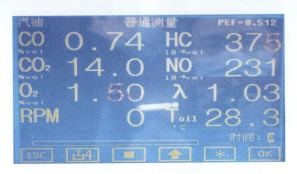

图 9-21　尾气分析仪测试值

检测数据表明，HC、CO、NO_x 三项污染物排放量均超标，CO_2 排放量为 14.0%，正常，λ 为 1.03，正常。

故障维修：

结合以上环保检验排放报告和尾气分析仪数据，根据排放控制装置三元催化转换器工作原理，在工作温度正常（一般为 350℃ 左右）、发动机空燃比正常的情况下，其应当将尾气中的 HC、CO、NO_x 转化为 H_2O、CO_2、N_2，使用"中自必蓝"智能诊断 App 判断出，该车三元催化转换器效率降低的特征比较明显。

为了进一步验证以上结论，根据正常工作的三元催化转换器，由于内部产生氧化反应会产生大量的热，从而使自身温度后端比前端高这一原理，采用红外测温仪，测试了热车情况下三元催化转换器前、后端温度分别为 362℃、320℃。通过温度测量可以说明，三元催化转换器内部工作效率较低甚至没有正常工作。

至此基本判定该车三元催化转换器工作效率过低。接下来拆卸三元催化转换器进行进一步检查，发现该车三元催化转换器内部烧蚀严重，如图 9-22 所示。

从以上三元催化转换器烧蚀现象可以推断：发动机曾经出现过失火现象，未燃烧的混合气体通过排气管进入三元催化转换器，由于催化转换器表面有具有催化作用的贵金属，可燃混合气在催化转换器内部燃烧，产生大量的热量使其温度超过催化转换器载体的最高承受温度 1350℃，在短时间内将催化转换器载体烧蚀。

更换新的三元催化转换器（图 9-23）后，三项污染物排放测试数据均恢复正常。

第九章 故障案例分析举例

图 9-22 损坏的三元催化转换器

图 9-23 正常的三元催化转换器(图片由中自催化公司提供)

维修总结:在尾气治理故障诊断过程中,尾气排放检测数据报告非常重要,其显示数据基本接近车辆行驶状态的真实尾气数据。在进行此类故障检查时,要充分理解尾气排放控制装置的工作原理、工作条件和失效原因。在实际诊断时要用前后检测数据互相验证,确保故障分析因果关系明确。

二、发动机各系统部件故障引起排放超标的维修

1. 节气门漏气导致的尾气排放超标

故障现象:车辆使用过程中油耗偏高,车辆环保检验不合格,CO、NO_x 两项污

295

染物排放量超标。

故障维修:车辆进站初步检查,该车发动机工况较为恶劣,气门室罩盖等多处有渗油情况。通过与车主沟通了解到,该车一般 1 万~2 万 km 维护 1 次,而且维护过程并不系统。起动发动机并热车后,发动机运行比较平稳,但是排出的尾气有非常浓烈的刺激性味道。车辆刚进行了尾气排放环保检验,报告如图 9-24 所示。

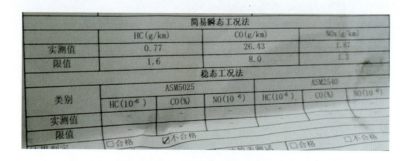

图 9-24　尾气排放环保检验报告

从尾气检验报告来看,该车 CO 排放量为 26.43g/km,NO_x 排放量为 1.87g/km,均超标,且 HC 排放量也将近限值的 50%。

根据汽油车尾气后处理装置的工作原理:在三元催化转换器的催化反应中,尾气 HC/CO 属于氧化物,NO_x 属于还原物,在正常工作温度下(>350℃),它们之间能产生一系列的化学反应,最终生成 H_2O、CO_2 和 N_2,且在反应过程中会产生一定的热量。

报告中显示 CO 和 NO_x 超标,且 HC 排放也较高。使用"中自必蓝"智能诊断 App 判断,该车"三元催化转换器失效或效率过低"。且结合该车行驶里程(12 万 km)和出厂日期(2008 年),该车的尾气后处理装置三元催化转换器已超过了设计使用寿命,所以首先考虑更换三元催化转换器。

拆卸三元催化转换器,安装新件后热车 5min,此时发动机冷却液温度为 90℃。使用尾气分析仪对尾气进行了进一步测试,具体数据如图 9-25 所示。

以上测试结果显示,NO_x 排放在限值范围内,比进厂检测报告上 NO_x 排放超标情况有所改善,进一步验证原车三元催化转换器确已失效。但排放量依然偏高,且 CO 排放量超标严重。结合过量空气系数 λ、CO_2 和 O_2 数据分析,发动机因混合气过浓而燃烧不充分,且此时由于发动机空燃比不正确(混合气偏浓),过量排放的 CO 已不能被三元催化转换器完全转化,导致超标。

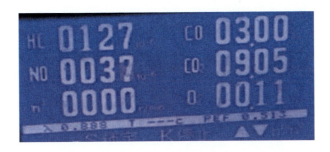

图 9-25　尾气分析仪测试值

此时,将故障诊断的重点转移到发动机上。首先确定发动机空燃比控制状态为闭环控制,且长期燃油修正数值为 −31.3%,说明前氧传感器能正确检测到混合气过浓状态,发动机 ECU 进行了减少喷油的响应调整(图 9-26)。

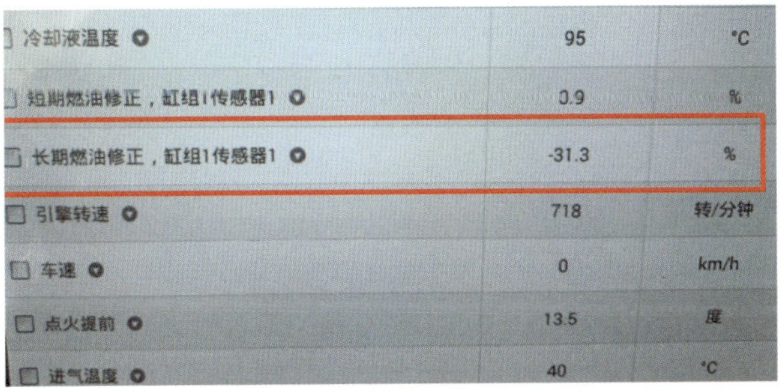

冷却液温度	95	℃
短期燃油修正，缸组1传感器1	0.9	%
长期燃油修正，缸组1传感器1	-31.3	%
引擎转速	718	转/分钟
车速	0	km/h
点火提前	13.5	度
进气温度	40	℃

图 9-26　诊断仪显示的数据流

通过以上分析,发动机混合气过浓的故障为进气信号或喷油实际控制出现了问题导致。

通过进一步诊断,读取发动机数据流,进气压力为怠速时 38kPa,高怠速时 40kPa,数据显示该车进气压力偏大,反之在怠速和高怠速情况下进气歧管真空度偏小。为了验证进气压力传感器数据是否正确,连接真空表到进气歧管位置进行真空测试,测试结果如图 9-27 所示。

测试结果显示,发动机进气歧管真空度在怠速状态时为 63kPa,比正常的 57 ~ 71kPa 偏低,正好印证了发动机数据流显示的进气压力数据偏大的情况。由此说明进气压力传感器正常。

那么,是什么原因导致进气真空度变小的呢？首先分析进气歧管真空产生的过程:当发动机正常运转时,活塞在进气行程由上止点向下运动,此时排气门关闭,进气门打开。活塞下行产生的"吸力"将进气歧管内的空气或混合气吸入汽缸,由于节气门关闭或部分关闭,此时在进气歧管内部就产生了一定的真空度。

图9-27 真空表测试结果

一般通过对进气歧管真空度的检查,可以得知发动机的机械气密性以及排气系统、进气系统的气密性。造成真空度偏低的原因可能为燃烧室或汽缸的机械气密性过低、排气系统堵塞、进气系统漏气等。

由于该车已更换三元催化转换器,考虑到该车日常维护不佳,首先检查汽缸压力。经过检查发现,1~4缸压力分别为720kPa、720kPa、780kPa、690kPa,说明汽缸压力过低。导致汽缸压力低的原因有多种,比如活塞环磨损、汽缸壁磨损、气门座圈磨损、配气正时不正确等,这些原因均需要对发动机拆解检查,于是进行发动机拆解,发现气门座圈磨损严重。

对发动机进行了维修,更换了气门座圈、气门、活塞环及其他密封件。装车测试,尾气合格,且进气压力为28kPa,正常。

维修总结:

此类混合气过浓的故障,更换三元催化转换器后,还应利用诊断仪读取发动机数据流,判断发动机混合气控制状态。在进行检测维修时充分利用各种检测设备、仪器,如真空表,在本案例中非常关键。最后,通过分析尾气数据、检测过程数据,结合车辆使用维护状况综合判断故障原因。

2. 进气压力传感器故障导致尾气超标

故障现象:车主反映车辆尾气很臭,有煤气味,且近期车辆行驶综合油耗明显较高。

故障检查：

打开点火开关，起动发动机，热车之后排气管出口附近有明显的煤气味，证实了车主的说法。根据尾气治理经验判断，可能该车尾气排放污染物 CO 超标。此时从尾气检查入手，使用尾气分析仪，将尾气取样管插入排气管，获得尾气排放情况如图 9-28 所示。

图 9-28　尾气分析仪测试值

以上数据显示：HC 排放量为 171×10^{-6}（超标）、CO 为 2.97%（超标）、NO 为 1×10^{-6}（未超标）、λ 为 0.91 [过小（混合气过浓）]。

连接车辆故障功能诊断仪检查，发现发动机无任何故障码。检查发动机运行平稳，无抖动现象，试车发现加速性能良好。

故障维修：通过以上检查数据可以确定，车辆起动后排气管尾气的煤气味就是尾气中超标的 CO 导致的。

那么尾气 CO 和 HC 超标是什么原因导致的呢？再看以上尾气检查数据，CO 和 HC 超标，而 NO 含量很低几乎可以忽略不计，再加上 λ = 0.91，使用"中自必蓝"智能诊断 App 判断出：CO 和 HC 超标是由于发动机混合气过浓导致的。

按照以上混合气过浓的方向，做进一步检查。在电控发动机中，有一个专门检测混合气浓度的传感器，即氧传感器。氧传感器又分前氧和后氧传感器，它们的作用不一样。

前氧传感器用于检测发动机排出的尾气中氧含量的多少，间接测量发动机混合气的浓稀状态，如果是宽带型氧传感器还可以准确地测量出混合气的具体空燃比，但它们都是作为反馈信号传输发动机控制单元用于喷油脉宽的调节。

后氧传感器安装于三元催化转换器后部，主要用于监控三元催化转换器后部尾气中氧含量的变化，将信号输入发动机控制单元，经过与前部氧传感器的信号对比，监控三元催化转换器是否失效。

接下来，连接车辆诊断仪，读取发动机数据流中的前、后氧传感器的电压值及其波形，如图9-29所示。

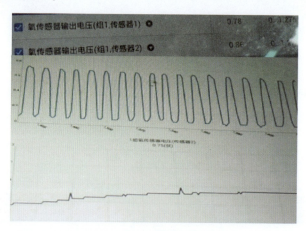

图9-29　氧传感器故障码和波形显示图

以上数据，特别是波形图表明，前氧传感器工作良好，三元催化转换器工作效率正常，且其电压一直处于0.6~0.8V，说明发动机混合气确实过浓。

后部混合气浓度状态信号是准确的，且已传递给发动机。那么，又是什么原因导致的故障呢？

分析发动机电控喷油原理，如图9-30所示。

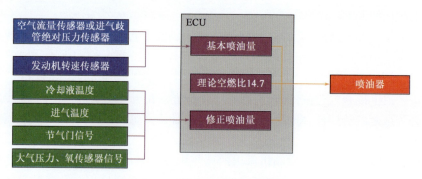

图9-30　电控燃油喷射原理框图

根据以上原理得知，喷油量的控制由基本信号和修正信号确定，首先读取发动机数据流进气信号，进气压力传感器显示怠速状态进气压力为 40kPa。这个数据比正常车 30kPa 左右的进气压力明显偏高。为验证这一数据的正确性，使用真空表测试进气歧管真空度，显示 71kPa。这就说明进气压力传感器信号错误，且将这一错误信号传递给发动机控制单元，发动机控制单元按照此数据计算发动机负荷，增加了喷油量，最终导致发动机混合气过浓，CO 超标。

通过以上分析，可以基本确定问题出在进气压力传感器，于是，更换了进气压力传感器，再次测量进气压力数据为 30kPa，正常。此时再次使用尾气分析仪测试其他尾气排放数据也正常了。

维修总结：此类故障的维修，应该首先确定故障现象，将尾气排放数据与故障现象相结合。从本案例的排查过程不难看出，想要治理好尾气排放超标，就必须深入理解发动机电控燃油喷射的原理和控制逻辑。

3. 点火线圈漏电导致尾气超标

故障现象：一辆雪铁龙车辆冷起动后，尾气有明显汽油味，且大负荷急加速时有轻微抖动。车辆环保检验显示 CO 排放量超标，HC 实测值接近限值，如图 9-31 所示。

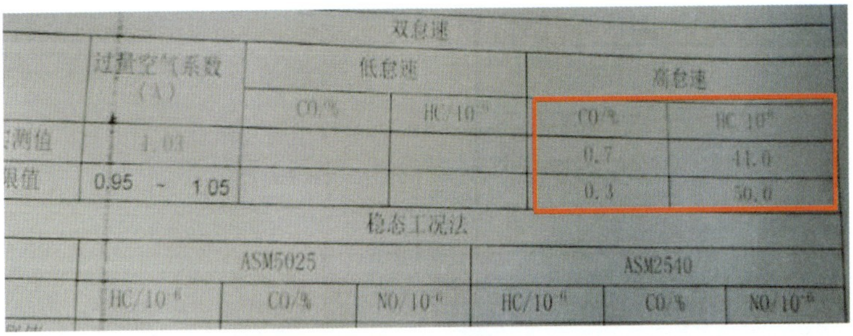

	双怠速				
	过量空气系数（λ）	低怠速		高怠速	
		CO/%	HC/10^{-6}	CO/%	HC/10^{-6}
实测值	1.03			0.7	41.0
限值	0.95 ~ 1.05			0.3	50.0

稳态工况法					
ASM5025			ASM2540		
HC/10^{-6}	CO/%	NO/10^{-6}	HC/10^{-6}	CO/%	NO/10^{-6}

图 9-31　检验报告

故障检查：打开点火开关起动车辆，发动机出现轻微抖动现象。插上故障诊断仪，发动机故障码显示为“PO302 汽缸 2：检测到失火”（图 9-32），结合发动机抖动状态，初步判断发动机存在失火现象。读取发动机数据流，显示发动机汽缸 2 缸有不连续的失火记录。

故障维修：根据发动机失火故障指示，首先对故障码进行处理。采用怀疑故障件对调法，对调了汽缸 2 和汽缸 3 的点火线圈，读取发动机数据流，依然显示为汽缸 2 不连续失火。再对调汽缸 2 和汽缸 3 的火花塞，读取发动机数据流，还是显示为汽缸2不连续失火。由于该车是单缸独立式点火系统，点火线圈和火花塞故障都排除了，判断汽缸2失火不是由点火系统故障导致的。

图9-32 诊断仪显示的诊断故障码

此时对调拆下燃油油轨配合喷油嘴测试各缸喷油情况，4个缸均能正常喷油，且雾化效果良好，无堵塞和泄漏现象，很显然汽缸2失火并不是由燃油供给系统导致的。

检查是否因为汽缸2压力不足导致的失火。使用缸压表对4个缸进行汽缸压力测试，压力分别为1010kPa、1020kPa、980kPa、1000kPa，均在正常范围，且各汽缸之间无明显差异。

此时维修工作陷入僵局，可能引起发动机失火的燃油供给、点火、缸压系统经检查均正常。还有一种可能性是该发动机混合气过浓，这也会导致发动机失火，但是一般情况下，混合气过稀或过浓导致的燃烧不良失火不会只发生在某一个汽缸，而会是各汽缸无规律失火，所以这个原因也基本排除。

会不会是哪个环节没有考虑到或在进行以上检查时忽略了什么细节？是的，点火测试时只是做了点火线圈和火花塞的对调，但是汽缸2到底是否点火正常却不得而知，所以接下来对汽缸2进行跳火试验：拔掉汽缸2喷油嘴（为了防止跳火试验时未燃烧的燃油进入排气管导致后处理装置温度过高），拆下汽缸2点火线圈和火花塞（图9-33）进行测试。

进行测试时火花很弱，且有时不会跳火，此时确定导致汽缸2失火的原因就是汽缸2点火失败或点火不良。由于点火线圈和火花的问题均已排除，进一步检查发现，点火线圈插头的供电针脚开口过大，与点火线圈针脚接触不良，最终引起汽缸2失火。

重新处理插头针脚，插上插头，恢复安装其他部件后，起动发动机，此时发动机运行平稳。删除并刷新发动机故障码，显示无故障，且此时发动机数据流显示各汽缸均无失火现象。

第九章 故障案例分析举例

图 9-33　故障的火花塞

由于该车还有尾气排放超标故障，进一步采用尾气分析仪测试尾气，测试结果如图 9-34 所示。

图 9-34　尾气测试值

奇怪的是，此时车辆尾气排放数据非常好，不管是高怠速还是低怠速，均无超标迹象。经过仔细分析也不难理解，该车发动机由于失火故障，2 缸的混合气燃烧不良，排放到排气管后，造成尾气中氧气含量升高，由于前氧传感器检测到尾气中氧含量的升高，将信号传输给发动机 ECU，而 ECU 误以为混合气过稀（实际上空燃比并不高），由于闭环调节机制触发了电控系统对燃油的加浓调节，最终导致其他汽缸的混合气过浓，对外表现为尾气 CO 超标，而 HC 的含量也比较高。通过对点火系统的维修，故障排除，尾气超标故障也相应排除。

维修总结：首先，在进行一个简单的失火故障排除时，务必要遵循由易到难的顺序，且在检测过程中不能忽略任何一个细节，确保检测手段的有效性，比如本案例中，检查点火系统采用对调法进行测试，虽然故障没有发生转移，但并不能证明2缸点火正常，最终采用跳火试验才能真正说明2缸是否正常点火。另外，理解发动机燃油调节控制原理对分析尾气故障非常重要，本案例的点火系统故障导致CO超标的推理即说明了这一重要性。

4. 燃油系统油压过高尾气CO排放超标

故障现象：一辆帕萨特汽车发动机怠速工况CO排放超标严重（图9-35），发动机上部进气歧管附近有明显规律性刺耳异响，发动机故障灯点亮。发动机在其他工况下正常，开空调怠速时正常。

图9-35 尾气分析仪测试值

故障检查：起动发动机验证故障现象确实存在。连接车辆故障诊断仪，发动机故障码显示为"P0088：燃油油轨/系统压力过高"，数据流显示油轨压力实际值为187.13bar❶。故障码及数据流显示如图9-36所示。

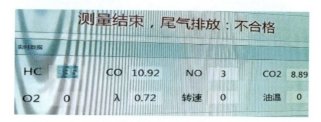

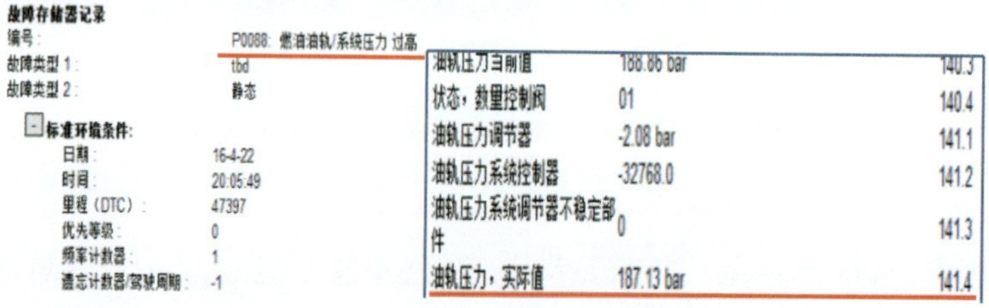

图9-36 诊断仪显示的故障码和数据流

故障维修：在排除高压油泵产生高压之前须验证是否真正产生了高压，是否是ECU接受了错误信号。接下来连接专用诊断仪，读取怠速时01发动机控制单元的数据流140-4，显示187.3bar，且随时波动。关闭发动机，打开点火开关，压力逐渐降至680kPa，能正常显示。这时依然不能完全说明压力传感器可靠，此时找来

❶ 1bar = 0.1MPa = 100kPa。

第九章　故障案例分析举例

一辆2.0TSI途观汽车,拔掉油压调节器的插头(调节器断电产生高压)连接诊断仪,进入诊断仪读取怠速时01发动机控制单元的数据流140-4,显示接近190bar(此时发现该发动机出现相同的故障,也印证了之前"排除故障从排除油压过高入手"的诊断思路),熄火打开点火开关,燃油压力依然下降到700kPa左右。

以上通过对比正常车燃油压力的变化规律,证明故障车确实产生了高压,燃油压力传感器信号可靠。

先从产生高压的高压油泵入手。进入车辆诊断软件ODIS,选择01发动机控制单元,进入自诊断模块,对油压调节器进行执行元件控制,可以听到有力而清脆的"嗒、嗒、嗒"声音,由此判断油压调节阀的线圈无短路现象,控制及电源线路基本正常。

以上工作排除了燃油压力传感器、高压油泵、油压调节器及其相关线路故障的可能性。认识到此次故障排除的困难程度,维修人员及时调整思路,连接示波器,首先检查发动机凸轮轴相对曲轴的正时是否正确,诊断仪波形显示如图9-37所示。

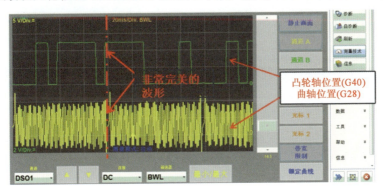

图9-37　诊断仪波形显示

从正时波形来看,曲轴和凸轮轴没有相对位置的错位。但是凸轮轴位置传感器检测的是进气凸轮轴的位置,而驱动高压油泵的是排气凸轮轴。由于排气凸轮轴无传感器检测,只能通过目测的方法检查进排气凸轮轴相对位置,如图9-38所示。

将故障车和正常车发动机分别手动转至1缸上止点并拆下真空泵,观察对比二者驱动高压油泵柱塞的方形凸轮相对进气凸轮轴的位置,基本没有差别。由于肉眼观察存在误差,可能影响故障判断,通过仔细观察并对比多个参照物,基本排除了方形凸轮错位的可能性。判断是否为发动机控制单元发出的油压调节器控制波形相对凸轮轴位置出现了错位。接下来又连接示波器,通道1连接凸轮轴位置传感器信号线,通道2连接油压调节器控制端,对比结果如图9-39所示。

305

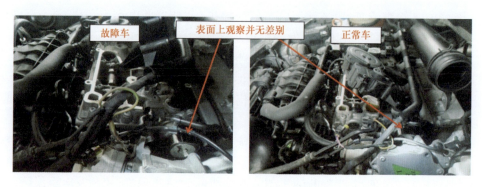

图 9-38　传感器位置

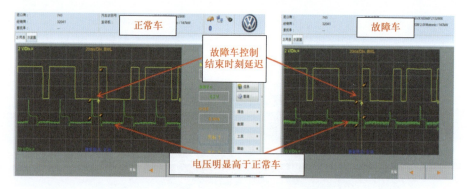

图 9-39　传感器波形对比

通过仔细对比故障车与正常车波形有了重要的发现:

(1) 油压调节器控制信号起始时间基本相同,但故障车的结束时间相对较晚(这也印证了前面所说的,这是发动机控制单元接收到高压信号主动延长调节时间的措施)。

(2) 故障车发动机控制单元控制信号拉低阶段的电压明显高于正常车。结合图 9-37~图 9-39 可以推理得出:EA888 2.0TSI CGM 发动机采用第三代高压油泵,燃油压力调节阀断电关闭产生高压,通电打开泄除高压;通过对比调节阀控制线搭铁波形。正常车波形在通电打开波段电压为 6V 左右,经计算,加载在调节阀线圈上的电压为 7.5V 左右;故障车波形在通电打开波段电压为 8~10V(甚至可达到 11V),经计算,加载在调节阀线圈上的电压为 3.5~5.5V。

由此推断,故障车调节阀线圈在通电打开波段加载的电压只有 3.5~5.5V,导致调节阀不能正常打开泄压,或开度不够,泄压不良,最终导致高压压力过高。清查发动机控制单元线路及搭铁线正常,搭铁线飞线故障现象未消失,排除线路内阻过高或插接不良的因素。更换发动机控制单元后,燃油压力恢复正常,怠速压力为40bar左右,再次测试尾气数据良好。

维修总结:
(1)将故障现象与数据流相结合以找出问题所在。
(2)厘清故障相关部件的控制原理,不能混淆。特别是本案例的高压燃油泵分为大众第二代和第三代,它们的控制原理基本相反,分析问题的切入点也将截然不同。
(3)充分利用各种维修设备和检测方法,最终找到故障原因。
(4)此车表面看是由于燃油系统故障导致尾气超标,更深层次的原因在于燃油系统控制失调导致尾气超标,按照此思路,先排除燃油压力过高故障,尾气超标故障就得到了解决。

第二节　柴油发动机排放控制系统维修案例分析

1. 车辆再生次数过多

故障现象:DPF再生频率超上限。

故障检查:
(1)读取当前故障码,确保无其他故障。
(2)检查机油,若机油液位超上限则应更换机油。
(3)使用诊断仪读取与DPF相关的所有数据流信息,并保存。
(4)检查确认压差传感器管路无堵塞、脱落、反装异常。
(5)检查确认进气系统无漏气问题(重点检查增压器空气压缩机端出口、中冷器进/出口、进气歧管进口处连接是否牢靠、不漏气,增压器与中冷器间胶管、中冷器本身、中冷器与进气歧管间胶管是否破损,增压器前管路是否破损)。
(6)使用诊断仪程序中"DPF值复位"功能进行故障条件清零操作后,清除故障码,发动机维修灯熄灭。

故障维修:发动机或车辆异常,导致颗粒物排放量高,或压差传感器信号异常、节气门故障、排气温度传感器故障、进气系统故障、喷油系统故障、DOC效率低等。特殊驾驶工况、短里程行驶、频繁停机等,会导致再生无法成功完成。车辆常在拥堵区域行驶,很少匀速行驶,多怠速、加速和滑行,这些工况下再生温度无法保证,再生时间长且再生效果差。

维修总结:轻型车 DPF 主动再生频率一般为 800～1000km 再生一次,重型车一般为 3000km 再生一次。如果再生频率过高,应尽快到服务站进行检查,查明原因。

2. 压差传感器信号检测 DPF 压差值过低

故障现象:DPF 被移除或失效故障。

故障诊断:(1)传感器管路异常或传感器异常;(2)DPF 损坏、破裂。

检测维修:

(1)检查压差传感器管路是否存在管路堵塞或脱落或反装现象。

(2)管路问题处理完成后须进行传感器自学习,然后确认故障是否消除。

(3)若无法消除,更换压差传感器重新进行传感器自学习两次,驾驶车辆确认故障是否消除。

(4)故障依然无法消除,DPF 确实损坏,应更换 DPF(注意:更换 DPF 后需要使用诊断仪"DPF 值复位"功能将 ECU 内部 DPF 相关信息重置)。

维修总结:通过诊断仪读取的压差传感器测试的压差值不正常,是常见的故障,压差管漏气或 DPF 失效的可能性最大。

3. 压差传感器估计 DPF 碳载量过多

故障现象:DPF 过载初级故障,DPF 吸附颗粒过载故障。

故障诊断:

(1)发动机进气系统或发动机本身故障,短时间内产生大量炭烟。

(2)压差传感器管路或 T4/T5 传感器异常。

(3)极端驾驶工况车辆,无法触发再生(车辆使用冷却液温度低于50℃;单驾驶循环时间短;发动机转速、转矩低;气温低于 -40℃),或再生效果差,暂未频繁报出再生故障。车辆在如下故障的情况下持续使用,无法激活再生:进气系统故障(空气流量传感器、增压器、增压压力传感器、节气门、进气或增压压力控制偏差等故障)、喷油系统故障。

检测维修:

(1)读取当前故障码,确保无其他故障。

(2)检查压差传感器管路是否存在管路堵塞或脱落现象。

(3)检查确认进气系统无漏气问题。重点检查增压器压气机端出口、中冷器

第九章　故障案例分析举例

进/出口、进气歧管进口处连接是否牢靠、不漏气；检查增压器与中冷器间胶管、中冷器本身、中冷器与进气歧管间胶管有无破损；检查确认增压器前管路有无破损。

(4)读取DPF相关的数据流，如果碳载量大于60g，应直接更换DPF总成；若小于60g，使用诊断仪进行原地主动再生，清空DPF成功，同时会消除故障(主动再生过程一定要开启空调，以利于再生)。

维修总结：压差传感器判定DPF碳载量过高，导致DPF频繁再生的情况，一般检测进气系统和燃油系统，大部分原因都是发动机燃烧状态不佳引起排气烟度增大，继而引起的DPF碳载量快速增加。

4.颗粒捕集器再生频繁

故障现象：最近3次再生平均时间超过550s，且平均再生间隔低于100km，同时，模型碳载量大于16g或基于模型的相对碳载量大于50%。

故障诊断：发动机或车辆异常，导致颗粒物排放高，或压差传感器信号异常、节气门故障、排气温度传感器故障、进气系统故障、喷油系统故障、DOC效率低等。这种情况下即使进行主动再生操作处理后，短里程内可能还会触发报出故障。特殊驾驶工况车辆，使用过程中多在拥堵市区行驶，车辆很少匀速行驶，多怠速、加速和滑行。这种工况再生温度无法保证，再生时间长且再生效果差。

检测维修：

(1)读取当前故障码，确保无其他故障。

(2)检查机油，若机油液位超上限，应更换机油。

(3)使用诊断仪读取DPF相关所有数据流信息，并保存。

(4)检查确认压差传感器管路无堵塞、脱落、反装异常。

(5)检查确认进气系统无漏气问题(重点检查增压器空气压缩机端出口、中冷器进/出口、进气歧管进口处连接是否牢靠、不漏气；检查增压器与中冷器间胶管、中冷器本身、中冷器与进气歧管间胶管有无破损；检查确认增压器前管路有无破损)。

(6)进行原地手动再生，清空DPF成功，同时会消除故障(主动再生过程一定要开启空调，以利于再生，详细操作流程及注意事项可参考用户手册)；或者使用诊断仪程序中DPF再生功能进行再生操作。若三次手动再生或诊断仪再生结束仍无法成功消除故障，更换后处理总成。注意：更换后处理总成后需要使用诊断仪将ECU内部DPF相关信息重置。

(7)原地再生成功后，建议使用内窥镜观察DOC前端面周边是否存在大量积灰现象，若积灰严重建议更换后处理装置；不严重或更换后处理装置后，确认积灰增长速度情况,基于模型的相对碳载量增长速度稳定后,每 20km 增长 5% 以下为正常。

维修总结:DPF 再生频繁,说明发动机排出炭烟过多,检查发动机燃油供给系统和进气系统,其次检查压差管及信号是否正常。

5. 颗粒捕集器再生次数频繁

故障现象:再生里程低于 100km 或再生时间短于 300s,且炭颗粒无法达到再生结束条件,计数加 1,累积超过 8 次触发。

故障诊断:特殊驾驶工况,短里程行驶,频繁停机,使得再生无法成功完成。

检测维修:可以了解车主驾驶习惯,读取并保存 DPF 相关所有数据流信息(ECU 内部保存的 DPF 相关数据流信息也有助于了解相关信息)。针对特殊驾驶工况,这种故障可能无法避免(如若不进行故障提示,使用主动再生进行有效再生,车主的驾驶习惯会导致油耗增加),需要售后服务人员与车主沟通说明,引导车主在车辆故障情况下,按照用户手册自行进行手动再生操作,消除车主的不满。

维修总结:询问车主是否再生未结束就停机。

6. 颗粒捕集器泄漏

故障现象:压差传感器信号检测 DPF 压差值过低。

故障诊断:传感器管路异常或传感器异常;DPF 损坏、破裂。

检测维修:

(1)检查压差传感器管路是否存在管路堵塞、脱落或反装现象。

(2)管路问题处理完成后,须进行传感器自学习,然后确认故障是否消除。

(3)若无法消除,更换压差传感器并使用诊断仪重置传感器状态,驾驶车辆确认故障是否消除。

(4)故障依然无法消除,DPF 确实损坏,更换后处理总成。

维修总结:检查发动机排气管是否与平常不太一样,如果黑烟明显,则 DPF 泄漏可能性极大。

7. 颗粒捕集器堵塞

故障现象:压差传感器估计 DPF 碳载量过多。

故障诊断:

(1)发动机进气系统或发动机本身故障,短时间内产生大量炭烟。

(2)压差传感器管路或传感器异常。

第九章　故障案例分析举例

（3）车辆存在如下故障的情况下持续使用，无法激活再生：曲轴缺齿信号丢失、正时参考电压高、分辨率信号/脉冲过少、轨压故障、喷油器故障、DPF 移除故障、DPF 入口温度合理性故障、增压压力波动故障、增压压力信号电压故障。

（4）极端驾驶工况下，无法触发再生（车辆使用冷却液温度低于 30℃；单驾驶循环时间短；发动机转速、转矩低，排气温度低于 150℃；气温低于 -40℃），或再生效果差，未频繁报出再生故障。

检测维修：

（1）读取当前故障码，确保无其他故障。

（2）检查压差传感器管路是否存在管路堵塞或脱落现象。

（3）检查确认进气系统是否无漏气问题。重点检查增压器空气压缩机端出口、中冷器进/出口、进气歧管进口处连接是否牢靠、不漏气；增压器与中冷器间胶管、中冷器本身、中冷器与进气歧管间胶管有无破损；增压器前管路有无破损。

（4）读取 DPF 相关的数据流，如果碳载量大于 40g，应直接更换后处理总成；若小于 40g，进行原地主动再生，清空 DPF 成功，同时会消除故障。若三次主动再生结束仍无法成功消除故障，更换后处理总成。

维修总结：DPF 堵塞是由于 DPF 未正常再生引起，应借助故障诊断仪，逐一进行排查。

8. NO_x 传感器硬件故障

故障现象：NO_x 传感器加热部件故障、传感器被移除。

传感器信息：NO_x 传感器插头和功能，以及 NO_x 传感器故障码如图 9-40 所示。

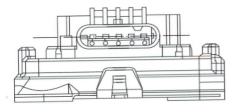

NO_x 传感器故障码	
故障名称	故障码
NO_x 传感器硬件故障	P2201
NO_x 传感器加热部件故障	P2208
NO_x 传感器被移除	P1D21

图 9-40　NO_x 传感器端子图及故障码含义

故障检查：

（1）线束检查：点火开关置于 OFF 挡；拔掉 DCU 的 A 接插件和 NO_x 传感器插头；测量 NO_x 传感器引脚到 ECU 相应引脚之间的电阻，具体的对应关系见表 9-1。若不是正常值，则说明线束存在断路故障。

311

NO$_x$ 传感器各针脚电阻值 表 9-1

NO$_x$ 传感器引脚	ECU 引脚	正常值(Ω)
1 供电	X1-05	0
2 搭铁	整车搭铁	0
3 CAN_高	X1-42	0
4 CAN_低	X1-43	0
5 空	—	—

(2)短路检查：点火开关置于 OFF 挡；拔掉 DCU 的 A 接插件和 NO$_x$ 传感器插头；测量 NO$_x$ 传感器接头 1、3、4 引脚到整车搭铁之间的电阻，正常值大于 1MΩ。若不是正常值，说明线束存在搭铁短路的故障。

(3)性能检查：关闭点火开关，拔下 NO$_x$ 传感器插头；用万用表测量 NO$_x$ 传感器插头端的 3、4 之间的电阻，应为 60Ω。若不是 60Ω，说明 CAN 网络故障。

(4)线束检查：点火开关置于 OFF 挡；拔掉 ECU 发动机端 X1 黑色接插件和 NO$_x$ 传感器插头；测量传感器引脚到 ECU 相应引脚之间的电阻。具体的对应关系见表 9-1，若不是正常值，则说明线束存在断路故障。

(5)供电检查：点火开关置于 OFF 挡，拔掉 NO$_x$ 传感器插头，点火开关置于 ON 挡，无须起动发动机；用万用表测量传感器线束端插头与搭铁之间的电压。线束端插头引脚 1 与整车搭铁之间的电压应为 24V。

故障维修：检查 NO$_x$ 传感器硬件是否正常，不在正常值范围内则更换硬件。

维修总结：了解并熟悉各传感器电路，且知道正常测量值的范围。

9. SCR 尿素液位、温度显示异常，传感器参数与要求产品不匹配

故障现象：SCR 尿素液位显示不准确（比如尿素溶液很少时，仪表显示尿素量为 100%），尿素温度与当前环境温度差别很大，且没有报出相关传感器故障。

故障检查：

(1)检查尿素罐及传感器，核实与原车尿素罐是否相同。

(2)发现尿素罐属于不同厂家。

(3)更换尿素罐。安装与原车相同尿素罐后，液位、温度示数正常。

故障维修：这种故障一般是由于尿素罐传感器与厂家指定的不匹配，或者整车最近更换过尿素罐，但尿素罐内部的传感器与原车出厂前的型号不同，传感器的电器参数不同，导致数据标定不匹配，液位温度显示错误。此类故障常见原因包括：客户更换了尿素罐，与原车尿素罐不同；整车厂配套时，自主采购尿素罐，但没有通

知原厂技术人员重新标定数据;传感器或相关线束被损坏,导致电器参数变化(这种可能性较小),但没有报出传感器相关故障。更换与原车相同的尿素罐,故障即得到消除。

维修总结:客户更换的尿素罐与原车尿素罐不同,造成电器参数不匹配,安装与原车相同尿素罐后,故障排除。也可以不更换尿素罐,只需重新标定 ECU 即可。

10. SCR 尿素压力建立错误,尿素泵内部机械故障

故障现象:每次行驶车辆几分钟到几十分钟后,故障灯、OBD 灯就会长亮,报出"441"(SCR 尿素压力建立错误)的故障,尿素不消耗。

故障检查:

(1)检查尿素液位是否正常。

(2)检查尿素管路是否接错、接反。

(3)检查吸液管是否弯折、堵塞。

(4)检查吸液管、压力管是否存在泄漏的痕迹。

(5)确认没有以上问题后,检查尿素泵接口是否有明显堵塞现象。

(6)更换尿素泵后,故障排除,尿素正常建压。

故障维修:尿素喷射前,尿素泵将尿素建立到 900kPa 的压力,通过尿素泵内的压力传感器进行检测。当发动机起动之后,尿素泵多次尝试对尿素建压,如尿素压力仍达不到 900kPa,就会报出此故障。导致此故障的原因一般包括:尿素量过少、尿素管路接反、吸液管堵塞或漏气、压力管泄漏等,极少数是因为尿素泵故障。排除相关问题后即可消除故障。

维修总结:一般情况下,尿素管路接错、堵塞、泄漏容易引起此故障,但这次的故障是因为尿素泵内部的机械故障,无法正常吸入尿素导致的。

本书涉及英文缩略语

缩略语	中文含义	缩略语	中文含义
AIR	二次空气喷射系统	EPA	美国环境保护局
APP	加速踏板位置传感器	EWMA	指数加权滑动平衡
CO	一氧化碳	GPF	汽油机颗粒捕集器
CSI	分组点火系统	HC	碳氢化合物
COP／CNP	独立点火系统	HO2S	加热型氧传感器
CKP	曲轴位置传感器	IAT	进气温度传感器
CMP	凸轮轴位置传感器	KS	爆震传感器
CODE	故障码（仪表显示）	LNT	稀燃氮氧捕集器
CAN	局域网	MIN	分钟
CARB	准备就绪指示器	MAF	空气流量传感器
DTC	故障码	MAP	进气歧管绝对压力传感器
DOC	柴油机氧化催化器	MIL	故障指示灯
DPF	柴油机颗粒捕集器	NO_x	氮氧化物
DLC	OBD 诊断仪连接器	OBD	车载诊断系统
EGR	废气再循环系统	OBDⅡ	第二代车载诊断系统
EVAP	燃油蒸发排放控制系统	PH	酸碱度值
ECM	发动机控制模块	PWM	脉宽调制信号
ETC／ATC	电子节气门	PM	颗粒物

续上表

缩略语	中文含义	缩略语	中文含义
PCV	曲轴箱强制通风系统	SAE	国际自动机工程师学会
PCM	动力系统模块（ECM+TCM）	SCW	相似状态窗口
Pt	铂	SCR	选择性催化还原装置
Pd	钯	SOF	可溶性有机物
POC	颗粒物催化氧化器	TPS	节气门位置传感器
RPM	发动机转速	TWC	三元催化转换器
Rh	铑	VVT	可变气门正时系统
SIDI	缸内燃油喷射系统	VIN	汽车17位编码

参考文献

[1] 全国干部培训教材编审指导委员会.推进生态文明　建设美丽中国[M].北京:人民出版社,2019.

[2] 中华人民共和国生态环境部.中国移动源环境管理年报(2021)[R].北京:中华人民共和国生态环境部,2021.

[3] 中华人民共和国生态环境部.2020 中国生态环境状况公报[R].北京:中华人民共和国生态环境部,2021.

[4] 中华人民共和国交通部公路司.汽车排放污染物控制实用技术[M].北京:人民交通出版社,1999.

[5] 郝吉明,傅立新,贺克斌,等.城市机动车排放污染控制[M].北京:中国环境科学出版社,2001.

[6] 张洪汛,傅立新,郝吉明,等.机动车排放检测和维修制度实施效果分析[J].环境科学,2001(01):10-13.

[7] 郝吉明,吴烨,傅立新,等.中国城市机动车排放污染控制规划体系研究[J].应用气象学报,2002(S1):195-203.

[8] 吴潇萌,吴烨,郝吉明.我国汽车与环境协同发展进程中主要矛盾与发展方向研究[J].中国工程科学,2018,20(01):74-83.

[9] 刘巽俊.内燃机排放与控制[M].北京:机械工业出版社,2005.

[10] 王建昕,等.汽车发动机原理[M].北京:清华大学出版社,2011.

[11] 葛蕴珊.汽车排放与环境保护[M].北京:中国劳动社会保障出版社,2006.

[12] 双菊荣,王伯光.机动车排气检验[M].北京:科学出版社,2017.

[13] 包晓峰,等.柴油车环保达标监管[M].北京:中国环境出版社,2015.

[14] HEYWOOD J B. Internal Combustion Engine Fundamentals [M]. New York: McGraw-Hill, 1989.

[15] PIDGEON W M. The IM240 Transient I/M Dynamometer Driving Schedule and The Composite I/M Test Procedure[J]. EPA-AA-TSS-91-1.

[16] HEYWOOD J B. Internal Combustion Engine Fundamentals [M]. New York: Mc-Graw Hill, 1988.

[17] STONE R. Introduction to Internal Combustion Engines (4th edition)[M]. New York: Palgrave Macmillan, 2012.

[18] WU Y, ZHANG S J, LI M L, et al. The challenge to NO_x emission control for heavy-duty diesel vehicles in China[J]. Atmospheric Chemistry and Physics, 2012, 12(283).

[19] 鲍晓峰,丁焰,陈大为.柴油车环保达标监管[M].北京:中国环境科学出版社,2015.

[20] 王燕军,丁焰,吉喆.国家道路交通源黑碳排放清单建立方法学[M].北京:中国环境科学出版社,2013.

[21] 徐洪磊,李海萍,张帆,等.交通运输业碳流通机理与减碳策略[M].北京:中国社会出版社,2012.

[22] 谭建伟,葛蕴珊.汽车排放与噪声控制[M].北京:人民交通出版社股份有限公司,2019.

[23] 郑婷婷,王国栋,顾绍晶,等.汽车尾气净化三效催化剂中 NH_3 和 N_2O 的生成及控制研究进展[J/OL].化工进展:1-22[2020-07-20].https://doi.org/10.16085/j.issn.1000-6613.2019-1346.

[24] 王凯明,葛蕴珊.我国汽车尾气的排放控制策略、治理思路及相关故障诊断[J].汽车维修与保养,2018(11):24+26+28.

[25] 陆小明,葛蕴珊,韩秀坤,等.柴油机燃用生物柴油及柴油的燃烧分析与排放特性[J].燃烧科学与技术,2007(03):204-208.

[26] 姜磊,葛蕴珊,李璞,等.柴油机尿素SCR后处理系统排放特性试验研究[J].内燃机工程,2010,31(05):30-35.

[27] 付秉正,杨正军,尹航,等.轻型汽油车实际行驶污染物排放特性的研究[J].汽车工程,2017,39(04):376-380.

[28] 王军方,丁焰,尹航,等.DOC技术对柴油机排放颗粒物数浓度的影响[J].环境科学研究,2011,24(07):711-715.

[29] 游秋雯,葛蕴珊,尤可为,等.汽油车非常规污染物排放特性研究[J].环境科学,2009,30(02):335-341.

[30] 严飔,刘毅,陈吉宁,等.区域道路交通系统环境影响预测与综合分析方法[J].清华大学学报(自然科学版),2009,49(06):855-859.

[31] 徐洪磊,高美真,刘胜强,等.绿色交通在新基建中大有可为[J].中国公路,2020(09):45-46.

[32] 王军方,丁焰,尹航,等.京津冀及周边柴油货车污染防治路径研究[J].环境保护,2019,47(20):12-15.

[33] 黄志辉,丁焰,陈伟程,等.机动车污染防治形势及政策评估[J].环境影响评价,2017,39(05):13-16.

[34] 葛蕴珊,丁焰,尹航.机动车实际行驶排放测试系统研究现状[J].汽车安全与节能学报,2017,8(02):111-121.

[35] 王军方,尹航,丁焰,等.在用柴油车 NO_x 排放的测量方法[J].环境工程技术学报,2015,5(05):407-410.

[36] 李兴虎.汽车环境污染与控制[M].北京:国防工业出版社,2011.

[37] 李兴虎.柴油车排气后处理技术[M].北京:国防工业出版社,2016.

[38] 张欣,宁智,胡淮庆.车用发动机排放污染与控制[M].北京:北京交通大学出版社,2014.

[39] B. 霍尔贝克. 汽车燃油和排放控制系统结构、诊断与维修[M]. 北京:机械工业出版社,2007.

[40] D. 威德尔. 汽车发动机构造与诊断维修[M]. 北京:机械工业出版社,2006.

[41] 汤姆森学习公司. 发动机高级诊断专家技能训练[M]. 北京:机械工业出版社,2006.

[42] A. E. 斯卡沃勒尔. 汽车构造原理与维修应用[M]. 北京:机械工业出版社,2006.

[43] 中华人民共和国国家标准. 汽油车污染物排放限值及测量方法(双怠速法及简易工况法):GB 18285—2018[S]. 北京:中国环境科学出版社,2018.

[44] 中华人民共和国国家标准. 柴油车污染物排放限值及测量方法(自由加速及加载减速法):GB 3847—2018[S]. 北京:中国环境科学出版社,2018.

[45] saic-cm[EB/OL]. [2020-10-20]. https://www.sgmlms.com.